普通高等教育"十二五"应用型规划教材

工程建设法规

主　编　张　蕾　吴京戎
副主编　李　璇　余琳琳　陈晓红　许　珍

东南大学出版社
·南京·

内容提要

本书系统地介绍了工程建设法规的基础知识、工程建设从业资格制度、城乡规划法规、建设工程招标投标法规、建设工程合同法规、工程建筑法规、工程建设质量管理法规、工程建设安全生产管理法规、工程建设环境、能源和文物保护法规、工程建设劳动法规和工程建设其他法规，既有详细的理论介绍，又有代表性的实践案例，帮助学生在学习中思考法律问题。为了巩固所学的理论知识，每章均设置了课后习题，有利于学生对重点、难点的把握。

图书在版编目(CIP)数据

工程建设法规 / 张蕾，吴京戎主编. —南京：东南大学出版社，2014.12(2020.8重印)
ISBN 978-7-5641-5405-9

Ⅰ.①工… Ⅱ.①张… ②吴… Ⅲ.①建筑法—中国 Ⅳ.①D922.297

中国版本图书馆 CIP 数据核字(2014)第 303110 号

工程建设法规

出版发行：	东南大学出版社
社　　址：	南京市四牌楼 2 号　邮编：210096
出 版 人：	江建中
责任编辑：	史建农　戴坚敏
网　　址：	http://www.seupress.com
电子邮箱：	press@seupress.com
经　　销：	全国各地新华书店
印　　刷：	常州市武进第三印刷有限公司
开　　本：	787mm×1092mm　1/16
印　　张：	15
字　　数：	381 千字
版　　次：	2014 年 12 月第 1 版
印　　次：	2020 年 8 月第 4 次印刷
书　　号：	ISBN 978-7-5641-5405-9
印　　数：	6001—7000 册
定　　价：	45.00 元

本社图书若有印装质量问题，请直接与营销部联系。电话：025-83791830

前　言

工程建设法规是土木工程类相关专业的一门必修课,如土木工程、道桥工程、工程管理等等。通过该课程的学习,要求学生掌握基本法律知识并熟悉工程建设领域的主要法律法规,着重于培养土木工程类学生的法律意识,提高工程建设管理水平,保证工程建设质量和安全。本书系统地介绍了工程建设法规的基础知识,工程建设从业资格制度,城乡规划法规,建设工程招标投标法规,建设工程合同法规,工程建筑法规,工程建设质量管理法规,工程建设安全生产管理法规,工程建设环境、能源和文物保护法规,工程建设劳动法规和工程建设其他法规,既有详细的理论介绍,又有代表性的实践案例,帮助学生在学习中思考法律问题。为了巩固所学的理论知识,每章均设置了课后习题,有利于学生对重点、难点的把握。

本书共 11 章,由张蕾、吴京戎任主编,李璇、余琳琳、陈晓红、许珍任副主编。具体编写分工如下:第 2、3、7～10 章及附录由湖北工业大学商贸学院张蕾编写,第 6 章由湖北工业大学工程技术学院吴京戎编写,第 4 章第 2、4、5 节及第 5 章由湖北工业大学商贸学院李璇编写,第 1、11 章由湖北工业大学商贸学院余琳琳编写,第 4 章第 1 节由湖北工业大学陈晓红编写,第 4 章第 3 节由江西理工大学应用科学学院许珍编写。全书由张蕾和吴京戎统稿完成。

本书在编写过程中,参考了国内大量的法规条文,借鉴了工程领域众多专家学者的研究成果,得到了东南大学出版社编辑的热情帮助,在此表示感谢。由于时间仓促和水平有限,书中内容难免有不当之处,敬请专家学者给予指正。

编　者
2014 年 11 月

目　录

1 概论 ·· 1
　1.1 工程建设法规概念 ·· 1
　1.2 工程建设法律关系 ·· 3
　1.3 工程建设法规体系 ·· 4
　1.4 建设法规立法原则及实施 ·· 5
　习题 ·· 6
2 工程建设从业资格制度 ·· 8
　2.1 从业资格制度概述 ·· 8
　2.2 从业单位资质管理 ·· 8
　2.3 专业技术人员执业资格管理 ·································· 14
　习题 ·· 20
3 城乡规划法规 ·· 22
　3.1 城乡规划概述 ·· 22
　3.2 城乡规划的编制和审批 ·· 23
　3.3 城乡规划的实施和修改 ·· 28
　3.4 风景名胜区和历史文化名城、名镇、名村规划管理 ······ 32
　习题 ·· 33
4 建设工程招标投标法规 ·· 35
　4.1 概述 ·· 35
　4.2 建设工程招标 ·· 37
　4.3 建设工程投标 ·· 41
　4.4 建设工程开标、评标和中标 ·································· 44
　4.5 建设工程招标投标法规经典案例 ·························· 47
　习题 ·· 50
5 建设工程合同法规 ·· 53
　5.1 概述 ·· 53
　5.2 合同的订立与成立 ·· 55

  5.3 合同的效力 ··· 59
  5.4 合同的履行、变更、转让和终止 ··· 62
  5.5 违约责任 ··· 66
  5.6 建设工程合同的示范文本 ··· 68
  5.7 建设工程合同案例分析 ·· 70
  习题 ·· 73

6 工程建筑法规 ··· 75
  6.1 概述 ·· 75
  6.2 建设工程施工许可证 ·· 76
  6.3 建设工程监理 ·· 78
  6.4 工程建筑法规案例 ··· 82
  习题 ·· 83

7 工程建设质量管理法规 ··· 85
  7.1 概述 ·· 85
  7.2 工程建设行为主体的质量责任与义务 ··································· 86
  7.3 工程竣工验收和保修制度 ··· 91
  7.4 工程建设质量法规案例 ·· 94
  习题 ·· 95

8 工程建设安全生产管理法规 ··· 97
  8.1 概述 ·· 97
  8.2 安全生产管理责任 ··· 101
  8.3 安全生产教育培训制度 ·· 106
  8.4 安全事故报告和调查处理制度 ·· 108
  8.5 工程建设安全生产法规案例 ·· 111
  习题 ·· 113

9 工程建设环境、能源和文物保护法规 ···································· 116
  9.1 工程建设环境保护法规 ·· 116
  9.2 工程建设节约能源法规 ·· 121
  9.3 工程建设文物保护法规 ·· 125
  9.4 工程环境、能源和文物保护案例 ·· 127
  习题 ·· 128

10 工程建设劳动法规 ·· 130
  10.1 概述 ·· 130
  10.2 劳动合同 ·· 131
  10.3 劳动保护 ·· 135

10.4　劳动争议解决和工伤处理……………………………………………………140
　10.5　工程建设劳动案例……………………………………………………………143
　习题………………………………………………………………………………………144
11　工程建设其他法规……………………………………………………………………146
　11.1　城市房地产管理法……………………………………………………………146
　11.2　城市房屋拆迁管理条例………………………………………………………148
　11.3　工程建设其他法律案例………………………………………………………150
　习题………………………………………………………………………………………152

附录…………………………………………………………………………………………153
　中华人民共和国合同法……………………………………………………………153
　中华人民共和国招标投标法………………………………………………………184
　中华人民共和国城市房地产管理法………………………………………………191
　中华人民共和国土地管理法………………………………………………………198
　中华人民共和国标准化法…………………………………………………………209
　安全生产许可证条例………………………………………………………………212
　房屋建筑和市政基础设施工程质量监督管理规定………………………………215
　房屋建筑和市政基础设施工程竣工验收备案管理办法…………………………218
　建筑起重机械安全监督管理规定…………………………………………………220
　房屋建筑和市政基础设施工程施工图设计文件审查管理办法…………………225

参考文献…………………………………………………………………………………229

1 概 论

学习目标

(1) 本章要求学生掌握建设法规的概念。
(2) 重点掌握建设法规的作用和我国建设法规立法的现状。
(3) 知晓建设法规的立法原则。

建设法规不是国家法律体系中独立的法律部门,它是分散于各法律部门、各级行政法规和规章中的有关建设活动的法律规范的总称。由于建筑产品的公共性,致使建设法规在法律体系中具有非常重要的作用。由于建筑产品的特殊性,致使建设法规也呈现出一些独有的特征。

1.1 工程建设法规概念

1) 建设法规及其调整对象

建设法规是国家法律体系的重要组成部分,是指国家立法机关或其授权的行政机关制定的旨在调整国家及其有关机构、企事业单位、社会团体、公民之间,在建设活动中或建设行政管理活动中发生的各种社会关系的法律、法规的总称。

建设法规的调整对象主要包括3个方面:一是建设管理关系;二是建设协作关系;三是从事建设活动过程中的其他民事关系。

(1) 建设活动中的行政管理关系

建设活动中的行政管理关系,即国家机关正式授权的有关机构对工程建设的组织、监督、协调等职能活动。建设活动与国家、人民的生命财产安全休戚相关,国家必须对此进行全面严格的管理。在管理过程中,国家就与建设单位、设计单位、施工单位、建筑材料和设备的生产供应单位以及各种中介服务单位产生管理与被管理的关系。这种关系由有关建设法规来调整和规范。如建设法规中的《建设工程质量管理条例》就规定了建设单位、勘察设计单位、施工单位以及监理单位的质量责任和义务,并规定由国务院建设行政主管部门和县级以上地方人民政府对上述单位的质量行为进行监督和管理。

(2) 建设活动中的经济协作关系

建设活动中的经济协作关系,即从事工程建设活动的平等主体之间发生的往来协作关系。

如建设单位与施工单位之间的建设工程合同关系、业主与建设监理单位之间的委托监理合同关系等等。这种关系也由建设法规来调整。如《合同法》和《建筑法》就规定发包单位和承包单位双方在构造和履行建设工程合同关系中应有的权利和义务。

(3) 建设活动过程中的其他民事关系

在建设活动过程中,还会涉及诸如房屋拆迁、从业人员与有关单位间的劳动关系等一系列民事关系,这些关系也需要由建设法规以及相关的其他法律部门来共同调整。如《城市房地产管理法》中就有有关城市房屋拆迁的规定,《建筑法》中就有关于建筑施工企业应当为从事危险作业的职工办理意外伤害保险,支付保险费的有关规定。

以上3种社会关系都是在从事建设活动时所形成的,它们与其他活动中所形成的社会关系既有相同的地方,又有其自身的特点。因此,不能完全用一般的法律规范来调整,而必须由建设法规来加以规范、调整,这已成为各国法律界的共识。

2) 建设法规的特征

建设法规除了具备一般法律法规所共有的特征外,还具备行政性、经济性、政策性和技术性特征。

行政性指建设法规大量使用行政手段作为调整方法。如授权、命令、禁止、许可、免除、确认、计划、撤销等等。这是因为工程建设活动关乎人民生命财产安全,国家必然通过大量使用行政手段规范建设活动以保证人民生命财产安全。

工程建设活动直接为社会创造财富,建筑业是可以为国家增加积累的一个重要产业部门,工程建设活动的重要目的之一就是要实现其经济效益。因此,调整工程建设活动的建设法规的经济性是十分明显的。

工程建设活动一方面要依据工程投资者的意愿进行,另一方面还要依据国家的宏观经济政策。因此,建设法规要反映国家的基本建设政策,政策性非常强。

工程建设产品的质量与人民的生命财产安全紧密相连,因此强制性遵守的标准、规范非常重要。大量建设法规是以规范、标准的形式出现的,因此其技术性很明显。

3) 建设法规的作用

基本建设活动是一个国家最基本的经济活动之一,它为各行各业提供最基本的物质环境。完善合理的建设法规体系可以规范人们的工程建设活动,为国家增加积累,使人民安居乐业。

(1) 规范建设行为。从事各种具体的建设活动所应遵循的行为规范即建设法律规范。只有在法律规定的范围内所进行的行为才能得到国家的承认与保护,也才能实现行为人预期的目的。建设法规对人们建设行为的规范性表现为:必需的建设行为和禁止的建设行为。如《建筑工程施工现场管理规定》第5条规定:"建设工程开工实行施工许可证制度。建设单位应当按计划批准的开工项目向工程所在地县级以上地方人民政府建设行政主管部门办理施工许可证手续。"《中华人民共和国招标投标法》第32条规定:"投标人不得相互串通投标报价。"

(2) 保护合法建设行为。建设法规的作用不仅在于对建设主体的行为加以规范和指导,还应对符合建设法规的建设行为给予确认和保护。这种确认和保护性规定一般是通过建设法规的规定来体现的。

(3) 处罚违法建设行为。建设法规要实现对建设行为的规范和指导作用,必须对违法建设行为给予应有的处罚,通过处罚等强制制裁手段保障建设法规的制度有效实施。否则,建设法规由于得不到实施过程中强制制裁手段的法律保障,而变成没有实际意义的规范。

1.2 工程建设法律关系

1) 建设法律关系的概念

法律关系是指由法律规范调整一定社会关系而形成的权利与义务关系。建设法律关系是指由建设法律规范所确认和调整的,在建设管理和建设协作过程中所产生的权利、义务关系。建设法律关系是由建设法律关系主体、建设法律关系客体、建设法律关系内容三要素构成。建设活动面广、内容繁杂,建设法律关系具有综合性、复杂性等特点。

2) 建设法律关系的三要素

建设法律关系主体,是指建设法律关系中一定权利的享有者和义务的承担者,主要有国家机关、社会组织、自然人。全国人民代表大会及其常务委员会是建设法律的制定机关;地方人民代表大会及其常务委员会是地方建设法规的制定机关;国务院是建设法规的制定机关;建设部是建设规章的制定机关和建设活动的执法机关;水利部、交通部、铁道部等是相关建设活动规章的制定机关和相关建设活动的执法机关;财政部、中国人民银行、国家统计局、国家审计局是建设活动的监督机关。社会组织主要是工程建设的投资者和工程建设的承担者,工程建设的投资者就是建设单位,工程建设的承担者包括城市规划编制单位、建设工程勘察设计企业、建筑业企业、房地产开发企业、工程监理企业、工程造价咨询单位等。自然人也是建设法律关系的主体之一。

建设法律关系客体,是指建设法律关系主体享有的权利和义务所共同指向的事物,一般是行为、财、物、智力成果。行为是法律关系主体为达到一定的目的所进行的活动,建设法律关系客体的行为包括建设执法、勘察设计、建筑安装、工程监理等活动;财包括货币和有价证券,建设法律关系客体的财主要是建设资金;物是指可以被人们控制和支配的以物质形态表现出来的具有一定价值的物体,建设法律关系客体的物是建设材料、建设设备、建设产品等;智力成果是人们脑力劳动产生的成果,建设法律关系客体的智力成果如设计图纸等。

建设法律关系的内容,即建设法律主体之间的权利和义务。建设法律关系的内容是建设法律关系主体的具体要求,决定着建设法律关系的性质。建设权利是指建设法律关系主体根据建设法律要求和自身业务活动的需要有权进行各种建设活动的资格。权利主体可要求其他主体作出一定行为或抑制一定行为,以实现自己的权利。建设义务是指建设法律关系主体必须按法律规定或约定承担应负的责任,义务主体如果不履行或不适当履行就要受到制裁。

3) 建设法律关系的产生、变更和消灭

建设法律关系的产生,是指建设法律关系的主体之间形成了一定的权利和义务关系。建设法律关系的变更是指建设法律关系的3个要素发生变化。主体变更可以是建设法律关系主体数目增多或减少,也可以是主体本身的改变。客体变更是指建设法律关系中权利义务所指向的事物发生变化,包括法律关系范围和性质的变更。建设法律关系主体与客体的变更,必导致相应的权利和义务的变更,即内容的变更。建设法律关系的消灭是指建设法律关系主体之间的权利义务不复存在,彼此丧失了约束力,包括自然消灭、协议消灭、违约消灭。建设法律关系的产生、变更和消灭是由法律事实引起的。法律事实是指能够引起建设法律关系产生、变更和消灭的客观现象和事实。建设法律事实按是否包含当事人的意志分为两类,即事件和行为。事件是指不以当事人意志为转移而产生的自然现象,如地震、台风、水灾、火灾等自然现象和战争、暴乱、政府禁令等社会现象,都可成为建设法律关系产生、变更或消灭的原因。行为是指人有意识的活动,包括积极的作为或消极的不作为,都会引起建设法律关系的产生、变更或消灭,行为有合法行为和违法行为。建设活动中的民事法律行为、行政行为、立法行为、司法行为以及违法行为都可成为建设法律关系产生、变更或消灭的原因。

1.3 工程建设法规体系

建设法规体系,是指把已经制定和需要制定的建设法律、建设行政法规和建设部门规章衔接起来,形成一个相互联系、相互补充、相互协调的完整统一的框架结构。就广义的建设法规体系而言,体系中还应包括地方性建设法规和建设规章。

广义的建设法规体系由以下5个层次组成。

1) 建设法律

指由全国人民代表大会及其常委会制定颁布施行的属于国务院建设行政主管部门主管业务范围的各项法律。其效力仅次于宪法,在全国范围内具有普遍约束力。如《中华人民共和国城市规划法》《中华人民共和国房地产管理法》《中华人民共和国建筑法》《中华人民共和国合同法》和《中华人民共和国招标投标法》等等。

2) 行政法规

指由国务院制定颁布施行的属于建设行政主管部门主管业务范围的各项法规。行政法规是仅次于法律的重要立法层次。如《建设工程勘察设计管理条例》《建设工程质量管理条例》《城市房地产开发经营管理条例》等等。

3) 部门规章

指国务院各部门根据法律和行政法规在本部门的权限范围内所制定的规范性文件,其表现形式有规定、办法、实施办法、规则等等。如2001年11月5日建设部令第107号《建筑工程施工发包与承包计价管理办法》、2001年8月29日建设部令第102号《工程监理企业资质管理规定》等等。

4) 地方性法规

指地方国家权力机关制定的在本行政区域范围内实施的规范性文件。如《广东省建设工程招标投标管理条例》《深圳经济特区建设工程质量条例》等等。

5) 地方政府规章

指由省、自治区、直辖市人民政府制定的普遍适用于本地区的规定、办法、规则等规范性文件。如《广东省建筑市场管理规定》《深圳市建设工程勘察设计合同管理暂行办法》等等。

在以上5个层次的法规中,较低层次的法规不得与较高层次的法规相抵触,如果出现矛盾,较低层次法规应服从较高层次法规的规定。

1.4 建设法规立法原则及实施

1.4.1 建设法规立法原则

工程建设活动投资大、周期长、涉及面广,其产成品是建筑工程,关系到人民生命、财产的安全,为保证建设活动顺利进行和建筑产品安全可靠,建设法规立法时遵循的基本原则是:

1) 确保建设工程质量

建设工程质量是指国家规定和合同约定的对工程建设的适用、安全、经济、美观等一系列指标的要求。建设法规通过一系列规定对建设工程提出了强制性质量要求,是建设工程必须达到的最低标准,并赋予有关政府部门监督和检查的权力。

2) 确保工程建设活动符合安全标准

工程建设安全标准是对工程建设的设计、施工方法和安全所作的统一要求。多年来,我国建筑业是伤亡率非常高的行业,建筑工地伤亡事件时有发生。建设法规通过一系列规定对工程建设活动的安全提出了强制性要求,并同时赋予有关政府部门监督和检查权力。

(1) 遵守国家法律法规原则。建设活动是最频繁、对国家经济和人民生活影响最为巨大的社会经济活动之一,它涉及面广,建设法规对于建设活动的规定要与国家有关法律法规相统一。建设活动参与单位和人员不仅应遵守建设法规的规定,还要遵守其他相关法规的规定。

(2) 合法权益受法律保护原则。宪法和法律保护每个市场主体的合法权益不受侵害,因此建设法规保护合法主体的合法权益,维护建设市场的正常秩序。

3) 维护建设市场秩序原则

维护建设市场秩序,事关相关市场主体的切身利益,事关整个建设行业的稳定、健康与可持续发展,因此维护建设市场秩序是建设工程法规的基本原则。我国建设工程法规中的建筑企业资质许可制度、建设工程合同制度以及大量建设工程行政管理法规都体现了维护建设市场秩序原则。

4) 保护环境原则

工程建设活动对环境的影响很大,不仅会产生大量的固体、气体和液体废物,而且工程建设导致的水文环境变化会对环境和气候产生重大影响,工程建设活动产生的噪音也会影响他人的生活和工作。因此,保护环境是建设工程法规始终遵循的基本原则。建设工程法规中的城乡规划制度和环境影响评价制度都是保护环境原则的体现与贯彻。

1.4.2 建设法规的实施

建设法的实施是一个从创制、实施到实现的过程。这个过程主要包括法的制定(立法)、法的执行(执法)、法的遵守(守法)、法的适用(司法)、法的监督等环节。如果说法的制定是国家对权利和义务进行的权威性分配,那么法的执行、遵守、适用、监督则是把法定的权利和义务转化为现实的权利和义务,把观念形态的法转化为主体行动中的法。只有法的实施的每个环节大体上都能按照既定的目标和理想进行,法律秩序才有可能形成,法的价值才能实现。因此,法不是静止不动的,而是在不断地实施,法的生命在于实施。

建设部于1991年提出了《建设法律体系规划方案》,标志着我国建设立法走上了系统化、科学化的发展道路。目前,已制定颁行和即将颁行的建设法律有《城市规划法》《建筑法》《市政公用事业法》《村庄和村镇规划建设管理法》《城市房地产管理法》《风景名胜区法》《住宅法》等等;并有大量行政法规、部门规章和地方性法规对这些法律加以细化和补充。此外,还有许多法规虽不属于建设法规的体系,但对建设活动也有规范作用,也应当受到我们的关注。比如《中华人民共和国合同法》第十六章规定了有关建设工程合同签订、履行、担保等活动的行为规范,也是建设活动必须遵循的法律。

习 题

一、名词解释

建设法律关系主体   建设法律关系客体   行政法规

二、选择题

1. 建设法规主要调整三种社会关系,下列( )不在其范围内。
   A. 行政管理关系   B. 经济关系
   C. 民事关系   D. 综合关系
2. 下列表现为法律关系客体的一般是指( )。
   A. 货币   B. 资金及各种有效证券
   C. 有价证券   D. 财产
3. 在合同中,客体不变,相应权利义务也不变。此时主体改变称为( )。
   A. 合同变更   B. 合同转移
   C. 合同转让   D. 合同终止
4. 一个民事法律关系中至少有( )个主体。
   A. 1   B. 2   C. 3   D. 4
5. 建设法规的基本原则包括市场经济规律原则、( )和责权利相一致原则三个方面。
   A. 法制统一原则   B. 法制第一原则
   C. 宪法至上原则   D. 法律从属原则
6. ( )指国家制定或者认可的,在全国范围内有效的技术规程、规范、标准、定额、方法等技术文件。

A. 地方建设规章　　　　　　　　　　B. 技术法规

C. 建设部门规章　　　　　　　　　　D. 建设行政法规

7. 建设法规的实施包括执法、司法和（　　）三个方面，是指国家机关及其公务员、社会组织、公民实践建设法律规范的活动。

A. 懂法　　　　B. 知法　　　　C. 守法　　　　D. 立法

8. 甲建筑公司承接由乙房地产开发公司开发的5幢住宅楼的施工业务，甲与乙签订了工程承包合同。随即甲建筑公司向丙设备租赁公司租用钢管10 t、挖掘机一台，并签订了租赁合同。在以上的工程承包合同和租赁合同中，属于法律关系客体的有（　　）。

A. 5幢住宅楼的销售权　　　　　　　B. 建造住宅楼的施工行为

C. 10 t钢管的所有权　　　　　　　　D. 10 t钢管的使用权

三、简答题

1. 什么是建设法规？建设法规调整的社会关系有哪些？
2. 现阶段，我国建设立法的基本原则有哪些？
3. 建设法规有什么特征？
4. 建设法有哪些表现形式？建设法由哪些层次的法律法规构成？
5. 建设法规的实施包括哪几个方面？

四、案例分析题

1. 甲公司与乙公司签订了一份建设工程施工合同。合同约定，由乙公司承建甲公司某花园工程。合同签订后，乙公司开始施工。但是，甲公司并没有取得建设工程规划许可证和施工许可证。在施工过程中，由于工程存在严重的质量问题，被有关主管部门责令停工。乙公司以甲公司未提供施工许可证为由将甲公司诉上法庭，甲公司则以工程质量问题提出反诉。

本案中，甲公司与乙公司之间属于什么性质的法律关系？甲公司与乙公司之间的法律关系应当适用什么法规予以调整？甲公司与有关主管部门之间的法律关系又应当适用什么法律予以调整？

2. 某建筑公司与某学校签订一教学楼施工合同，明确施工单位要保质保量保工期完成学校的教学楼施工任务。工程竣工后，承包方向学校提交了竣工报告。学校为了不影响学生上课，还没组织验收就直接投入使用。使用过程中，校方发现了教学楼存在的质量问题，要求施工单位修理。施工单位认为工程未经验收，学校提前使用出现质量问题，施工单位不应再承担责任。

试问：

(1) 本案中的建设法律关系三要素分别是什么？

(2) 应如何具体地分析该工程质量问题的责任及责任的承担方式？为什么？

2 工程建设从业资格制度

学习目标

（1）了解工程建设从业资格制度。
（2）熟悉从业单位资质管理和专业技术人员执业资格管理。

为了保障公民财产生命安全和国家财产安全，提高工程项目管理水平，保证建设工程质量、成本、进度、安全、环境等系统目标的实现，我国实行从业单位资质和从业人员执业资格并存的双重管理。实践证明，从业资格制度是建立和维护建筑市场正常顺序的一项有效措施。

2.1 从业资格制度概述

1）从业资格制度的概念

从业资格制度是依法取得相应资质或资格的单位和个人，才允许其在法律所规定的资质范围或资格范围内从事相关工程建设活动的规定。

2）从业资格制度的立法现状

（1）法律。包括《建筑法》《安全生产法》《行政许可法》等等。
（2）行政法规。指《建设工程勘察设计管理条例》《注册建筑师条例》等等。
（3）部门规章。涉及单位资质管理的部门规章有《建设工程勘察设计资质管理规定》《建筑业企业资质管理规定》《工程监理企业资质管理规定》《工程造价咨询企业管理办法》《房地产估价机构管理办法》《房地产经纪管理办法》等等；规范从业人员资格管理的部门规章有《注册建筑师条例实施细则》《注册建造师管理规定》《注册造价工程师管理办法》《注册监理工程师管理规定》《勘察设计注册结构工程师管理规定》等等。

2.2 从业单位资质管理

2.2.1 房地产开发企业

房地产开发企业是指依法设立、具有企业法人资格的经济实体。

房地产开发企业按照企业条件分为一、二、三、四4个资质等级。未取得房地产开发资质等级证书(以下简称资质证书)的企业,不得从事房地产开发经营业务。

1) 一级资质

(1) 申请条件:①注册资本不低于5 000万元;②从事房地产开发经营5年以上;③近3年房屋建筑面积累计竣工30万 m^2 以上,或者累计完成与此相当的房地产开发投资额;④连续5年建筑工程质量合格率达100%;⑤上一年房屋建筑施工面积15万 m^2 以上,或者完成与此相当的房地产开发投资额;⑥有职称的建筑、结构、财务、房地产及有关经济类的专业管理人员不少于40人,其中具有中级以上职称的管理人员不少于20人,持有资格证书的专职会计人员不少于4人;⑦工程技术、财务、统计等业务负责人具有相应专业中级以上职称;⑧具有完善的质量保证体系,商品住宅销售中实行了《住宅质量保证书》和《住宅使用说明书》制度;⑨未发生过重大工程质量事故。

(2) 从业范围:一级资质的房地产开发企业承担房地产项目的建设规模不受限制,可以在全国范围承揽房地产开发项目。

2) 二级资质

(1) 申请条件:①注册资本不低于2 000万元;②从事房地产开发经营3年以上;③近3年房屋建筑面积累计竣工15万 m^2 以上,或者累计完成与此相当的房地产开发投资额;④连续3年建筑工程质量合格率达100%;⑤上一年房屋建筑施工面积10万 m^2 以上,或者完成与此相当的房地产开发投资额;⑥有职称的建筑、结构、财务、房地产及有关经济类的专业管理人员不少于20人,其中具有中级以上职称的管理人员不少于10人,持有资格证书的专职会计人员不少于3人;⑦工程技术、财务、统计等业务负责人具有相应专业中级以上职称;⑧具有完善的质量保证体系,商品住宅销售中实行了《住宅质量保证书》和《住宅使用说明书》制度;⑨未发生过重大工程质量事故。

(2) 从业范围:二级资质房地产开发企业可以承担建筑面积25万 m^2 以下的开发建设项目,承担业务的具体范围由省、自治区、直辖市人民政府建设行政主管部门确定。

3) 三级资质

(1) 申请条件:①注册资本不低于800万元;②从事房地产开发经营2年以上;③房屋建筑面积累计竣工5万 m^2 以上,或者累计完成与此相当的房地产开发投资额;④连续2年建筑工程质量合格率达100%;⑤有职称的建筑、结构、财务、房地产及有关经济类的专业管理人员不少于10人,其中具有中级以上职称的管理人员不少于5人,持有资格证书的专职会计人员不少于2人;⑥工程技术、财务等业务负责人具有相应专业中级以上职称,统计等其他业务负责人具有相应专业初级以上职称;⑦具有完善的质量保证体系,商品住宅销售中实行了《住宅质量保证书》和《住宅使用说明书》制度;⑧未发生过重大工程质量事故。

(2) 从业范围:三级资质房地产开发企业可以承担建筑面积25万 m^2 以下的开发建设项目,承担业务的具体范围由省、自治区、直辖市人民政府建设行政主管部门确定。

4) 四级资质

(1) 申请条件:①注册资本不低于100万元;②从事房地产开发经营1年以上;③已竣工的建筑工程质量合格率达100%;④有职称的建筑、结构、财务、房地产及有关经济类的专业管理人员不少于5人,持有资格证书的专职会计人员不少于2人;⑤工程技术负责人具有相应专业中级以上职称,财务负责人具有相应专业初级以上职称,配有专业统计人员;⑥商品住宅销售中实行了《住宅质量保证书》和《住宅使用说明书》制度;⑦未发生过重大工程质量事故。

（2）从业范围:四级资质房地产开发企业可以承担建筑面积 25 万 m^2 以下的开发建设项目,承担业务的具体范围由省、自治区、直辖市人民政府建设行政主管部门确定。

房地产开发企业资质等级实行分级审批。一级资质由省、自治区、直辖市人民政府建设行政主管部门初审,报国务院建设行政主管部门审批。二级资质及二级资质以下企业的审批办法由省、自治区、直辖市人民政府建设行政主管部门制定。

经资质审查合格的企业,由资质审批部门发给相应等级的资质证书。资质证书由国务院建设行政主管部门统一制作。资质证书分为正本和副本,资质审批部门可以根据需要核发资质证书副本若干份。

2.2.2 建筑业企业

房屋建筑工程是指工业、民用与公共建筑(建筑物、构筑物)工程。工程内容包括地基与基础工程,土石方工程,结构工程,屋面工程,内、外部的装修装饰工程,上下水、供暖、电器、卫生洁具、通风、照明、消防、防雷等安装工程。建筑业企业资质分为施工总承包、专业承包和劳务分包 3 个序列。

1）工程施工总承包企业

取得施工总承包资质的企业(以下简称施工总承包企业),可以承接施工总承包工程。施工总承包企业可以对所承接的施工总承包工程内各专业工程全部自行施工,也可以将专业工程或劳务作业依法分包给具有相应资质的专业承包企业或劳务分包企业。

房屋建筑工程施工总承包企业资质分为特级、一级、二级、三级。

（1）特级施工总承包企业

① 特级资质标准

企业注册资本金 3 亿元以上;企业净资产 3.6 亿元以上;企业近 3 年年平均工程结算收入 15 亿元以上;企业其他条件均达到一级资质标准。

② 特级资质承揽工程范围

可承担各类房屋建筑工程的施工。

（2）一级施工总承包企业

① 一级资质标准

企业近 5 年承担过下列 6 项中的 4 项以上工程的施工总承包或主体工程承包,工程质量合格:25 层以上的房屋建筑工程;高度 100 m 以上的构筑物或建筑物;单体建筑面积 3 万 m^2 以上的房屋建筑工程;单跨跨度 30 m 以上的房屋建筑工程;建筑面积 10 万 m^2 以上的住宅小区或建筑群体;单项建安合同额 1 亿元以上的房屋建筑工程。

企业经理具有 10 年以上从事工程管理工作经历或具有高级职称;总工程师具有 10 年以上从事建筑施工技术管理工作经历并具有本专业高级职称;总会计师具有高级会计师职称;总经济师具有高级职称。企业有职称的工程技术和经济管理人员不少于 300 人,其中工程技术人员不少于 200 人;工程技术人员中,具有高级职称的人员不少于 10 人,具有中级职称的人员不少于 60 人。企业具有的一级资质项目经理不少于 12 人。

企业注册资本金5 000万元以上,净资产6 000万元以上,近3年最高年工程结算收入2亿元以上,具有与承包工程范围相适应的施工机械和质量检测设备。

② 一级资质承揽工程范围

可承担单项建安合同额不超过企业注册资本金5倍的下列房屋建筑工程的施工:40层及以下、各类跨度的房屋建筑工程;高度240 m及以下的构筑物;建筑面积20万 m^2 及以下的住宅小区或建筑群体。

(3) 二级施工总承包企业

① 二级资质标准

企业近5年承担过下列6项中的4项以上工程的施工总承包或主体工程承包,工程质量合格:12层以上的房屋建筑工程;高度50 m以上的构筑物或建筑物;单体建筑面积1万 m^2 以上的房屋建筑工程;单跨跨度21 m以上的房屋建筑工程;建筑面积5万 m^2 以上的住宅小区或建筑群体;单项建安合同额3 000万元以上的房屋建筑工程。

企业经理具有8年以上从事工程管理工作经历或具有中级以上职称;技术负责人具有8年以上从事建筑施工技术管理工作经历并具有本专业高级职称;财务负责人具有中级以上会计师职称。企业有职称的工程技术和经济管理人员不少于150人,其中工程技术人员不少于100人;工程技术人员中,具有高级职称的人员不少于2人,具有中级职称的人员不少于20人。企业具有的二级资质以上项目经理不少于12人。

企业注册资本金2 000万元以上,净资产2 500万元以上,企业近3年最高年工程结算收入8 000万元以上,企业具有与承包工程范围相适应的施工机械和质量检测设备。

② 二级资质承揽工程范围

可承担单项建安合同额不超过企业注册资本金5倍的下列房屋建筑工程的施工:28层及以下、单跨跨度36 m及以下的房屋建筑工程;高度120 m及以下的构筑物;建筑面积12万 m^2 及以下的住宅小区或建筑群体。

(4) 三级施工总承包企业

① 三级资质标准

企业近5年承担过下列5项中的3项以上工程的施工总承包或主体工程承包,工程质量合格:6层以上的房屋建筑工程;高度25 m以上的构筑物或建筑物;单体建筑面积5 000 m^2 以上的房屋建筑工程;单跨跨度15 m以上的房屋建筑工程;单项建安合同额500万元以上的房屋建筑工程。

企业经理具有5年以上从事工程管理工作经历;技术负责人具有5年以上从事建筑施工技术管理工作经历并具有本专业中级以上职称;财务负责人具有初级以上会计师职称。企业有职称的工程技术和经济管理人员不少于50人,其中工程技术人员不少于30人;工程技术人员中,具有中级以上职称的人员不少于10人;企业具有的三级资质以上项目经理不少于10人。

企业注册资本金600万元以上,净资产700万元以上,近3年最高年工程结算收入2 400万元以上,企业具有与承包工程范围相适应的施工机械和质量检测设备。

② 三级资质承揽工程范围

可承担单项建安合同额不超过企业注册资本金5倍的下列房屋建筑工程的施工:14层及以下、单跨跨度24 m及以下的房屋建筑工程;高度70 m及以下的构筑物;建筑面积6万 m^2

及以下的住宅小区或建筑群体。

2) 专业承包企业

取得专业承包资质的企业（以下简称专业承包企业），可以承接施工总承包企业分包的专业工程和建设单位依法发包的专业工程。专业承包企业可以对所承接的专业工程全部自行施工，也可以将劳务作业依法分包给具有相应资质的劳务分包企业，比如地基与基础工程、土石方工程、建筑装修装饰工程、建筑幕墙工程、预拌商品混凝土、混凝土预制构件等60类专业工程，资质等级不完全相同。

3) 劳务分包企业

取得劳务分包资质的企业（以下简称劳务分包企业），可以承接施工总承包企业或专业承包企业分包的劳务作业，比如木工作业、砌筑作业、抹灰作业、石制作业、油漆作业、钢筋作业、混凝土作业、脚手架作业、模板作业、焊接作业、水暖电安装作业、钣金作业、架线作业13类作业，资质等级划分比较简单。除了木工、砌筑、钢筋、脚手架、模板、焊接等分为一、二两级以外，其他都不分等级。

2.2.3 工程勘察、设计企业

1) 工程勘察企业

工程勘察资质分为工程勘察综合资质、工程勘察专业资质、工程勘察劳务资质。

工程勘察综合资质只设甲级；工程勘察专业资质设甲级、乙级，根据工程性质和技术特点，部分专业可以设丙级；工程勘察劳务资质不分等级。

取得工程勘察综合资质的企业，可以承接各专业（海洋工程勘察除外）、各等级工程勘察业务；取得工程勘察专业资质的企业，可以承接相应等级相应专业的工程勘察业务；取得工程勘察劳务资质的企业，可以承接岩土工程治理、工程钻探、凿井等工程勘察劳务业务。

2) 工程设计企业

工程设计资质分为工程设计综合资质、工程设计行业资质、工程设计专业资质和工程设计专项资质。

工程设计综合资质只设甲级；工程设计行业资质、工程设计专业资质、工程设计专项资质设甲级、乙级。根据工程性质和技术特点，个别行业、专业、专项资质可以设丙级，建筑工程专业资质可以设丁级。

取得工程设计综合资质的企业，可以承接各行业、各等级的建设工程设计业务；取得工程设计行业资质的企业，可以承接相应行业相应等级的工程设计业务及本行业范围内同级别的相应专业、专项（设计施工一体化资质除外）工程设计业务；取得工程设计专业资质的企业，可以承接本专业相应等级的专业工程设计业务及同级别的相应专项工程设计业务（设计施工一体化资质除外）；取得工程设计专项资质的企业，可以承接本专项相应等级的专项工程设计业务。

3) 工程勘察、设计企业资质申请的条件

（1）首次申请工程勘察、工程设计资质，应当提交的材料

①工程勘察、工程设计资质申请表；②企业法人、合伙企业营业执照副本复印件；③企业章

程或合伙人协议;④企业法定代表人、合伙人的身份证明;⑤企业负责人、技术负责人的身份证明、任职文件、毕业证书、职称证书及相关资质标准要求提供的材料;⑥工程勘察、工程设计资质申请表中所列注册执业人员的身份证明、注册执业证书;⑦工程勘察、工程设计资质标准要求的非注册专业技术人员的职称证书、毕业证书、身份证明及个人业绩材料;⑧工程勘察、工程设计资质标准要求的注册执业人员、其他专业技术人员与原聘用单位解除聘用劳动合同的证明及新单位的聘用劳动合同;⑨资质标准要求的其他有关材料。

(2) 企业申请资质升级应当提交的材料

除了初次申请的材料以外,还应补充以下资料:①工程勘察、工程设计资质标准要求的非注册专业技术人员与本单位签订的劳动合同及社保证明;②原工程勘察、工程设计资质证书副本复印件;③满足资质标准要求的企业工程业绩和个人工程业绩。

工程勘察、工程设计资质证书分为正本和副本,正本1份,副本6份,由国务院建设主管部门统一印制,正、副本具备同等法律效力。资质证书有效期为5年。资质有效期届满,企业需要延续资质证书有效期的,应当在资质证书有效期届满60日前,向原资质许可机关提出资质延续申请。对在资质有效期内遵守有关法律、法规、规章、技术标准,信用档案中无不良行为记录,且专业技术人员满足资质标准要求的企业,经资质许可机关同意,有效期延续5年。

2.2.4 工程监理企业

工程监理企业资质分为综合资质、专业资质和事务所3个序列。

综合资质只设甲级。专业资质原则上分为甲、乙、丙3个级别,并按照工程性质和技术特点划分为14个专业工程类别;除房屋建筑、水利水电、公路和市政公用4个专业工程类别设丙级资质外,其他专业工程类别不设丙级资质。事务所不分等级。

2.2.5 工程咨询单位

1) 工程造价咨询企业

工程造价咨询企业从事工程造价咨询活动,应当遵循独立、客观、公正、诚实信用的原则,不得损害社会公共利益和他人的合法权益,不受行政区域限制。

工程造价咨询企业资质等级分为甲级、乙级。

甲级工程造价咨询企业可以从事各类建设项目的工程造价咨询业务。

乙级工程造价咨询企业可以从事工程造价5 000万元人民币以下的各类建设项目的工程造价咨询业务。

2) 工程招标代理机构

工程招标代理机构资格分为甲级、乙级和暂定级。甲级工程招标代理机构可以承担各类工程的招标代理业务。乙级工程招标代理机构只能承担工程总投资1亿元人民币以下的工程招标代理业务。暂定级工程招标代理机构,只能承担工程总投资6 000万元人民币以下的工程招标代理业务。

2.3 专业技术人员执业资格管理

2.3.1 注册建造师制度

注册建造师,是指通过考核认定或考试合格取得中华人民共和国建造师资格证书(以下简称资格证书),并按照本规定注册,取得中华人民共和国建造师注册证书(以下简称注册证书)和执业印章,担任施工单位项目负责人及从事相关活动的专业技术人员。

注册建造师实行注册执业管理制度,注册建造师分为一级注册建造师和二级注册建造师。取得资格证书的人员,经过注册方能以注册建造师的名义执业。

1) 注册

(1) 初始注册

初始注册者,可自资格证书签发之日起3年内提出申请。逾期未申请者,须符合本专业继续教育的要求后方可申请初始注册。

申请初始注册需要提交下列材料:①注册建造师初始注册申请表;②资格证书、学历证书和身份证明复印件;③申请人与聘用单位签订的聘用劳动合同复印件或其他有效证明文件;④逾期申请初始注册的,应当提供达到继续教育要求的证明材料。

对申请初始注册的,省、自治区、直辖市人民政府建设主管部门应当自受理申请之日起,20日内审查完毕,并将申请材料和初审意见报国务院建设主管部门。国务院建设主管部门应当自收到省、自治区、直辖市人民政府建设主管部门上报材料之日起,20日内审批完毕并作出书面决定。有关部门应当在收到国务院建设主管部门移送的申请材料之日起,10日内审核完毕,并将审核意见送国务院建设主管部门。

(2) 延续注册

注册有效期满需继续执业的,应当在注册有效期届满30日前,按照第七条、第八条的规定申请延续注册。延续注册的,有效期为3年。

申请延续注册的,应当提交下列材料:①注册建造师延续注册申请表;②原注册证书;③申请人与聘用单位签订的聘用劳动合同复印件或其他有效证明文件;④申请人注册有效期内达到继续教育要求的证明材料。

(3) 变更注册

注册有效期内,注册建造师变更执业单位,应当与原聘用单位解除劳动关系,并按照规定办理变更注册手续,变更注册后仍延续原注册有效期。申请变更注册的,应当提交下列材料:①注册建造师变更注册申请表;②注册证书和执业印章;③申请人与新聘用单位签订的聘用合同复印件或有效证明文件;④工作调动证明(与原聘用单位解除聘用合同或聘用合同到期的证明文件、退休人员的退休证明)。

对申请变更注册、延续注册的,省、自治区、直辖市人民政府建设主管部门应当自受理申请之日起5日内审查完毕。国务院建设主管部门应当自收到省、自治区、直辖市人民政府建设主管部门上报材料之日起,10日内审批完毕并作出书面决定。有关部门在收到国务院建设主管部门移送的申请材料后,应当在5日内审核完毕,并将审核意见送国务院建设主管部门。

2) 执业

取得资格证书的人员应当受聘于一个具有建设工程勘察、设计、施工、监理、招标代理、造价咨询等一项或者多项资质的单位,经注册后方可从事相应的执业活动。担任施工单位项目负责人的,应当受聘并注册于一个具有施工资质的企业。

注册建造师不得同时在两个及两个以上的建设工程项目中担任施工单位项目负责人。注册建造师可以从事建设工程项目总承包管理或施工管理、建设工程项目管理服务、建设工程技术经济咨询,以及法律、行政法规和国务院建设主管部门规定的其他业务。

(1) 注册建造师基本权利:①使用注册建造师名称;②在规定范围内从事执业活动;③在本人执业活动中形成的文件上签字并加盖执业印章;④保管和使用本人注册证书、执业印章;⑤对本人执业活动进行解释和辩护;⑥接受继续教育;⑦获得相应的劳动报酬;⑧对侵犯本人权利的行为进行申诉。

(2) 注册建造师基本义务:①遵守法律、法规和有关管理规定,恪守职业道德;②执行技术标准、规范和规程;③保证执业成果的质量,并承担相应责任;④接受继续教育,努力提高执业水准;⑤保守在执业中知悉的国家秘密和他人的商业、技术等秘密;⑥与当事人有利害关系的,应当主动回避;⑦协助注册管理机关完成相关工作。

(3) 禁止行为。注册建造师不得有下列行为之一:①不履行注册建造师义务;②在执业过程中,索贿、受贿或者谋取合同约定费用以外的其他利益;③在执业过程中实施商业贿赂;④签署有虚假记载等不合格的文件;⑤允许他人以自己的名义从事执业活动;⑥同时在两个或者两个以上单位受聘或者执业;⑦涂改、倒卖、出租、出借或以其他形式非法转让资格证书、注册证书和执业印章;⑧超出执业范围和聘用单位业务范围内从事执业活动;⑨法律、法规、规章禁止的其他行为。

3) 法律责任

隐瞒有关情况或者提供虚假材料申请注册的,建设主管部门不予受理或者不予注册,并给予警告,申请人1年内不得再次申请注册。

以欺骗、贿赂等不正当手段取得注册证书的,由注册机关撤销其注册,3年内不得再次申请注册,并由县级以上地方人民政府建设主管部门处以罚款。其中没有违法所得的,处以1万元以下的罚款;有违法所得的,处以违法所得3倍以下且不超过3万元的罚款。

违反规定,未取得注册证书和执业印章,担任大中型建设工程项目施工单位项目负责人,或者以注册建造师的名义从事相关活动的,其所签署的工程文件无效,由县级以上地方人民政府建设主管部门或者其他有关部门给予警告,责令停止违法活动,并可处以1万元以上3万元以下的罚款。

2.3.2 注册结构工程师制度

注册结构工程师是指取得中华人民共和国注册结构工程师执业资格证书和注册证书,从事结构工程设计,结构工程设计技术咨询,建筑物、构筑物、工程设施等调查和鉴定,对本人主持设计的项目进行施工指导和监督,建设部和国务院有关部门规定的其他业务。

1）注册

（1）初始注册

初始注册者，可自资格证书签发之日起3年内提出申请。逾期未申请者，须符合本专业继续教育的要求后方可申请初始注册。

初始注册需要提交下列材料：①申请人的注册申请表；②申请人的资格证书复印件；③申请人与聘用单位签订的聘用劳动合同复印件；④逾期初始注册的，应提供达到继续教育要求的证明材料。

（2）延续注册

注册结构工程师每一注册期为3年，注册期满需继续执业的，应在注册期满前30日，按照本规定第七条规定的程序申请延续注册。

延续注册需要提交下列材料：①申请人延续注册申请表；②申请人与聘用单位签订的聘用劳动合同复印件；③申请人注册期内达到继续教育要求的证明材料。

（3）变更注册

在注册有效期内，注册结构工程师变更执业单位，应与原聘用单位解除劳动关系，并按规定的程序办理变更注册手续，变更注册后仍延续原注册有效期。

变更注册需要提交下列材料：①申请人变更注册申请表；②申请人与新聘用单位签订的聘用劳动合同复印件；③申请人的工作调动证明（或者与原聘用单位解除聘用劳动合同的证明文件、退休人员的退休证明）。

2）执业

取得资格证书的人员，应受聘于一个具有建设工程勘察、设计、施工、监理、招标代理、造价咨询等一项或多项资质的单位，经注册后方可从事相应的执业活动。但从事建设工程设计执业活动的，应受聘并注册于一个具有建设工程设计资质的单位。

（1）注册结构工程师基本权利

注册结构工程师享有下列权利：①使用注册结构工程师称谓；②在规定范围内从事执业活动；③依据本人能力从事相应的执业活动；④保管和使用本人的注册证书和执业印章；⑤对本人执业活动进行解释和辩护；⑥接受继续教育；⑦获得相应的劳动报酬；⑧对侵犯本人权利的行为进行申诉。

（2）注册结构工程师基本义务

注册结构工程师应当履行下列义务：①遵守法律、法规和有关管理规定；②执行工程建设标准规范；③保证执业活动成果的质量，并承担相应责任；④接受继续教育，努力提高执业水准；⑤在本人执业活动所形成的勘察、设计文件上签字，加盖执业印章；⑥保守在执业中知悉的国家秘密和他人的商业、技术秘密；⑦不得涂改、出租、出借或者以其他形式非法转让注册证书或者执业印章；⑧不得同时在两个或两个以上单位受聘或者执业；⑨在本专业规定的执业范围和聘用单位业务范围内从事执业活动；⑩协助注册管理机构完成相关工作。

3）法律责任

隐瞒有关情况或者提供虚假材料申请注册的，审批部门不予受理，并给予警告，1年之内不得再次申请注册。

以欺骗、贿赂等不正当手段取得注册证书的，由负责审批的部门撤销其注册，3年内不得再次申请注册;并由县级以上人民政府建设主管部门或者有关部门处以罚款,其中没有违法所得的,处以1万元以下的罚款;有违法所得的,处以违法所得3倍以下且不超过3万元的罚款;构成犯罪的,依法追究刑事责任。

注册结构工程师在执业活动中有下列行为之一的,由县级以上人民政府建设主管部门或者有关部门予以警告,责令其改正,没有违法所得的,处以1万元以下的罚款;有违法所得的,处以违法所得3倍以下且不超过3万元的罚款;造成损失的,应当承担赔偿责任;构成犯罪的,依法追究刑事责任:①以个人名义承接业务的;②涂改、出租、出借或者以其他形式非法转让注册证书或者执业印章的;③泄露执业中应当保守的秘密并造成严重后果的;④超出本专业规定范围或者聘用单位业务范围从事执业活动的;⑤弄虚作假提供执业活动成果的;⑥其他违反法律、法规、规章的行为。

2.3.3 注册造价工程师制度

注册造价工程师,是指通过全国造价工程师执业资格统一考试或者资格认定、资格互认,取得中华人民共和国造价工程师执业资格(以下简称执业资格),并按照本办法注册,取得中华人民共和国造价工程师注册执业证书(以下简称注册证书)和执业印章,从事工程造价活动的专业人员。

1) 注册

(1) 初始注册

取得资格证书的人员,可自资格证书签发之日起1年内申请初始注册。逾期未申请者,须符合继续教育的要求后方可申请初始注册。初始注册的有效期为4年。

申请初始注册的,应当提交下列材料:①初始注册申请表;②执业资格证件和身份证件复印件;③与聘用单位签订的劳动合同复印件;④工程造价岗位工作证明;⑤取得资格证书的人员,自资格证书签发之日起1年后申请初始注册的,应当提供继续教育合格证明;⑥受聘于具有工程造价咨询资质的中介机构的,应当提供聘用单位为其交纳的社会基本养老保险凭证、人事代理合同复印件,或者劳动、人事部门颁发的离退休证复印件;⑦外国人、台港澳人员应当提供外国人就业许可证书、台港澳人员就业证书复印件。

对申请初始注册的,注册初审机关应当自受理申请之日起20日内审查完毕,并将申请材料和初审意见报国务院建设主管部门(以下简称注册机关)。注册机关应当自受理之日起20日内作出决定。

(2) 延续注册

注册造价工程师注册有效期满需继续执业的,应当在注册有效期满30日前,按照本办法第八条规定的程序申请延续注册。延续注册的有效期为4年。

申请延续注册的,应当提交下列材料:①延续注册申请表;②注册证书;③与聘用单位签订的劳动合同复印件;④前一个注册期内的工作业绩证明;⑤继续教育合格证明。

(3) 变更注册

在注册有效期内,注册造价工程师变更执业单位的,应当与原聘用单位解除劳动合同,并按照本办法第八条规定的程序办理变更注册手续。变更注册后延续原注册有效期。

申请变更注册的,应当提交下列材料:①变更注册申请表;②注册证书;③与新聘用单位签订的劳动合同复印件;④与原聘用单位解除劳动合同的证明文件;⑤受聘于具有工程造价咨询资质的中介机构的,应当提供聘用单位为其交纳的社会基本养老保险凭证、人事代理合同复印件,或者劳动、人事部门颁发的离退休证复印件;⑥外国人、台港澳人员应当提供外国人就业许可证书、台港澳人员就业证书复印件。

对申请变更注册、延续注册的,注册初审机关应当自受理申请之日起5日内审查完毕,并将申请材料和初审意见报注册机关。注册机关应当自受理之日起10日内作出决定。

2) 执业

注册造价工程师执业范围包括建设项目建议书、可行性研究投资估算的编制和审核,项目经济评价,工程概、预、结算、竣工结(决)算的编制和审核;工程量清单、标底(或者控制价)、投标报价的编制和审核,工程合同价款的签订及变更、调整、工程款支付与工程索赔费用的计算;建设项目管理过程中设计方案的优化、限额设计等工程造价分析与控制,工程保险理赔的核查;工程经济纠纷的鉴定。

(1) 注册造价工程师基本权利:①使用注册造价工程师名称;②依法独立执行工程造价业务;③在本人执业活动中形成的工程造价成果文件上签字并加盖执业印章;④发起设立工程造价咨询企业;⑤保管和使用本人的注册证书和执业印章;⑥参加继续教育。

(2) 注册造价工程师基本义务:①遵守法律、法规、有关管理规定,恪守职业道德;②保证执业活动成果的质量;③接受继续教育,提高执业水平;④执行工程造价计价标准和计价方法;⑤与当事人有利害关系的,应当主动回避;⑥保守在执业中知悉的国家秘密和他人的商业、技术秘密。

注册造价工程师应当在本人承担的工程造价成果文件上签字并盖章。

修改经注册造价工程师签字盖章的工程造价成果文件,应当由签字盖章的注册造价工程师本人进行;注册造价工程师本人因特殊情况不能进行修改的,应当由其他注册造价工程师修改,并签字盖章;修改工程造价成果文件的注册造价工程师对修改部分承担相应的法律责任。

(3) 禁止行为。注册造价工程师不得有下列行为:①不履行注册造价工程师义务;②在执业过程中,索贿、受贿或者谋取合同约定费用以外的其他利益;③在执业过程中实施商业贿赂;④签署有虚假记载、误导性陈述的工程造价成果文件;⑤以个人名义承接工程造价业务;⑥允许他人以自己名义从事工程造价业务;⑦同时在两个或者两个以上单位执业;⑧涂改、倒卖、出租、出借或者以其他形式非法转让注册证书或者执业印章;⑨法律、法规、规章禁止的其他行为。

3) 法律责任

隐瞒有关情况或者提供虚假材料申请造价工程师注册的,不予受理或者不予注册,并给予警告,申请人在1年内不得再次申请造价工程师注册。

聘用单位为申请人提供虚假注册材料的,由县级以上地方人民政府建设主管部门或者其他有关部门给予警告,并可处以1万元以上3万元以下的罚款。

以欺骗、贿赂等不正当手段取得造价工程师注册的,由注册机关撤销其注册,3年内不得再次申请注册,并由县级以上地方人民政府建设主管部门处以罚款。其中,没有违法所得的,处1万元以下罚款;有违法所得的,处以违法所得3倍以下且不超过3万元的罚款。

违反规定,未经注册而以注册造价工程师的名义从事工程造价活动的,所签署的工程造成果文件无效,由县级以上地方人民政府建设主管部门或者其他有关部门给予警告,责令停止违法活动,并可处以 1 万元以上 3 万元以下的罚款。

2.3.4 注册监理工程师制度

注册监理工程师,是指经考试取得中华人民共和国监理工程师资格证书(以下简称资格证书),并按照本规定注册,取得中华人民共和国注册监理工程师注册执业证书(以下简称注册证书)和执业印章,从事工程监理及相关业务活动的专业技术人员。未取得注册证书和执业印章的人员,不得以注册监理工程师的名义从事工程监理及相关业务活动。

1) 注册

(1) 初始注册

初始注册需要提交下列材料:①申请人的注册申请表;②申请人的资格证书和身份证复印件;③申请人与聘用单位签订的聘用劳动合同复印件;④所学专业、工作经历、工程业绩、工程类中级及中级以上职称证书等有关证明材料;⑤逾期初始注册的,应当提供达到继续教育要求的证明材料。

对申请初始注册的,省、自治区、直辖市人民政府建设主管部门应当自受理申请之日起 20 日内审查完毕,并将申请材料和初审意见报国务院建设主管部门。国务院建设主管部门自收到省、自治区、直辖市人民政府建设主管部门上报材料之日起,应当在 20 日内审批完毕并作出书面决定,并自作出决定之日起 10 日内,在公众媒体上公告审批结果。

(2) 延续注册

注册监理工程师每一注册有效期为 3 年,注册有效期满需继续执业的,应当在注册有效期满 30 日前,按照本规定第七条规定的程序申请延续注册。延续注册有效期 3 年。延续注册需要提交下列材料:①申请人延续注册申请表;②申请人与聘用单位签订的聘用劳动合同复印件;③申请人注册有效期内达到继续教育要求的证明材料。

(3) 变更注册

在注册有效期内,注册监理工程师变更执业单位,应当与原聘用单位解除劳动关系,并按本规定第七条规定的程序办理变更注册手续,变更注册后仍延续原注册有效期。

变更注册需要提交下列材料:①申请人变更注册申请表;②申请人与新聘用单位签订的聘用劳动合同复印件;③申请人的工作调动证明(与原聘用单位解除聘用劳动合同或者聘用劳动合同到期的证明文件、退休人员的退休证明)。

对申请变更注册、延续注册的,省、自治区、直辖市人民政府建设主管部门应当自受理申请之日起 5 日内审查完毕,并将申请材料和初审意见报国务院建设主管部门。国务院建设主管部门自收到省、自治区、直辖市人民政府建设主管部门上报材料之日起,应当在 10 日内审批完毕并作出书面决定。

对不予批准的,应当说明理由,并告知申请人享有依法申请行政复议或者提起行政诉讼的权利。

2) 执业

取得资格证书的人员,应当受聘于一个具有建设工程勘察、设计、施工、监理、招标代理、造价咨询等一项或者多项资质的单位,经注册后方可从事相应的执业活动。从事工程监理执业活动的,应当受聘并注册于一个具有工程监理资质的单位。

注册监理工程师可以从事工程监理、工程经济与技术咨询、工程招标与采购咨询、工程项目管理服务以及国务院有关部门规定的其他业务。

(1) 注册监理工程师基本权利:①使用注册监理工程师称谓;②在规定范围内从事执业活动;③依据本人能力从事相应的执业活动;④保管和使用本人的注册证书和执业印章;⑤对本人执业活动进行解释和辩护;⑥接受继续教育;⑦获得相应的劳动报酬;⑧对侵犯本人权利的行为进行申诉。

(2) 注册监理工程师基本义务:①遵守法律、法规和有关管理规定;②履行管理职责,执行技术标准、规范和规程;③保证执业活动成果的质量,并承担相应责任;④接受继续教育,努力提高执业水准;⑤在本人执业活动所形成的工程监理文件上签字、加盖执业印章;⑥保守在执业中知悉的国家秘密和他人的商业、技术秘密;⑦不得涂改、倒卖、出租、出借或者以其他形式非法转让注册证书或者执业印章;⑧不得同时在两个或者两个以上单位受聘或者执业;⑨在规定的执业范围和聘用单位业务范围内从事执业活动;⑩协助注册管理机构完成相关工作。

3) 法律责任

隐瞒有关情况或者提供虚假材料申请注册的,建设主管部门不予受理或者不予注册,并给予警告,1年之内不得再次申请注册。

以欺骗、贿赂等不正当手段取得注册证书的,由国务院建设主管部门撤销其注册,3年内不得再次申请注册,并由县级以上地方人民政府建设主管部门处以罚款,其中没有违法所得的,处以1万元以下罚款,有违法所得的,处以违法所得3倍以下且不超过3万元的罚款;构成犯罪的,依法追究刑事责任。

违反本规定,未经注册,擅自以注册监理工程师的名义从事工程监理及相关业务活动的,由县级以上地方人民政府建设主管部门给予警告,责令停止违法行为,处以3万元以下罚款;造成损失的,依法承担赔偿责任。

注册监理工程师在执业活动中有下列行为之一的,由县级以上地方人民政府建设主管部门给予警告,责令其改正,没有违法所得的,处以1万元以下罚款,有违法所得的,处以违法所得3倍以下且不超过3万元的罚款;造成损失的,依法承担赔偿责任;构成犯罪的,依法追究刑事责任:①以个人名义承接业务的;②涂改、倒卖、出租、出借或者以其他形式非法转让注册证书或者执业印章的;③泄露执业中应当保守的秘密并造成严重后果的;④超出规定执业范围或者聘用单位业务范围从事执业活动的;⑤弄虚作假提供执业活动成果的;⑥同时受聘于两个或者两个以上的单位,从事执业活动的;⑦其他违反法律、法规、规章的行为。

一、名词解释

房地产开发企业　施工总承包企业　劳务分包企业　注册建造师

二、选择题

1. 根据《建筑业企业资质管理规定》,下列关于我国建筑业企业资质的说法,错误的是(　　)。
   A. 建筑业企业资质分为施工总承包、专业承包和劳务分包3个序列
   B. 建筑业企业按照各自工程性质和技术特点,分别划分为若干资质类别
   C. 各资质类别按照各自规定的条件划分为若干等级
   D. 房屋建筑工程施工总承包企业资质分为特级、一级、二级3个等级

2. 某建设工程勘察单位业务实力较强,欲在全国范围内承接勘察业务,按照我国建设工程勘察设计管理相关规定,该建设工程勘察单位的资质等级最低须为(　　)。
   A. 丁级　　　　　　B. 丙级　　　　　　C. 乙级　　　　　　D. 甲级

3. 以下关于建设工程企业资质等级划分的表述中,不正确的是(　　)。
   A. 取得甲级工程勘察劳务资质的企业,承接工程勘察业务范围不受限制
   B. 劳务分包与施工总承包是建筑业企业资质划分中两个独立的序列
   C. 工程设计资质分为工程设计综合资质、工程设计行业资质和工程设计专项资质
   D. 工程勘察综合资质与工程设计综合资质只设置一个级别

4. 以房屋建筑工程施工总承包企业为例,按照《建筑业企业资质等级标准》《施工总承包企业特级资质标准》的规定:(　　)。
   A. 特级企业注册资本金600万元以上,企业净资产700万元以上
   B. 特级企业注册资本金2 000万元以上,企业净资产2 500万元以上
   C. 特级企业注册资本金5 000万元以上,企业净资产6 000万元以上
   D. 特级企业注册资本金3亿元以上,企业净资产3.6亿元以上

5. 下列企业中,不符合施工企业资质法定条件的包括(　　)。
   A. 有符合规定的工程质量保证体系
   B. 有符合规定的专业技术人员
   C. 有符合规定的技术装备
   D. 有符合规定的已完成工程业绩

6. 建造师注册有效期为(　　)。
   A. 1年　　　　　　B. 3年　　　　　　C. 4年　　　　　　D. 5年

三、简答题

1. 简述一级房地产开发企业的从业范围。
2. 申请特级施工总承包企业应具备哪些条件?
3. 注册造价工程师的基本权利包括哪些?
4. 注册监理工程师的基本义务包括哪些?
5. 注册建造师的基本权利包括哪些?

3 城乡规划法规

> **学习目标**
>
> (1) 了解城乡规划法的基本内容。
> (2) 掌握城乡规划的编制和审批。
> (3) 熟悉城乡规划的实施和修改。
> (4) 了解风景名胜区、历史文化名城及村镇规划管理。

城乡规划是一项全局性、综合性、战略性的工作,涉及政治、经济、文化和社会生活等各个领域。制定好城乡规划,要按照现代化建设的总体要求,立足当前,面向未来,统筹兼顾,综合布局。要处理好局部与整体、近期与长远、需要与可能、经济建设与社会发展、城市建设与农村发展、进行现代化建设与保护历史遗产等一系列关系。通过加强和改进城乡规划工作,促进城乡统一协调发展,为人民群众创造良好的工作和生活环境。

3.1 城乡规划概述

3.1.1 城乡规划的含义

城乡规划是指为了实现一定时期内城市、村庄和集镇的经济和社会发展目标,确定城市、村庄、集镇的性质、规模和发展方向,合理利用城乡土地,协调城乡空间布局和各项建设的综合部署和具体安排。城乡规划着重于改善人居环境,促进城乡经济社会全面协调可持续发展。

《中华人民共和国城乡规划法》已由中华人民共和国第十届全国人民代表大会常务委员会第三十次会议于 2007 年 10 月 28 日通过,自 2008 年 1 月 1 日起施行。

3.1.2 城乡规划的适用范围

在规划区内的建设活动,必须符合城市规划法规的相关规定。

所谓规划区,是指城市、镇和村庄的建成区以及因城乡建设和发展需要,必须实行规划控制的区域。规划区的具体范围由有关人民政府在组织编制的城市总体规划、镇总体规划、乡规划和村庄规划中,根据城乡经济社会发展水平和统筹城乡发展的需要划定。

1) 城市

城市是以非农业产业和非农业人口集聚为主要特征的居民点。在中国,包括按国家行政建制设立的市、镇。

按城市聚居人口大小可以区分城市规模大小,各国的具体分级标准不尽一致。

联合国将 2 万人作为定义城市的人口下限,10 万人作为划定大城市的下限,100 万人作为划定特大城市的下限。

中国在城市统计中对城市规模的分类标准如下:市区常住人口 20 万以下的为小城市,20 万～50 万的为中等城市,50 万～100 万的为大城市,100 万以上的为特大城市,1 000 万以上的为巨大型城市。中国市长协会 2013 年 7 月 5 日在北京发布的《中国城市发展报告》2012 卷显示,截至 2012 年末,全国(不含港澳台地区)共有 658 个设市城市。

2) 乡镇

乡和镇,泛指较小的市镇,为中国现行三级行政区划省县乡第三级行政区划。

乡镇是我国最基层的行政机构,一头连着城市,一头连着农村,在农村乃至整个国家经济社会发展中发挥着基础性作用,它是党和政府联系人民群众的纽带。

几千年来,我国乡镇设置不断演变。建国以来特别是改革开放以后,适应经济社会发展和我国行政机构改革的需要,乡镇机构进行多次重大改革。全国行政区划单位共有:23 个省,5 个自治区,4 个直辖市,2 个特别行政区;50 个地区(州、盟);661 个市。其中:直辖市 4 个;地级市 283 个;县级市 374 个;1 636 个县(自治县、旗、自治旗、特区和林区);852 个市辖区。总计:省级 34 个,地级 333 个,县级 2 862 个。另外,11 个区公所,19 522 个镇,14 677 个乡,181 个苏木,1 092 个民族乡,1 个民族苏木,6 152 个街道,即乡镇级合计 41 636 个。

3) 村庄

村庄指农村村民居住和从事各种生产的聚居点。

3.1.3 城乡规划的分类

城乡规划包括城镇体系规划、城市规划、镇规划、乡规划和村庄规划。

城市规划、镇规划分为总体规划和详细规划。详细规划分为控制性详细规划和修建性详细规划。

3.2 城乡规划的编制和审批

3.2.1 城乡规划的编制原则

城乡规划在编制时,应当遵循城乡统筹、合理布局、节约土地、集约发展和先规划后建设的原则;改善生态环境,促进资源、能源节约和综合利用;保护耕地等自然资源和历史文化遗产,保持地方特色、民族特色和传统风貌;防止污染和其他公害,并符合区域人口发展、国防建设、防灾减灾和公共卫生、公共安全的需要。

3.2.2 编制和审批权限

1) 全国城镇体系规划

国务院城乡规划主管部门会同国务院有关部门组织编制全国城镇体系规划,用于指导省域城镇体系规划、城市总体规划的编制。全国城镇体系规划由国务院城乡规划主管部门报国务院审批。

2) 省域城镇体系规划

省、自治区人民政府组织编制省域城镇体系规划,报国务院审批。

省域城镇体系规划的内容应当包括:城镇空间布局和规模控制,重大基础设施的布局,为保护生态环境、资源等需要严格控制的区域。

3) 城市总体规划

城市人民政府组织编制城市总体规划。

直辖市的城市总体规划由直辖市人民政府报国务院审批。省、自治区人民政府所在地的城市以及国务院确定的城市的总体规划,由省、自治区人民政府审查同意后,报国务院审批。其他城市的总体规划,由城市人民政府报省、自治区人民政府审批。

城市总体规划的内容应当包括:城市、镇的发展布局,功能分区,用地布局,综合交通体系,禁止、限制和适宜建设的地域范围,各类专项规划等;规划区范围、规划区内建设用地规模、基础设施和公共服务设施用地、水源地和水系、基本农田和绿化用地、环境保护、自然与历史文化遗产保护以及防灾减灾等内容,应当作为城市总体规划、镇总体规划的强制性内容。

城市总体规划的规划期限一般为 20 年,城市总体规划还应当对城市更长远的发展作出预测性安排。

4) 镇总体规划

县人民政府组织编制县人民政府所在地镇的总体规划,报上一级人民政府审批。其他镇的总体规划由镇人民政府组织编制,报上一级人民政府审批。镇总体规划的内容、期限应与城市总体规划保持一致。

省、自治区人民政府组织编制的省域城镇体系规划,城市、县人民政府组织编制的总体规划,在报上一级人民政府审批前,应当先经本级人民代表大会常务委员会审议,常务委员会组成人员的审议意见交由本级人民政府研究处理;镇人民政府组织编制的镇总体规划,在报上一级人民政府审批前,应当先经镇人民代表大会审议,代表的审议意见交由本级人民政府研究处理。

规划的组织编制机关报送审批省域城镇体系规划、城市总体规划或者镇总体规划,应当将本级人民代表大会常务委员会组成人员或者镇人民代表大会代表的审议意见和根据审议意见修改规划的情况一并报送。

5) 乡、村庄规划

乡规划、村庄规划应当从农村实际出发,尊重村民意愿,体现地方和农村特色。村庄规划在报送审批前,应当经村民会议或者村民代表会议讨论同意。

乡规划、村庄规划的内容应当包括:规划区范围,住宅、道路、供水、排水、供电、垃圾收集、畜禽养殖场所等农村生产、生活服务设施、公益事业等各项建设的用地布局、建设要求,以及对耕地等自然资源和历史文化遗产保护、防灾减灾等的具体安排。乡规划还应当包括本行政区域内的村庄发展布局。

3.2.3 城乡规划编制单位

城乡规划组织编制机关应当委托具有相应资质等级的单位承担城乡规划的具体编制工作。从事城乡规划编制的单位,应当取得相应等级的资质证书,并在资质等级许可的范围内从事城乡规划编制工作。

国务院城乡规划主管部门负责全国城乡规划编制单位的资质管理工作。县级以上地方人民政府城乡规划主管部门负责本行政区域内城乡规划编制单位的资质管理工作。

城乡规划编制单位资质分为甲级、乙级、丙级。

1) 甲级城乡规划编制单位资质标准及其业务范围

(1) 资质标准:①有法人资格。②注册资本金不少于100万元人民币。③专业技术人员不少于40人,其中具有城乡规划专业高级技术职称的不少于4人,具有其他专业高级技术职称的不少于4人(建筑、道路交通、给排水专业各不少于1人);具有城乡规划专业中级技术职称的不少于8人,具有其他专业中级技术职称的不少于15人。④注册规划师不少于10人。⑤具备符合业务要求的计算机图形输入输出设备及软件。⑥有400 m²以上的固定工作场所,以及完善的技术、质量、财务管理制度。

(2) 承揽的业务范围:甲级城乡规划编制单位承担城乡规划编制业务的范围不受限制。

2) 乙级城乡规划编制单位资质标准及其业务范围

(1) 资质标准:①有法人资格;建筑面积在300 m²以下,或者总投资在30万元以下的,不需要领取施工许可证。②注册资本金不少于50万元人民币。③专业技术人员不少于25人,其中具有城乡规划专业高级技术职称的不少于2人,具有高级建筑师职称的不少于1人,具有高级工程师职称的不少于1人;具有城乡规划专业中级技术职称的不少于5人,具有其他专业中级技术职称的不少于10人。④注册规划师不少于4人。⑤具备符合业务要求的计算机图形输入输出设备。⑥有200 m²以上的固定工作场所,以及完善的技术、质量、财务管理制度。

(2) 承揽的业务范围:①乙级城乡规划编制单位可以在全国承担下列业务;②镇、20万现状人口以下城市总体规划的编制;③镇、登记注册所在地城市和100万现状人口以下城市相关专项规划的编制;④详细规划的编制;⑤乡、村庄规划的编制;⑥建设工程项目规划选址的可行性研究。

3) 丙级城乡规划编制单位资质标准及其业务范围

(1) 资质标准:①有法人资格;②注册资本金不少于20万元人民币;③专业技术人员不少于15人,其中具有城乡规划专业中级技术职称的不少于2人,具有其他专业中级技术职称的不少于4人;④注册规划师不少于1人;⑤专业技术人员配备计算机达80%;⑥有100 m²以上的固定工作场所,以及完善的技术、质量、财务管理制度。

(2) 承揽的业务范围:①镇总体规划(县人民政府所在地镇除外)的编制;②镇、登记注册所在地城市和20万现状人口以下城市的相关专项规划及控制性详细规划的编制;③修建性详细规划的编制;④乡、村庄规划的编制;⑤中、小型建设工程项目规划选址的可行性研究。

3.2.4 城乡规划编制内容

1) 城市总体规划

(1) 总体规划纲要的内容:①提出市域城乡统筹发展战略;确定生态环境、土地和水资源、能源、自然和历史文化遗产保护等方面的综合目标和保护要求,提出空间管制原则;预测市域总人口及城镇化水平,确定各城镇人口规模、职能分工、空间布局方案和建设标准;原则确定市域交通发展策略。②提出城市规划区范围。③分析城市职能,提出城市性质和发展目标。④提出禁建区、限建区、适建区范围。⑤预测城市人口规模。⑥研究中心城区空间增长边界,提出建设用地规模和建设用地范围。⑦提出交通发展战略及主要对外交通设施布局原则。⑧提出重大基础设施和公共服务设施的发展目标。⑨提出建立综合防灾体系的原则和建设方针。

总体规划纲要成果包括纲要文本、说明、相应的图纸和研究报告。城市总体规划应当明确综合交通、环境保护、商业网点、医疗卫生、绿地系统、河湖水系、历史文化名城保护、地下空间、基础设施、综合防灾等专项规划的原则。编制各类专项规划,应当依据城市总体规划。

(2) 市域城镇体系规划的内容:①提出市域城乡统筹的发展战略,其中位于人口、经济、建设高度聚集的城镇密集地区的中心城市,应当根据需要,提出与相邻行政区域在空间发展布局、重大基础设施和公共服务设施建设、生态环境保护、城乡统筹发展等方面进行协调的建议;②确定生态环境、土地和水资源、能源、自然和历史文化遗产等方面的保护与利用的综合目标和要求,提出空间管制原则和措施;③预测市域总人口及城镇化水平,确定各城镇人口规模、职能分工、空间布局和建设标准;④提出重点城镇的发展定位、用地规模和建设用地控制范围;⑤确定市域交通发展策略,原则确定市域交通、通讯、能源、供水、排水、防洪、垃圾处理等重大基础设施,重要社会服务设施,危险品生产储存设施的布局;⑥根据城市建设、发展和资源管理的需要划定城市规划区,城市规划区的范围应当位于城市的行政管辖范围内;⑦提出实施规划的措施和有关建议。

(3) 中心城区规划的内容:①分析确定城市性质、职能和发展目标;②预测城市人口规模;③划定禁建区、限建区、适建区和已建区,并制定空间管制措施;④确定村镇发展与控制的原则和措施,确定需要发展、限制发展和不再保留的村庄,提出村镇建设控制标准;⑤安排建设用地、农业用地、生态用地和其他用地;⑥研究中心城区空间增长边界,确定建设用地规模,划定建设用地范围;⑦确定建设用地的空间布局,提出土地使用强度管制区划和相应的控制指标(建筑密度、建筑高度、容积率、人口容量等);⑧确定市级和区级中心的位置和规模,提出主要的公共服务设施的布局;⑨确定交通发展战略和城市公共交通的总体布局,落实公交优先政策,确定主要对外交通设施和主要道路交通设施布局;⑩确定绿地系统的发展目标及总体布局,划定各种功能绿地的保护范围(绿线),划定河湖水面的保护范围(蓝线),确定岸线使用原则;⑪确定历史文化保护及地方传统特色保护的内容和要求,划定历史文化街区、历史建筑保护范围(紫线),确定各级文物保护单位的范围;研究确定特色风貌保护重点区域及保护措施;

⑫研究住房需求,确定住房政策、建设标准和居住用地布局;重点确定经济适用房、普通商品住房等满足中低收入人群住房需求的居住用地布局及标准;⑬确定电信、供水、排水、供电、燃气、供热、环卫发展目标及重大设施总体布局;⑭确定生态环境保护与建设目标,提出污染控制与治理措施;⑮确定综合防灾与公共安全保障体系,提出防洪、消防、人防、抗震、地质灾害防护等规划原则和建设方针;⑯划定旧区范围,确定旧区有机更新的原则和方法,提出改善旧区生产、生活环境的标准和要求;⑰提出地下空间开发利用的原则和建设方针;⑱确定空间发展时序,提出规划实施步骤、措施和政策建议。

(4) 城市总体规划的强制性内容:①城市规划区范围;②市域内应当控制开发的地域,包括:基本农田保护区,风景名胜区,湿地、水源保护区等生态敏感区,地下矿产资源分布地区;③城市建设用地,包括:规划期限内城市建设用地的发展规模,土地使用强度管制区划和相应的控制指标(建设用地面积、容积率、人口容量等),城市各类绿地的具体布局,城市地下空间开发布局;④城市基础设施和公共服务设施,包括:城市干道系统网络、城市轨道交通网络、交通枢纽布局,城市水源地及其保护区范围和其他重大市政基础设施,文化、教育、卫生、体育等方面主要公共服务设施的布局;⑤城市历史文化遗产保护,包括:历史文化保护的具体控制指标和规定,历史文化街区、历史建筑、重要地下文物埋藏区的具体位置和界线;⑥生态环境保护与建设目标,污染控制与治理措施;⑦城市防灾工程,包括:城市防洪标准、防洪堤走向;⑧城市抗震与消防疏散通道、城市人防设施布局、地质灾害防护规定。

2) 城市近期建设规划

近期建设规划的期限原则上应当与城市国民经济和社会发展规划的年限一致,并不得违背城市总体规划的强制性内容。近期建设规划到期时,应当依据城市总体规划组织编制新的近期建设规划。近期建设规划的规划期限为5年。

近期建设规划的内容应当包括:①确定近期人口和建设用地规模,确定近期建设用地范围和布局;②确定近期交通发展策略,确定主要对外交通设施和主要道路交通设施布局;③确定各项基础设施、公共服务和公益设施的建设规模和选址;④确定近期居住用地安排和布局;⑤确定历史文化名城、历史文化街区、风景名胜区等的保护措施,城市河湖水系、绿化、环境等保护、整治和建设措施;⑥确定控制和引导城市近期发展的原则和措施。

近期建设规划的成果应当包括规划文本、图纸,以及包括相应说明的附件,在规划文本中应当明确表达规划的强制性内容。

3) 城市分区规划

编制分区规划,应当综合考虑城市总体规划确定的城市布局、片区特征、河流道路等自然和人工界限,结合城市行政区划,划定分区的范围界限。近期建设规划应当以重要基础设施、公共服务设施和中低收入居民住房建设以及生态环境保护为重点内容,明确近期建设的时序、发展方向和空间布局。

分区规划应当包括下列内容:①确定分区的空间布局、功能分区、土地使用性质和居住人口分布;②确定绿地系统、河湖水面、供电高压线走廊、对外交通设施用地界线和风景名胜区、文物古迹、历史文化街区的保护范围,提出空间形态的保护要求;③确定市、区、居住区级公共服务设施的分布、用地范围和控制原则;④确定主要市政公用设施的位置、控制范围和工程管线的线路位置、管径,进行管线综合;⑤确定城市干道的红线位置、断面、控制点坐标和标高,确定支路的走向、宽度,确定主要交叉口、广场、公交站场、交通枢纽等交通设施的位置和规模,确定轨道交通线路走向及控制范围,确定主要停车场规模与布局。

分区规划的成果应当包括规划文本、图件,以及包括相应说明的附件。

4) 详细规划

(1) 控制性详细规划的内容:①确定规划范围内不同性质用地的界线,确定各类用地内适建、不适建或者有条件地允许建设的建筑类型;②确定各地块建筑高度、建筑密度、容积率、绿地率等控制指标,确定公共设施配套要求、交通出入口方位、停车泊位、建筑后退红线距离等要求;③提出各地块的建筑体量、体型、色彩等城市设计指导原则;④根据交通需求分析,确定地块出入口位置、停车泊位、公共交通场站用地范围和站点位置、步行交通以及其他交通设施,规定各级道路的红线、断面、交叉口形式及渠化措施、控制点坐标和标高;⑤根据规划建设容量,确定市政工程管线位置、管径和工程设施的用地界线,进行管线综合,确定地下空间开发利用具体要求;⑥制定相应的土地使用与建筑管理规定。

控制性详细规划在编制时,确定的各地块的主要用途、建筑密度、建筑高度、容积率、绿地率、基础设施和公共服务设施配套规定应当作为强制性内容。

(2) 修建性详细规划的内容:①建设条件分析及综合技术经济论证;②建筑、道路和绿地等的空间布局和景观规划设计,布置总平面图;③对住宅、医院、学校和托幼等建筑进行日照分析;④根据交通影响分析,提出交通组织方案和设计;⑤市政工程管线规划设计和管线综合;⑥竖向规划设计;⑦估算工程量、拆迁量和总造价,分析投资效益。

控制性详细规划成果应当包括规划文本、图件和附件。图件由图纸和图则两部分组成,规划说明、基础资料和研究报告收入附件。

修建性详细规划成果应当包括规划说明书和图纸。

3.3 城乡规划的实施和修改

3.3.1 城乡规划的实施

地方各级人民政府应当根据当地经济社会发展水平,量力而行,尊重群众意愿,有计划、分步骤地组织实施城乡规划。

1) 城市、乡镇、村庄的建设发展必须执行城乡规划的有关规定

城市的建设和发展,应当优先安排基础设施以及公共服务设施的建设,妥善处理新区开发与旧区改建的关系,统筹兼顾进城务工人员生活和周边农村经济社会发展、村民生产与生活的需要。

镇的建设和发展,应当结合农村经济社会发展和产业结构调整,优先安排供水、排水、供电、供气、道路、通信、广播电视等基础设施和学校、卫生院、文化站、幼儿园、福利院等公共服务设施的建设,为周边农村提供服务。

乡、村庄的建设和发展,应当因地制宜、节约用地,发挥村民自治组织的作用,引导村民合理进行建设,改善农村生产、生活条件。

2) 城市新区开发、旧城改建应坚持城市的长期总体规划

城市新区的开发和建设,应当合理确定建设规模和时序,充分利用现有市政基础设施和公共服务设施,严格保护自然资源和生态环境,体现地方特色。在城市总体规划、镇总体规划确定的建设用地范围以外,不得设立各类开发区和城市新区。

旧城区的改建,应当保护历史文化遗产和传统风貌,合理确定拆迁和建设规模,有计划地对危房集中、基础设施落后等地段进行改建。

3) 及时办理相关文件的审批

城乡规划确定的铁路、公路、港口、机场、道路、绿地、输配电设施及输电线路走廊、通信设施、广播电视设施、管道设施、河道、水库、水源地、自然保护区、防汛通道、消防通道、核电站、垃圾填埋场及焚烧厂、污水处理厂和公共服务设施的用地以及其他需要依法保护的用地,禁止擅自改变用途。

按照国家规定需要有关部门批准或者核准的建设项目,以划拨方式提供国有土地使用权的,建设单位在报送有关部门批准或者核准前,应当向城乡规划主管部门申请核发选址意见书。

在城市、镇规划区内以划拨方式提供国有土地使用权的建设项目,经有关部门批准、核准、备案后,建设单位应当向城市、县人民政府城乡规划主管部门提出建设用地规划许可申请,由城市、县人民政府城乡规划主管部门依据控制性详细规划核定建设用地的位置、面积、允许建设的范围,核发建设用地规划许可证。建设单位在取得建设用地规划许可证后,方可向县级以上地方人民政府土地主管部门申请用地,经县级以上人民政府审批后,由土地主管部门划拨土地。

在城市、镇规划区内进行建筑物、构筑物、道路、管线和其他工程建设的,建设单位或者个人应当向城市、县人民政府城乡规划主管部门或者省、自治区、直辖市人民政府确定的镇人民政府申请办理建设工程规划许可证。申请办理建设工程规划许可证,应当提交使用土地的有关证明文件、建设工程设计方案等材料。需要建设单位编制修建性详细规划的建设项目,还应当提交修建性详细规划。对符合控制性详细规划和规划条件的,由城市、县人民政府城乡规划主管部门或者省、自治区、直辖市人民政府确定的镇人民政府核发建设工程规划许可证。城市、县人民政府城乡规划主管部门或者省、自治区、直辖市人民政府确定的镇人民政府应当依法将经审定的修建性详细规划、建设工程设计方案的总平面图予以公布。

城乡规划主管部门不得在城乡规划确定的建设用地范围以外作出规划许可。

建设单位应当按照规划条件进行建设;确需变更的,必须向城市、县人民政府城乡规划主管部门提出申请。变更内容不符合控制性详细规划的,城乡规划主管部门不得批准。城市、县人民政府城乡规划主管部门应当及时将依法变更后的规划条件通报同级土地主管部门并公示。建设单位应当及时将依法变更后的规划条件报有关人民政府土地主管部门备案。

3.3.2 城乡规划的修改

1) 省域城镇体系规划、城市总体规划、镇总体规划的修改

省域城镇体系规划、城市总体规划、镇总体规划的组织编制机关,应当组织有关部门和专家定期对规划实施情况进行评估,并采取论证会、听证会或者其他方式征求公众意见。组织编制机关应当向本级人民代表大会常务委员会、镇人民代表大会和原审批机关提出评估报告并附具征求意见的情况。

有下列情形之一的,组织编制机关方可按照规定的权限和程序修改省域城镇体系规划、城市总体规划、镇总体规划:①上级人民政府制定的城乡规划发生变更,提出修改规划要求的;②行政区划调整确需修改规划的;③因国务院批准重大建设工程确需修改规划的;④经评估确需修改规划的;⑤城乡规划的审批机关认为应当修改规划的其他情形。

修改省域城镇体系规划、城市总体规划、镇总体规划前,组织编制机关应当对原规划的实施情况进行总结,并向原审批机关报告;修改涉及城市总体规划、镇总体规划强制性内容的,应当先向原审批机关提出专题报告,经同意后,方可编制修改方案。

2) 详细规划的修改

修改控制性详细规划的,组织编制机关应当对修改的必要性进行论证,征求规划地段内利害关系人的意见,并向原审批机关提出专题报告,经原审批机关同意后,方可编制修改方案。控制性详细规划修改涉及城市总体规划、镇总体规划的强制性内容的,应当先修改总体规划。

经依法审定的修建性详细规划、建设工程设计方案的总平面图不得随意修改;确需修改的,城乡规划主管部门应当采取听证会等形式,听取利害关系人的意见;因修改给利害关系人合法权益造成损失的,应当依法给予补偿。

在选址意见书、建设用地规划许可证、建设工程规划许可证或者乡村建设规划许可证发放后,因依法修改城乡规划给被许可人合法权益造成损失的,应当依法给予补偿。

3.3.3 违反城乡规划法规的法律责任

1) 行政人员的法律责任

地方人民政府有下列行为之一的,对有关责任人员给予警告、记过或者记大过处分;情节较重的,给予降级或者撤职处分;情节严重的,给予开除处分:①制定或者作出与城乡规划法律、法规、规章和国家有关文件相抵触的规定或者决定,造成不良后果或者经上级机关、有关部门指出仍不改正的;②在城市总体规划、镇总体规划确定的建设用地范围以外设立各类开发区和城市新区的;③违反风景名胜区规划,在风景名胜区内设立各类开发区的;④违反规定以会议或者集体讨论决定方式要求城乡规划主管部门对不符合城乡规划的建设项目发放规划许可的。

地方人民政府及其有关主管部门工作人员,利用职权或者职务上的便利,为自己或者他人谋取私利,有下列行为之一的,给予记过或者记大过处分;情节较重的,给予降级或者撤职处分;情节严重的,给予开除处分:①违反法定程序干预控制性详细规划的编制和修改,或者擅自修改控制性详细规划的;②违反规定调整土地用途、容积率等规划条件核发规划许可,或者擅自改变规划许可内容的;③违反规定对违法建设降低标准进行处罚,或者对应当依法拆除的违法建设不予拆除的。

县级以上地方人民政府城乡规划主管部门及其工作人员或者由省、自治区、直辖市人民政府确定的镇人民政府及其工作人员有下列行为之一的,对有关责任人员给予警告或者记过处分;情节较重的,给予记大过或者降级处分;情节严重的,给予撤职处分:①违反规划条件核发建设用地规划许可证、建设工程规划许可证的;②超越职权或者对不符合法定条件的申请人核发选址意见书、建设用地规划许可证、建设工程规划许可证、乡村建设规划许可证的;③对符合法定条件的申请人不予核发或者未在法定期限内核发选址意见书、建设用地规划许可证、建设工程规划许可证、乡村建设规划许可证的;④违反规划批准在历史文化街区、名镇、名村核心保护范围内进行新建、扩建活动或者违反规定批准对历史建筑进行迁移、拆除的;⑤违反基础设施用地的控制界限(黄线)、各类绿地范围的控制线(绿线)、历史文化街区和历史建筑的保护范围界限(紫线)、地表水体保护和控制的地域界限(蓝线)等城乡规划强制性内容的规定核发规划许可的。

县级以上人民政府有关部门及其工作人员有下列行为之一的,对有关责任人员给予警告或者记过处分;情节较重的,给予记大过或者降级处分;情节严重的,给予撤职处分:①对未依法取得选址意见书的建设项目核发建设项目批准文件的;②未依法在国有土地使用权出让合同中确定规划条件或者改变国有土地使用权出让合同中依法确定的规划条件的;③对未依法取得建设用地规划许可证的建设单位划拨国有土地使用权的;④对未在乡、村庄规划区建设用地范围内取得乡村建设规划许可证的建设单位或者个人办理用地审批手续,造成不良影响的。

2) 城乡规划编制单位的法律责任

涂改、倒卖、出租、出借或者以其他形式非法转让资质证书的,由县级以上地方人民政府城乡规划主管部门给予警告,责令限期改正,并处 3 万元罚款;造成损失的,依法承担赔偿责任;构成犯罪的,依法追究刑事责任。

城乡规划编制单位有下列行为之一的,由所在地城市、县人民政府城乡规划主管部门责令限期改正,处以合同约定的规划编制费 1 倍以上 2 倍以下的罚款;情节严重的,责令停业整顿,由原资质许可机关降低资质等级或者吊销资质证书;造成损失的,依法承担赔偿责任:①超越资质等级许可的范围承揽城乡规划编制工作的;②违反国家有关标准编制城乡规划的。

未依法取得资质证书承揽城乡规划编制工作的,由县级以上地方人民政府城乡规划主管部门责令停止违法行为,依照前款规定处以罚款;造成损失的,依法承担赔偿责任。

以欺骗手段取得资质证书承揽城乡规划编制工作的,由原资质许可机关吊销资质证书,依照本条第一款规定处以罚款;造成损失的,依法承担赔偿责任。

城乡规划编制单位未按照本规定要求提供信用档案信息的,由县级以上地方人民政府城乡规划主管部门给予警告,责令限期改正;逾期未改正的,可处 1000 元以上 1 万元以下的罚款。

3) 建设单位的法律责任

建设单位及其工作人员有下列行为之一的,对有关责任人员给予警告、记过或者记大过处分;情节较重的,给予降级或者撤职处分;情节严重的,给予开除处分:①未依法取得建设项目规划许可,擅自开工建设的;②未经城乡规划主管部门许可,擅自改变规划条件、设计方案,或者不按照规划要求配建公共设施及配套工程的;③以伪造、欺骗等非法手段获取建设项目规划许可手续的;④未经批准或者未按照批准内容进行临时建设,或者临时建筑物、构筑物超过批准期限不拆除的;⑤违反历史文化名城、名镇、名村保护规划在历史文化街区、名镇、名村核心保护范围内,破坏传统格局、历史风貌,或者擅自新建、扩建、拆除建筑物、构筑物或者其他设施的;⑥违反风景名胜区规划在风景名胜区核心景区内建设宾馆、培训中心、招待所、疗养院以及别墅、住宅等与风景名胜资源保护无关的其他建筑物的。

3.4 风景名胜区和历史文化名城、名镇、名村规划管理

3.4.1 风景名胜区的规划管理

风景名胜区,是指具有观赏、文化或者科学价值,自然景观、人文景观比较集中,环境优美,可供人们游览或者进行科学、文化活动的区域。

国家对风景名胜区实行科学规划、统一管理、严格保护、永续利用的原则。风景名胜区所在地县级以上地方人民政府设置的风景名胜区管理机构,负责风景名胜区的保护、利用和统一管理工作。

风景名胜区规划分为总体规划和详细规划。

1) 总体规划

风景名胜区总体规划的编制,应当体现人与自然和谐相处、区域协调发展和经济社会全面进步的要求,坚持保护优先、开发服从保护的原则,突出风景名胜资源的自然特性、文化内涵和地方特色。风景名胜区应当自设立之日起2年内编制完成总体规划。总体规划的规划期一般为20年。

风景名胜区总体规划应当包括下列内容:风景资源评价;生态资源保护措施、重大建设项目布局、开发利用强度;风景名胜区的功能结构和空间布局;禁止开发和限制开发的范围;风景名胜区的游客容量;有关专项规划。

2) 详细规划

风景名胜区详细规划应当根据核心景区和其他景区的不同要求编制,确定基础设施、旅游设施、文化设施等建设项目的选址、布局与规模,并明确建设用地范围和规划设计条件。

风景名胜区详细规划,应当符合风景名胜区总体规划。

在风景名胜区内禁止进行下列活动:开山、采石、开矿、开荒、修坟立碑等破坏景观、植被和地形地貌的活动;修建储存爆炸性、易燃性、放射性、毒害性、腐蚀性物品的设施;在景物或者设施上刻划、涂污等等。

禁止违反风景名胜区规划,在风景名胜区内设立各类开发区和在核心景区内建设宾馆、招待所、培训中心、疗养院以及与风景名胜资源保护无关的其他建筑物;已经建设的,应当按照风景名胜区规划,逐步迁出。

风景名胜区内的建设项目应当符合风景名胜区规划,并与景观相协调,不得破坏景观、污染环境、妨碍游览。在风景名胜区内进行建设活动的,建设单位、施工单位应当制定污染防治和水土保持方案,并采取有效措施,保护好周围景物、水体、林草植被、野生动物资源和地形地貌。

3.4.2 历史文化名城、名镇、名村的规划管理

历史文化名城、名镇、名村是指在我国历史发展史上具有重要的政治、经济和文化意义的

城市、乡镇和村庄。

历史文化名城、名镇、名村的保护应当遵循科学规划、严格保护的原则,保持和延续其传统格局和历史风貌,维护历史文化遗产的真实性和完整性,继承和弘扬中华民族优秀传统文化,正确处理经济社会发展和历史文化遗产保护的关系。

历史文化名城批准公布后,历史文化名城人民政府应当组织编制历史文化名城保护规划。历史文化名镇、名村批准公布后,所在地县级人民政府应当组织编制历史文化名镇、名村保护规划。

保护规划应当自历史文化名城、名镇、名村批准公布之日起1年内编制完成。

保护规划应当包括下列内容:保护原则、保护内容和保护范围;保护措施、开发强度和建设控制要求;传统格局和历史风貌保护要求;历史文化街区、名镇、名村的核心保护范围和建设控制地带;保护规划分期实施方案。

历史文化名城、名镇保护规划的规划期限应当与城市、镇总体规划的规划期限相一致;历史文化名村保护规划的规划期限应当与村庄规划的规划期限相一致。保护规划报送审批前,保护规划的组织编制机关应当广泛征求有关部门、专家和公众的意见;必要时,可以举行听证。保护规划报送审批文件中应当附具意见采纳情况及理由;经听证的,还应当附具听证笔录。

3.4.3 法律责任

历史文化名城的布局、环境、历史风貌等遭到严重破坏的,由国务院撤销其历史文化名城称号;历史文化城镇、街道、村庄的布局、环境、历史风貌等遭到严重破坏的,由省、自治区、直辖市人民政府撤销其历史文化街区、村镇称号;对负有责任的主管人员和其他直接责任人员依法给予行政处分。

一、名词解释

城乡规划　特大城市　　村庄

二、选择题

1. 城市总体规划、镇总体规划的强制性内容不包括(　　)。
   A. 基本农田和绿化用地　　　　　　　　B. 防灾减灾
   C. 基础设施和公共服务设施用地　　　　D. 区域内建设用地用途
2. 城市规划基本原则不包括(　　)。
   A. 合理布局、节约土地的原则　　　　　B. 先规划后建设的原则
   C. 公正科学的原则　　　　　　　　　　D. 环保节能、保护耕地的原则
3. 《城市规划编制办法》规定,编制城市修建性详细规划,应当以已经依法批准的(　　)为依据。
   A. 城市总体规划　　　　　　　　　　　B. 控制性详细规划

C. 城市近期建设规划　　　　　　　　D. 城市分区规划

4. 控制性详细规划不需划定(　　)。

A. 基础设施用地的控制界线

B. 各类绿地范围的控制线

C. 建设用地内建筑退界后的可建设区域边线

D. 历史文化街区和历史建筑的保护范围界线

5.《城乡规划法》规定,签订国有土地使用权出让合同后,建设单位应当持建设项目的批准、核准、备案文件和国有土地使用权出让合同,向城市、县人民政府城乡规划主管部门申请领取(　　)。

A. 建设工程规划许可证　　　　　　B. 建设用地规划许可证

C. 建设工程施工许可证　　　　　　D. 建设工程监管许可证

6. 城乡规划主管部门不得在城乡规划确定的(　　)以外作出规划许可。

A. 城市建设用地范围　　　　　　　B. 建设用地范围

C. 规划区范围　　　　　　　　　　D. 建成区

三、简答题

1. 城乡规划的编制原则有哪些?
2. 城市总体规划的内容有哪些?
3. 城乡规划编制单位的资质等级分几类,各自的业务范围是哪些?

四、案例分析题

中部地区某省会城市为了建设发展,在老城区若干个重污染化工厂已经停产,其厂址由城市土地管理行政主管部门统一组织出让。在出让之前已由该市城市规划部门编制了详细规划,确定了每块土地的使用性质。某知名房地产开发公司成功竞拍其中的一块居住用地,面积5公顷。按照详细规划的要求,并经城市规划行政主管部门确认,该居住用地的容积率为3,建筑密度为35%,建筑高度不得超高50 m,居住区内的绿地率为30%,人口密度不超过800人/公顷。该房地产开发公司与市土地管理行政主管部门签订了土地合同,并将上述条件在合同中作出明确规定。

(1) 在签订土地合同之前,应办理哪些文件审批?

(2) 在签订土地合同之后,还应该办理哪些文件审批?

4 建设工程招标投标法规

学习目标

(1) 了解建设工程招标投标相关的法规。
(2) 掌握招标投标的基本程序。
(3) 知晓招标人、投标人及其他相关人的法律责任。
(4) 熟悉招标投标活动的基本规定。

建设工程招标投标,是建设单位对拟建的建设工程项目通过法定的程序和方式吸引承包单位进行公平竞争,并从中选择条件优越者来完成建设工程任务的行为。这是在市场经济条件下常用的一种建设工程项目交易方式。

4.1 概述

4.1.1 建设工程招标投标概念

招标,指招标人依照提出招标项目及其相应的要求和条件,通过发布招标公告或发送投标邀请书吸引潜在投标人参加投标,从中选择最符合自己条件的投标人订立合同的意思表示。其法律性质属于要约邀请。

投标,指投标人响应招标文件的要求与条件,以招标文件为基础制作投标文件,并在规定的时间内送交招标人,做出以订立合同为目的的意思表示。其法律性质属于要约。

4.1.2 建设工程招标投标活动遵循的基本原则

《招标投标法》规定招标投标活动应当遵循公开、公平、公正和诚实信用原则。

1) 公开原则

招标投标活动必须具有极高的透明度,主要体现在招标信息、招标程序、开标过程、中标结果必须公开,使每一个投标人获得同等的信息。例如:根据规定,依法必须进行招标的项目的招标公告应当通过国家指定的报刊、信息网络或者其他媒介发布;开标时招标人应当邀请所有投标人参加,招标人在招标文件要求截止时间前收到的所有投标文件,开标时都应当当众予以拆封、宣读;中标人确定后,招标人应当在向中标人发出中标函通知书的同时,将中标结果通知所有未中标的投标人。

2) 公平原则

招标投标活动要求招标人本着平等互利的原则拟定招标文件,拟定的权利义务应当对等,不得以任何理由排斥或者歧视任何投标人。例如:依法必须进行招标的项目,其招标投标活动不受地区或者部门的限制,任何单位和个人不得违法限制或者排斥本地区、本系统以外的法人或者其他组织参加投标,不得以任何方式非法干涉招标活动。

3) 公正原则

招标投标活动要求按事先公布的标准进行评标,给予所有人平等的机会,使其享有同等的权利,公正对待每一个投标人。例如:评标委员会应当按照招标文件确定的评标标准和方法,对投标文件进行评审和比较。评标委员会成员应当客观、公正地履行职务,遵守职业道德。

4) 诚实信用原则

这是所有民事活动都应遵循的基本原则之一。它要求当事人应以诚实、守信的态度行使权利、履行义务,保证彼此都能得到自己应得的利益,同时不得损害第三人和社会的利益。例如:投标人不得规避招标,对于必须招标的项目应当按要求进行招标;投标人之间不得相互串通投标报价;投标人不得与招标人串通投标,损害国家利益、社会公共利益或者他人的合法权益;禁止投标人以向招标人或者评标委员会成员行贿的手段谋取中标等。

4.1.3 建设工程必须招标的项目范围、规模标准

1) 建设工程必须招标的项目范围

在我国境内进行以下工程建设项目,包括项目的勘察、设计、施工、监理以及与工程建设有关的重要设备、材料等的采购,必须进行招标:

(1) 大型基础设施、公用事业等关系社会公共利益、公众安全的项目。

(2) 全部或者部分使用国有资金投资或者国家融资的项目。

(3) 使用国际组织或者外国政府贷款、援助资金的项目。

2) 建设工程必须招标的规模标准

必须招标范围内的各类工程建设项目,达到下列条件之一的,必须进行招标:

(1) 施工单项合同估算价在 200 万元人民币以上的。

(2) 重要设备、材料等货物的采购,单项合同估算价在 100 万元人民币以上的。

(3) 勘察、设计、监理等服务的采购,单项合同估算价在 50 万元人民币以上的。

(4) 单项合同估算价低于第(1)、(2)、(3)项规定的标准,但项目总投资额在 3 000 万元人民币以上的。

3) 可以不进行招标的建设工程项目

涉及国家安全、国家秘密、抢险救灾或者属于利用扶贫资金实行以工代赈、需要使用农民工等特殊情况,不适宜进行招标的项目,按照国家有关规定可以不进行招标。

除《招标投标法》规定可以不进行招标的特殊情况外,有下列情况之一的,可以不进行

招标：
(1) 需要采用不可替代的专利或者专有技术。
(2) 采购人依法能够自行建设、生产或者提供。
(3) 已通过招标方式选定的特许经营项目投资人依法能够自行建设、生产或者提供。
(4) 需要向原中标人采购工程、货物或者服务，否则将影响施工或者功能配套要求。
(5) 国家规定的其他特殊情况。

此外，对于依法必须招标的具体范围和规模标准以外的建设工程项目，可以不进行招标，采用直接发包的方式。

4.1.4 建设工程招标投标活动交易场所

设区的市级以上地方人民政府可以根据实际需要，建立统一规范的招标投标交易场所，为招标投标活动提供服务。招标投标交易场所不得与行政监督部门存在隶属关系，不得以营利为目的。

国家鼓励利用信息网络进行电子招标投标。

4.2 建设工程招标

4.2.1 建设工程招标人

招标人，指依照《招标投标法》规定提出招标项目、进行招标的法人或者其他组织。其中，法人是指具有民事权利能力和民事行为能力，并依法独立享有民事权利和承担民事义务的组织；其他组织指不具备法人条件的组织。

4.2.2 建设工程招标条件

1）建设工程勘察设计招标的条件

依法必须进行勘察设计招标的工程建设项目，应当具备下列条件才能进行施工招标：
(1) 按照国家有关规定需要履行项目审批手续的，已履行审批手续，并取得批准。
(2) 勘察设计所需的资金已经落实。
(3) 所必需的勘察设计基础资料已经收集完成。
(4) 法律法规规定的其他条件。

2）建设工程施工招标的条件

依法必须进行施工招标的工程建设项目，应当具备下列条件才能进行施工招标：
(1) 招标人已经依法成立。
(2) 初步设计及概算应当履行审批手续的，已经批准。

(3) 招标范围、招标方式和招标组织形式等应当履行核准手续的,已经核准。
(4) 有相应资金或资金来源已经落实。
(5) 有招标所需的设计图纸及技术资料。

4.2.3 建设工程招标方式

《招标投标法》规定,招标分为公开招标和邀请招标。

公开招标指招标人以招标公告的方式邀请不特定的法人或者其他组织投标。依法必须进行招标的项目的招标公告,应当通过国家指定的报刊、信息网络或者其他媒介发布。

邀请招标指招标人以投标邀请书的方式邀请特定的法人或者其他组织投标。招标人采用邀请招标方式的,应当向 3 个以上具备承担招标项目的能力、资信良好的特定的法人或者其他组织发出投标邀请书。

应当进行公开招标和邀请招标的项目具体如表 4-1 所示。

表 4-1 应当公开招标和邀请招标的项目

公开招标	邀请招标
应当进行公开招标的项目: (1) 国务院发展计划部门确定的国家重点建设项目 (2) 省、自治区、直辖市人民政府确定的地方重点建设项目 (3) 国有资金投资控股或者主导地位的工程建设项目	适宜招标但不适宜进行公开招标或有下列情形之一的,经批准可以进行邀请招标的项目: (1) 技术复杂、有特殊要求或受自然地域环境限制,只有少量潜在投标人可供选择 (2) 采用公开招标方式的费用占项目合同金额的比例过大

4.2.4 建设工程招标程序

建设工程招标的基本程序主要包括:履行项目审批手续、委托招标代理机构、编制招标文件及标底、发布招标公告或投标邀请书、资格审查、开标、评标、中标和签订合同,以及终止招标等。本小结内容主要讨论履行项目审批手续、委托招标代理机构、编制招标文件及标底、发布招标公告或投标邀请书、资格审查五大程序,其他内容将在 4.4 节中予以讨论。

1) 履行项目审批手续

招标项目按照国家有关规定需要履行项目审批手续的,应当先履行审批手续,并取得批准;招标人应当有进行招标项目的相应资金或资金来源已经落实,并应当在招标文件中如实载明。

按照国家有关规定需要履行项目审批、核准手续的依法必须进行招标的项目,其招标范围、招标方式和招标组织形式等应当报项目的审批、核准部门进行审批、核准,部门应当及时将结果通报有关行政监督部门。

2) 委托招标代理机构

招标人具有编制招标文件和组织评标能力的,可以自行办理招标事宜。任何单位和个人不得强制其委托招标代理机构办理招标事宜。依法必须进行招标的项目,招标人自行办理招标事宜的,应当向有关行政监督部门备案。自行招标应当具备下列条件:①具有项目法人资格(或者法人资格);②具有与招标项目规模和复杂程度相适应的工程技术、概预算、财务和工程管理等方面专业技术力量;③有从事同类工程建设项目招标的经验;④设有专门的招标机构或者拥有 3 名以上专职招标业务人员;⑤熟悉和掌握招标投标法律及有关法规、规章。

招标人不具备自行招标能力,或者不愿自行招标的,应当委托具有相应资格条件的专业招标代理机构,由其代理招标人进行招标。根据规定,招标代理机构是"依法设立、从事招标代理业务并提供相关服务的社会中介组织"。招标代理机构应当具备下列条件:①有从事招标代理业务的营业场所和相应资金;②有能够编制招标文件和组织评标的相应专业力量;③有符合可以作为评标委员会成员人选的技术、经济等方面的专家库。

招标代理机构与行政机关和其他国家机关不得存在隶属关系或者其他利益关系,不得无权代理、越权代理,不得明知委托事项违法而进行代理。招标代理机构不得接受同一招标项目的投标代理和投标咨询业务;未经招标人同意,不得转让招标代理业务。

3) 编制招标文件及标底

(1) 招标文件的内容及标底

招标人应当根据招标项目的特点和需要编制招标文件。招标文件应当包括招标项目的技术要求、对投标人资格审查的标准、投标报价要求和评标标准等所有实质性要求和条件以及拟签订合同的主要条款。

标底是依据国家统一的工程量计算规则、预算定额和计价方法计算出来的工程造价,是招标人对建设工程的预算期望值,也是评标的参考基准价,但不得作为评标的唯一依据。为了保证招标能在公正的环境下进行,对设有标底的建设工程项目,招标人对标底必须保密。编制标底应当遵循下列原则:①根据设计图纸及有关资料、招标文件,参照国家规定的技术、经济标准、定额及规范,确定工程量和设定标底;②标底价格应由成本、利润和税金组成,一般应控制在批准的建设项目总概算及投资包干的限额内;③标底价格作为招标人的期望价,应力求与市场的实际变化相吻合,要有利于竞争和保证工作质量;④标底价格应考虑人工、材料、机械台班等价格变动因素及施工期不可预见费、包干费、措施费等,如果要求工程达优良,还应增加相应费用;⑤一个工程只能设定一个标底。

(2) 招标文件的澄清、修改和答疑

招标人对已发出的招标文件进行必要的澄清或者修改的,应当在招标文件要求提交投标文件截止时间至少 15 日前,以书面形式通知所有招标文件收受人。该澄清或者修改的内容为招标文件的组成部分。

(3) 确定编制投标文件的合理时间

在招标文件中,招标人应当确定投标人编制投标文件所需要的合理时间;但是,依法必须进行招标的项目,自招标文件开始发售之日起至投标人提交投标文件截止之日止,最短不得少于 20 日。

4) 发布招标公告或投标邀请书

(1) 邀请招标

招标人采取邀请招标方式的,应当向 3 个以上具有承担招标项目能力、资信良好的特定的法人或者其他组织发出投标邀请书。

招标人设有标底的,标底必须保密。招标人根据招标项目的具体情况,可以组织潜在投标人踏勘项目现场。

(2) 公开招标

建筑工程实行公开招标的,应当发布招标公告。

招标人应当按招标公告或者投标邀请书规定的时间、地点出售招标文件。自招标文件出售之日起至停止出售之日止,最短不得少于 5 个工作日。对招标文件的收费应当合理,不得以营利为目的。招标人在发布招标公告、发出投标邀请书后或者售出招标文件或资格预审文件后不得擅自终止招标。

5) 资格审查

资格审查分为资格预审和资格后审,二者从资格审查的时间、审查不合格处理情况以及审查内容等方面的区别如表 4-2 所示。

表 4-2 资格预审和资格后审的区别

种类	含义	后果	审查内容
资格预审	是指在投标前对潜在投标人进行的资格审查	资格预审不合格的潜在投标人不得参加投标	(1) 具有独立订立合同的权利 (2) 具有履行合同的能力,包括专业、技术资格和能力,资金、设备和其他物质设施状况,管理能力,经验、信誉和相应的从业人员 (3) 没有处于被责令停业,投标资格被取消,财产被接管、冻结、破产状态 (4) 在最近 3 年内没有骗取中标和严重违约及重大工程质量问题 (5) 法律、行政法规规定的其他资格条件
资格后审	在招标后对投标人进行的资格审查	资格后审不合格的投标人的投标应作废标处理	
备注	资格审查时,招标人不得以不合理的条件限制、排斥潜在投标人或者投标人,不得对潜在投标人或者投标人实行歧视待遇。任何单位和个人不得以行政手段或者其他不合理方法限制投标人的数量		

4.2.5 建设工程招标的相关法律责任

1) 招标人应当承担的法律责任

(1) 必须进行招标的项目而不招标的,将必须进行招标的项目化整为零或者以其他任何方式规避招标的,责令限期改正,可以处以项目合同金额 5‰~10‰ 的罚款;对全部或者部分使用国有资金的项目,可以暂停项目执行或者暂停资金拨付;对单位直接负责的主管人员和其他直接责任人员依法给予处分。

(2) 招标人以不合理的条件限制或者排斥潜在投标人的,对潜在投标人实行歧视待遇的,强制要求投标人组成联合体共同投标的,或者限制投标人之间竞争的,责令改正,可以处以 1 万~5 万元的罚款。

(3) 依法必须进行招标的项目的招标人向他人透露已获取招标文件的潜在投标人的名

称、数量或者可能影响公平竞争的有关招标投标的其他情况的,或者泄露标底的,给予警告,可以并处1万~10万元的罚款;对单位直接负责的主管人员和其他直接责任人员依法给予处分;构成犯罪的,依法追究刑事责任。

(4) 依法必须进行招标的项目,招标人违反《招标投标法》规定,与投标人就投标价格、投标方案等实质性内容进行谈判的,给予警告,对单位直接负责的主管人员和其他直接责任人员依法给予处分。如果影响中标结果的,中标无效。

(5) 招标人在投标人投标后,由于自身的原因而中止招标或招标失败的,招标人应向各投标人赔偿一定的经济损失。

(6) 招标人有下列情况之一的,由有关行政监督部门责令改正,按照有关规定处以一定金额的罚款可以处10万元以下的罚款:①依法应当公开招标而采用邀请招标;②招标文件、资格预审文件的发售澄清、修改的时限,或者确定的提交资格预审申请文件、投标文件的时限不符合招标投标法和相关规定的;③接受未通过资格预审的单位或者个人参加投标的;④接受应当拒收的招标文件;⑤依法应当公开招标的项目不按照规定在指定媒介发布资格预审公告或者招标公告;⑥在不同媒介发布的同一招标项目的资格预审公告或者招标公告的内容不一致。

(7) 招标人在评标委员会依法推荐的中标候选人以外确定中标人的,依法必须进行招标的项目在所有投标被评标委员会否决后自行确定中标人的,中标无效。责令改正,可以处中标项目金额5‰~10‰的罚款;对单位直接负责的主管人员和其他直接责任人员依法给予处分。

2) 招标代理机构应当承担的法律责任

(1) 招标代理机构泄露应当保密的与招标投标活动有关的情况和资料的,或者与招标人、投标人串通损害国家利益、社会公共利益或者他人合法权益的,处5万~25万元的罚款,对单位直接负责的主管人员和其他直接责任人员处单位罚款数额5%~10%的罚款;有违法所得的,并处没收违法所得;情节严重的,暂停直至取消招标代理资格;构成犯罪的,依法追究刑事责任。给他人造成损失的,依法承担赔偿责任。影响中标结果的,中标无效。

(2) 招标代理机构在所代理的招标项目中投标、代理投标或者向该项目投标人提供咨询的,接受委托编制标底的中介机构参加委托编制标底项目的投标或者为该项目的投标人编制投标文件、提供咨询的,处5万~25万元的罚款,对单位直接负责的主管人员和其他直接责任人员处单位罚款数额5%~10%的罚款;有违法所得的,并处没收违法所得;情节严重的,暂停直至取消招标代理资格;构成犯罪的,依法追究刑事责任。给他人造成损失的,依法承担赔偿责任。

(3) 取得招标职业资格的专业人员违反国家有关规定办理招标业务的,责令改正,给予警告;情节严重的,暂停一定期限内招标业务;情节特别严重的,取消招标职业资格。

4.3 建设工程投标

4.3.1 建设工程投标人

投标人,指响应招标、参加投标竞争的法人或者其他组织。依法招标的科研项目允许个人参加投标的,投标的个人适用《招标投标法》有关投标人的规定。投标人应当具备承担招标项目的能力；国家有关规定对投标人资格条件或者招标文件对投标人资格条件有规定的，投标人应当具备规定的资格条件。投标人参加依法必须进行招标的项目的投标，不受地区或者部门的限制，任何单位和个人不得非法干涉。

此外，若投标人发生合并、分立、破产等重大变化，应当及时书面告知招标人。投标人不再具备资格预审文件、招标文件规定的资格条件或者其投标影响招标公正性的，其投标无效。

4.3.2 建设工程投标文件

1）投标文件的内容要求

投标人应当按照招标文件的要求编制投标文件。投标文件应当对招标文件提出的实质性要求和条件做出响应。招标项目属于建设施工的，投标文件的内容应当包括拟派出的项目负责人与主要技术人员的简历、业绩和拟用于完成招标项目的机械设备等。投标文件应包括以下内容：①投标函及投标函附录；②法定代表人身份证明或附有法定代表人身份证明的授权委托书；③联合体协议书；④投标保证金；⑤已标价工程量清单；⑥施工组织设计；⑦项目管理机构；⑧拟分包项目情况表；⑨资格审查资料；⑩投标人须知前附表规定的其他材料。

特别说明，投标人须知前附表规定不接受联合体投标的，或投标人没有组成联合体的，投标文件不包括联合体协议书。

2）投标文件的修改与撤回

投标人在招标文件要求提交投标文件的截止时间前，可以补充、修改或者撤回已提交的投标文件，并书面通知招标人。补充、修改的内容为投标文件的组成部分。若投标人撤回已提交的投标文件，应当在投标截止时间前书面通知招标人。

3）投标文件的送达与签收

投标人应当在招标文件要求提交投标文件的截止时间前，将投标文件送达投标地点。招标人收到投标文件后，应当签收保存，不得开启。投标人少于3个的，招标人应当依法重新招标。在招标文件要求提交投标文件的截止时间后送达的投标文件，招标人应当拒收。

重新招标后投标人仍少于3个的，属于必须审批的工程建设项目，报经原审批部门批准后可以不再进行招标；其他工程建设项目，招标人可自行决定不再进行招标。

4）投标有效期

（1）概念

投标有效期是从投标人提交投标文件截止之日起计算，一般至中标通知书签发日期止。在此期限内，所有招标文件均保持有效。

（2）投标有效期的延长

在原投标有效期结束前，出现特殊情况的，招标人可以书面形式要求所有投标人延长投标有效期。①投标人同意延长的，招标人不得要求投标人修改其投标文件的实质性内容，但应当相应延长其投标保证金的有效期；②投标人拒绝延长的，其投标失效，但投标人有权收回其投标保证金。因延长投标有效期造成投标人损失的，招标人应当给予补偿，但因不可抗力需要延长投标有效期的除外。

5）投标保证金

（1）投标保证金的形式与金额

投标保证金是指投标人按照招标文件的要求向招标人出具的,以一定金额表示的投标责任担保。投标保证金除现金外,可以是银行出具的银行保函、保兑支票、银行汇票或现金支票。投标保证金一般不得超过投标总价的 2%,但最高投标保证金有效期应当超出投标有效期 30 天。投标人应当按照招标文件要求的方式和金额,将投标保证金随投标文件提交给招标人。

（2）投标保证金的退还

招标人与中标人签订合同后 5 个工作日内,应当向未中标的投标人退还投标保证金。在发生下列情形时,招标人有权没收投标保证金:①在提交投标文件截止时间后到招标文件规定的投标有效期终止之前,投标人撤回投标文件的;②中标通知书发出后,中标人放弃中标项目的,无正当理由不与招标人签订合同的,在签订合同时向招标人提出附加条件或者更改合同实质性内容的,或者拒不提交所要求的履约保证金的,招标人可取消其中标资格,并没收其投标保证金。

4.3.3 建设工程联合体投标

联合体投标是一种特殊的投标人组织形式,一般适用于大型的或结构复杂的建设项目。

所谓联合体投标指两个以上法人或者其他组织可以组成一个联合体,以一个投标人的身份共同投标。联合体各方均应当具备承担招标项目的相应能力;国家有关规定或者招标文件对投标人资格条件有规定的,联合体各方均应当具备规定的相应资格条件。由同一专业的单位组成的联合体,按照资质等级较低的单位确定资质等级。

综上所述,联合体投标特点如下:①联合体由两个或者两个以上的投标人组成,参与投标是各方的自愿行为;②联合体是一个临时性的组织,不具有法人资格;③联合体各方以一个投标人的身份共同投标,中标后,招标人与联合体各方共同签订一个承包合同,联合体各方就中标项目向招标人承担连带责任;④联合体各方签订共同投标协议后,不得再以自己名义单独投标,也不得组成新的联合体或参加其他联合体在同一项目中投标。

联合体投标时各方应当签订共同投标协议,明确约定各方拟承担的工作和责任,并将共同投标协议连同投标文件一并提交招标人;联合体中标的,联合体各方应当共同与招标人签订合同,就中标项目向招标人承担连带责任;联合体各方应指定一方作为联合体牵头人,授权其代表所有联合体成员负责投标和合同实施阶段的主办、协调工作,并应当向招标人提交由所有联合体成员法定代表人签署的授权书;联合体投标未附联合体各方共同投标协议的,将由评标委员会初审后按废标处理。

此外,联合体投标的,应当以联合体各方或者联合体中牵头人的名义提交投标保证金。以联合体中牵头人名义提交的投标保证金,对联合体各成员具有约束力。

4.3.4 建设工程投标的相关法律责任

投标人应当承担的法律责任如下:

（1）投标人相互串通投标或者与招标人串通投标的,投标人以向招标人或者评标委员会成员行贿的手段谋取中标的,中标无效,处中标项目金额5‰~10‰的罚款,对单位直接负责的主管人员和其他直接责任人员处以单位罚款数额5%~10%的罚款;有违法所得的,并处没收违法所得;情节严重的,取消其1~2年内参加依法必须进行招标的项目的投标资格并予以公告,直至由工商行政管理机关吊销营业执照;构成犯罪的,依法追究刑事责任。给他人造成损失的,依法承担赔偿责任。

（2）投标人以他人名义投标或者以其他方式弄虚作假,骗取中标的,中标无效,给招标人造成损失的,依法承担赔偿责任;构成犯罪的,依法追究刑事责任。依法必须进行招标的项目的投标人有上述行为尚未构成犯罪的,处中标项目金额5‰~10‰的罚款,对单位直接负责的主管人员和其他直接责任人员处以单位罚款数额5%~10%的罚款;有违法所得的,并处没收违法所得;情节严重的,取消其1~3年内参加依法必须进行招标的项目的投标资格并予以公告,直至由工商行政管理机关吊销营业执照。

（3）出让或者出租资格、资质证书供他人投标的,依照法律、行政法规的规定给予行政处罚;构成犯罪的,依法追究刑事责任。

（4）投标人或者其他利害关系人捏造事实、伪造材料或者以非法手段取得证明材料进行投诉,给他人造成损失的,依法承担赔偿责任。

4.4　建设工程开标、评标和中标

4.4.1　建设工程开标

1）开标的时间

开标时间应为招标文件中规定的时间,开标地点应当为招标文件中预先确定的地点。

2）开标的程序

（1）开标由招标人主持。邀请所有投标人参加。

（2）开标时,由投标人或者其推选的代表检查投标文件的密封情况,也可以由招标人委托的公证机构检查并公证;经确认无误后,由工作人员当众拆封,宣读投标人名称、投标价格和投标文件的其他主要内容。招标人在招标文件要求提交投标文件的截止时间前收到的所有投标文件,开标时都应当当众予以拆封、宣读。开标过程应当记录,并存档备查。

3）投标文件有下列情形之一的,招标人不予受理

（1）逾期送达的或者未送达指定地点的。

（2）未按招标文件要求密封的。

4.4.2　建设工程评标

评标由招标人依法组建的评标委员会负责。依法必须进行招标的项目,其评标委员会由招标人的代表和有关技术、经济等方面的专家组成,成员为 5 人以上单数,其中技术、经济等方面的专家不得少于成员总数的 2/3。评标委员会成员的名单在中标结果确定前应当保密。

评标委员会可以要求投标人对投标文件中含义不明确的内容作必要的澄清或者说明,但是澄清或者说明不得超出投标文件的范围或者改变投标文件的实质性内容。评标委员会完成评标后,应当向招标人提出书面评标报告,并推荐合格的中标候选人。中标候选人应当不超过 3 个,并标明排序评标报告,应当由评标委员会全体成员签字。评标委员会经评审,认为所有投标都不符合招标文件要求的,可以否决所有投标。依法必须进行招标的项目的所有投标被否决的,招标人应当依法重新招标。

有下列情况之一的,评标委员会应当否决其投标:
(1) 投标文件未经投标单位盖章和单位负责人签字。
(2) 联合体投标未附联合体共同投标协议。
(3) 投标人不符合国家或者招标文件规定的资格条件。
(4) 同一投标人递交两份以上不同的投标文件或投标报价,但招标文件规定提交备选投标的除外。
(5) 投标报价低于成本或者高于招标文件规定的最高投标限价。
(6) 投标文件没有对招标文件的实质性要求和条件作出响应。
(7) 投标人有串通投标、弄虚作假、行贿等违法行为。

4.4.3 建设工程中标和签订合同

1) 确定中标人

招标人应当接受评标委员会推荐的中标候选人,不得在评标委员会推荐的中标候选人之外确定中标人。依法必须进行招标的项目,招标人应当确定排名第一的中标候选人为中标人。排名第一的中标候选人放弃中标、因不可抗力提出不能履行合同,或者招标文件规定应当提交履约保证金而在规定的期限内未能提交的,招标人可以确定排名第二的中标候选人为中标人。排名第二的中标候选人因前述规定的同样原因不能签订合同的,招标人可以确定排名第三的中标候选人为中标人。

2) 中标人的确定条件

《招标投标法》规定,中标人的投标应当符合下列条件之一:
(1) 能够最大限度地满足招标文件中规定的各项综合评价标准。
(2) 能够满足招标文件的实质性要求,并且经评审的投标价格最低,但是投标价格低于成本的除外。

3) 中标人的确定期限和中标候选人公示

评标委员会提出书面评标报告后,招标人一般应当在 15 日内确定中标人,但最迟应当在投标有效期结束日 30 个工作日前确定。

采用公开招标的,在中标通知书发出前,要将预中标人的情况在该工程项目招标公告发布的同一信息网络和建设工程交易中心予以公示,公示的时间最短应当不少于 2 个工作日。

招标人根据评标委员会提出的书面评标报告和推荐的中标候选人确定中标人。招标人也可以授权评标委员会直接确定中标人。中标人确定后,招标人应当向中标人发出中标通知书,并同时将中标结果通知所有未中标的投标人。中标通知书对招标人和中标人具有法律效力。中标通知书发出后,招标人改变中标结果的,或者中标人放弃中标项目的,应当依法承担法律责任。

4) 签订合同

招标人和中标人应当自中标通知书发出之日起 30 日内,按照招标文件和中标人的投标文件订立书面合同。招标人和中标人不得再行订立背离合同实质性内容的其他协议。

特别注意,"当事人就同一建设工程另行订立的建设工程施工合同与经过备案的中标合同实质性内容不一致的,应当以备案的中标合同作为结算工程价款的根据"。招标人与中标人另行签订合同的行为属违法行为,所签订的合同是无效合同。

4.4.4 建设工程开标、评标和中标的相关法律责任

1) 评标委员会成员应当承担的法律责任

(1) 评标委员会成员收受投标人的财物或者其他好处的,评标委员会成员或者参加评标的有关工作人员向他人透露对投标文件的评审和比较、中标候选人的推荐以及与评标有关的其他情况的,给予警告,没收收受的财物,可以并处 3 000~50 000 元以下的罚款,对有所列违法行为的评标委员会成员取消担任评标委员会成员的资格,不得再参加任何依法必须进行招标的项目的评标;构成犯罪的,依法追究刑事责任。

(2) 评标委员会成员有下列行为之一的,由有关行政监督部门责令改正;情节严重的,禁止其在一定期限内参加依法必须招标的项目的评标;情节特别严重的,取消其担任评标委员会成员资格:①应当回避而不回避;②擅离职守;③不按照招标文件规定的评标标准和方法评标;④私下接触投标人;⑤向招标人征询确定中标人的意向或者接受任何单位或个人明示或暗示提出的倾向或排斥特定投标人的要求;⑥对依法应当否决的投标不提出否决意见;⑦暗示或者诱导投标人做出澄清、说明或者接受投标人主动提出的澄清、说明;⑧其他不客观、不公正履行职务的行为。

2) 中标人应当承担的法律责任

(1) 中标人将中标项目转让给他人的,将中标项目肢解后分别转让给他人的,将中标项目的部分主体、关键性工作分包给他人的,或者分包人再次分包的,转让、分包无效,处转让、分包项目金额 5‰~10‰ 的罚款;有违法所得的,并处没收违法所得;可以责令停业整顿;情节严重的,由工商行政管理机关吊销营业执照。

(2) 中标人不履行与招标人订立的合同的,履约保证金不予退还,给招标人造成的损失超过履约保证金数额的,还应当对超过部分予以赔偿;没有提交履约保证金的,应当对招标人的损失承担赔偿责任。中标人不按照与招标人订立的合同履行义务,情节严重的,取消其 2~5 年内参加依法必须进行招标的项目的投标资格并予以公告,直至由工商行政管理机关吊销营业执照。但因不可抗力不能履行合同的除外。

(3) 中标人无正当理由不与招标人订立合同,在签订合同时向招标人提出附加条件,或者不按照招标文件要求提交履约保证金的,取消其中标资格,投标保证金不予退还。对依法必须进行招标的项目的中标人,由有关行政监督部门责令改正,可以处中标项目金额 10‰ 以下的罚款。

3) 其他法律责任

(1) 任何单位违反招标投标法规定,限制或者排斥本地区本系统以外的法人或者其他组织参加投标的,为招标人指定招标代理机构的,或者以其他方式干涉招标投标活动的,责令改正;对单位直接负责的主管人员和其他直接责任人员依法给予警告、记过、记大过的处分,情节较重的,依法给予降级、撤职、开除的处分。个人利用职权进行前款违法行为的,依照前款规定追究责任。

(2) 对招标投标活动依法负有行政监督职责的国家机关工作人员徇私舞弊、滥用职权或者玩忽职守,构成犯罪的,依法追究刑事责任;不构成犯罪的,依法给予行政处分。

(3) 依法必须进行招标的项目违反招标投标法规定,中标无效的,应当依照招标投标法规定的中标条件从其余投标人中重新确定中标人或者依照招标投标法重新进行招标。

4.5 建设工程招标投标法规经典案例

案例 湖南农业大学综合实验大楼建设项目工程施工总承包招标公告

4.5.1 招标条件

本招标项目湖南农业大学综合实验大楼建设项目已由湖南省发展和改革委员会以湘发改委社会〔2012〕1767号文(政府采购号:湘财采计〔2014G〕0231号)批准建设,项目业主为湖南农业大学,建设资金为财政+自筹,项目出资比例为100%,招标人为湖南农业大学,招标代理机构为湖南中技项目管理有限公司。项目已具备招标条件,本公告已经招标投标监管部门备案,现对该项目进行公开招标,欢迎符合条件的投标人前来投标。

4.5.2 项目概况与招标范围

(1) 项目名称:湖南农业大学综合实验大楼建设项目工程施工总承包
(2) 建设地点:湖南农业大学校内
(3) 规模(结构类型、层数、建筑面积及总投资额等):湖南农业大学综合实验大楼建设项目包括管理学、信息、食科学、理学、植保5栋专业实验楼。5栋专业实验楼均为6层(未含地面架空层),建筑高度均为23.85 m。通过设置连廊将5栋专业实验室组合为一组综合实验楼。建筑占地9 645.37 m^2,总用地面积38 031 m^2,总建筑面积56 591.06 m^2,工程总投资约18 401.57万元。
(4) 工期要求:540天(日历天),具体开工时间以招标人通知为准。
(5) 质量要求:达到国家《建筑工程施工质量验收规范》合格标准。
(6) 保修要求:按建设部2000年80号令规定保修。
(7) 招标范围:湖南农业大学综合实验大楼建设项目工程施工总承包,其中包括基础、主体、装饰装修、建筑电气安装、给水排水安装、消防工程及总图工程等施工总承包等内容,具体以招标人提供的施工图纸及工程量清单为准。

(8) 标段划分:一个标段。

4.5.3 投标人资格要求

(1) 具有独立法人资格并依法取得企业营业执照,营业执照处于有效期;湖南省外企业按照省住建厅湘建建〔2010〕136号文件要求须具有有效的入湘施工登记证。

(2) 具备建设行政主管部门颁发的房屋建筑工程施工总承包二级及以上资质且注册资金不低于招标控制价的五分之一,安全生产许可证处于有效期;并在人员、设备、资金等方面具备相应的施工能力。

(3) 项目负责人(项目经理)为建筑工程专业二级注册建造师执业资格,具备有效的B类安全生产考核合格证书且没有在建项目;施工项目部关键岗位其他人员具体要求详见本项目招标文件第二章投标人须知第10.14.1项要求。

(4) 技术负责人具有建筑工程专业高级及以上技术职称。

(5) 本次招标不接受联合体投标。

(6) 投标人不得出现下述情形,否则按废标处理:①与招标人存在利害关系可能影响招标公正性的法人、其他组织或者个人;②单位负责人为同一人或者存在控股、管理关系的不同单位,参加同一标段投标或者未划分标段的同一招标项目投标。

4.5.4 资格审查方式及办法

(1) 实行开标前资格审查的,资格审查办法按照湘建建〔2013〕282文件《湖南省房屋建筑和市政工程施工招标投标人资格审查办法》执行。

(2) 当递交资格审查申请文件及投标文件的投标人数量在9家以上时,实行开标前资格审查;当递交资格审查申请文件及投标文件的投标人数量在9家以下(含9家)时,实行开标后资格审查。

(3) 资格审查办法采用湘建建〔2013〕282文件资格审查办法中"评分入围法"。

(4) 实行开标前资格审查的,只有通过开标前资格审查并确定为入围单位的投标人,才能进入后续评标程序。入围投标单位的委托代理人必须按要求参加开标会议,否则其投标文件作废标处理。

4.5.5 评标办法

本项目评标办法采用湘建建〔2013〕282文件中"综合评估法(Ⅱ)"。

4.5.6 投标保证金

(1) 投标保证金数额:人民币捌拾万元(80万元),采取银行转账方式,由投标人基本账户转入指定的账户

(2) 投标保证金的托管账户:湖南省建设工程招标投标管理办公室保证金专户
托管账户开户银行:长沙银行湘江支行
托管账号:8001 4347 **** ****
(3) 注:①交投标保证金时,必须在银行进账单上注明"湖南农业大学综合实验楼工程"的投标保证金,如果没注明是"湖南农业大学综合实验楼工程"的投标保证金,由此造成的后果由投标人自行负责;②请将投标保证金于2014年8月22日17:00前转入投标保证金的托管账户管理,以到账为准;③开标时须带投标单位基本账户的银行开户许可证原件和银行进账单原件。

4.5.7 资格审查文件、招标文件的获取以及澄清答疑发布

(1) 凡有意参加投标者,请从2014年8月4日~8月8日17:00时止(北京时间,下同)在湖南省建设工程招标投标网(http://www.hnztb.org)进行网上下载资格审查文件、招标文件、图纸及工程量清单。通过网络下载,其资格审查文件、招标文件、图纸及工程量清单与书面招标文件、图纸及工程量清单具有同等法律效力。
(2) 资格审查文件、招标文件每套各售价400元,递交投标文件时缴纳。
(3) 澄清答疑采用网上答疑方式。招标人对资格审查文件、招标文件、工程量清单澄清答疑均采用在湖南省建设工程招标投标网(http://www.hnztb.org)上发布,投标人自行下载。

4.5.8 资格审查申请文件和投标文件的递交

(1) 资格审查申请文件及投标文件递交截止时间为2014年8月25日09时00分,地点为长沙公共资源交易中心。
(2) 逾期送达的或者未送达指定地点或未按要求密封和加写标记的投标文件,招标人不予受理。
(3) 拟任本项目的项目负责人须亲自到场参加投标,投标人授权委托人必须为拟任本项目的项目负责人;湖南省外投标人还必须由企业法定代表人亲自到场参加投标,确因出国、住院等特殊原因不能到场的,必须提供相关证明。

4.5.9 开标时间

(1) 实行开标前资格审查的资格审查时间为2014年8月25日9:00;开标时间为2014年9月2日9:00。
(2) 实行开标后资格审查的开标时间为2014年8月25日9:00。

4.5.10 发布公告的媒介

本次招标公告同时在《湖南省招标投标监管网》《湖南省建设工程招标投标网》《湖南省政府采购网》上同时发布。

4.5.11 行政监督

本次招标项目接受相关建设行政主管部门或其委托的招标投标监管机构监督。招标投标监督机构为湖南省建设工程招标投标管理办公室。电话：0731-88＊＊＊＊＊＊。

4.5.12 联系方式

招　标　人：湖南农业大学
地　　　址：长沙市芙蓉区农大路1号
联　系　人：高老师
电　　　话：0731-82＊＊＊＊＊＊
招标代理机构：湖南中技项目管理有限公司
地　　　址：长沙市湘府中路117号
联　系　人：刘某
电　　　话：0731-84＊＊＊＊＊＊
传　　　真：0731-84＊＊＊＊＊＊
邮　　　箱：h＊＊＊＊＊@vip.sina.com

（原案例来源于：湖南建设工程招标投标网，已修改部分信息）

一、名词解释

招标代理机构　　联合体投标　　投标保证金

二、选择题

1. 甲、乙、丙、丁四家公司组成联合体进行投标，下列联合体成员的行为中正确的是（　　）。
   A. 该联合体成员甲公司又以自己名义单独对该项目进行投标
   B. 该联合体成员签订共同投标协议
   C. 该联合体成员乙公司和丙公司又组成一个新联合体对该项目进行投标
   D. 甲、乙、丙、丁四家公司设立一个新公司作为该联合体投标的牵头人

2. 在评标委员会组建过程中，下列做法符合规定的是（　　）。
   A. 评标委员会成员的名单在评标结算前保密
   B. 评标委员会7个成员中，招标人的代表有3名
   C. 项目评标专家从招标代理机构的专家库内的相关专家名单中随机抽取
   D. 评标委员会成员由6人组成。

3. 根据《工程建设项目施工招标投标办法》规定，在招标文件要求提交投标文件的截止时

间前,投标人( )。
　　A. 可以补充修改或者撤回已经提交的投标的文件,并书面通知招标人
　　B. 不得补充、修改、替代或者撤回已经提交的投标文件
　　C. 须经过招标人的同意才可以补充、修改、替代已经提交的投标文件
　　D. 撤回已经提交的投标文件的,其投标保证金将被没收
　　4. 根据《招标投标法》规定,在工程建设招标投标过程中,开标的时间应在招标文件规定的( )公开进行。
　　A. 任意时间　　　　　　　　　　B. 投标有效期内
　　C. 提交投标文件截止时间的同一时间　　D. 提交投标文件截止时间之后3日内
　　5. 根据《招标投标法》,投标人补充、修改或者撤回已提交的投标文件,并书面通知招标人,时间期限应在( )。
　　A. 评标截止时间前　　　　　　　B. 评标开始前
　　C. 提交投标文件的截止时间前　　D. 投标有效期内
　　6. 从性质上讲,施工企业的投标行为属于( )。
　　A. 要约　　　　B. 要约邀请　　　C. 承诺　　　　D. 询价
　　7. 经评标,甲被推荐为第一中标人,但在中标通知书发出之前,招标人收到甲退出此次投标的书面通知。下列关于甲的行为正确的说法是( )。
　　A. 属于在投标有效期内撤回投标文件
　　B. 属于放弃中标
　　C. 甲的要求不能被接受,必须继续参加投标
　　D. 甲可向招标人申请退还部分投标保证金
　　8. 根据《招标投标实施条例》,国有资金占控股或主导地位的依法必须进行招标项目,关于确定中标人的说法,正确的是( )。
　　A. 评标委员会应当确定投标价格最低的投标人为中标人
　　B. 评标委员会应当确定以最接近标底价格的投标人为中标人
　　C. 招标人应当确定排名第一的中标候选人为中标人
　　D. 招标人可以从评标委员会推荐的前三名中标候选人中确定中标人

三、简答题

1. 建设工程招标投标活动应当遵循哪些原则?
2. 我国对建设工程项目强制性招标有哪些规定?
3. 建设工程招标的基本程序有哪些?
4. 建设工程招标投标活动中开标应当注意哪些问题?
5. 在建设工程招标投标活动中相关人的法律责任有哪些?

四、案例分析题

1. 某承包商通过资格预审后,对招标文件进行了仔细分析,编制了投标文件,该承包商在投标截止日期前1天上午将投标文件报送业主。次日(即投标截止日当天)下午,在规定的开标时间前1小时,该承包商又递交了一份补充材料,其中声明将原报价降低4%。但是,招标

单位的有关工作人员认为,根据国际上"一标一投"的惯例,一个承包商不得递交两份投标文件,因而拒收承包商的补充材料。开标会由市招标投标工作办的工作人员主持,市公证处有关人员到会,各投标单位代表均到场。开标前,市公证处人员对各投标单位的资质进行审查,并对所有投标文件进行审查,确认所有投标文件均有效后,正式开标。

(1) 资格审查包括哪两种情况?审查不合格应当如何处理?

(2) 该案例中哪些做法违反了招标投标活动的相关规定?

2. 经过有关部门批准后,某工程项目业主自行组织施工公开招标。因估计除本市施工企业参加投标外,还可能有外省市施工企业参加投标,因此业主委托咨询公司编制了两个标底,准备分别用于对本市和外省市施工企业投标的评定。A建筑公司完成投标文件后,在封口处加盖了本单位的公章,并由项目经理签字后,在投标截止日期的前1天将投标文件报送业主。

业主在评标之前组建了评标委员会,成员共8人,其中业主人员占5人。通过评标和定标,业主向中标的A建筑公司发出中标通知书。在签订合同时,业主进一步要求降低总造价20%,该承包公司亦同意。在正式签订工程合同之后的第15天,业主将定标结果通知其余未中标人,并上报给招投标主管部门。

(1) 该工程招标和评标工作中有哪些不当之处?指出并改正。

(2) 定标后业主的做法有哪些不当之处?正确的处理方式是怎样的?

五、论述题

随着我国基础设施和房地产建设发展速度加快,国内建设市场异常繁荣。为了规范建设工程招标投标秩序,国家自1999年8月30日通过,自2000年1月1日起施行《中华人民共和国招标投标法》以来,陆续发布一系列规范招标投标活动的部分规章,各地也相继建立了有形建筑市场。但是,目前一些地方工程建设招标投标活动仍然存在不容忽视的问题。请根据本章节的学习,谈谈你的看法。

5 建设工程合同法规

学习目标

(1) 了解建设工程合同法规概念、特征及分类的基本知识。
(2) 掌握建设工程合同的成立、合同的履行、合同的变更等所包含的内容。
(3) 清楚建设工程合同法规中合同效力的认定及违约责任的划分。
(4) 清楚建设工程合同示范文本的使用和法律地位。

为了保护合同当事人的合法权益,维护社会经济秩序,促进社会主义现代化建设,制定了《合同法》。《合同法》由总则、分则和附则三部分,在总则部分对所有合同都应遵守的合同订立原则与程序、合同的效力、合同的履行等作了明确规定,确立了我国合同基本制度与基本规范;在分则中将建设工程合同单列出来,针对建设工程合同自身特点作了具体的规定。本章节将主要就《合同法》相关内容进行阐述。

5.1 概述

5.1.1 合同与合同法

合同,指平等主体的自然人、法人、其他组织之间设立、变更、终止民事权利义务关系的协议。合同的概念有狭义和广义之分。狭义上,指具有直接财产内容的民事合同,不包括有关人身关系的协议,如婚姻、收养、监护等有关人身关系的协议适用于其他法律。广义上,则泛指一切确立权利义务关系的协议,除了包括民法中的物权合同、债权合同、身份合同外,还包括劳动法中的劳动合同、行政法中的行政合同等。除特别说明外,本章节内容均指狭义上的合同。

建设工程合同,是承包人进行工程建设,发包人支付价款的合同。其特点表现为:①建设工程合同的承包人只能是法人,而且只能是经过批准的具有相应资质的法人;②建设工程合同的标的仅限于完成建设工程工作的行为;③建设工程合同从订立到履行,从资金的投放到最终的竣工验收均受到国家的严格管理和监督;④建设工程合同为要式合同,必须采取书面形式。

合同法的概念也有狭义和广义之分。狭义上,特指 1999 年 3 月 15 日由第九届全国人民代表大会第二次会议通过的《中华人民共和国合同法》(以下简称《合同法》)。广义上的合同法指调整合同的设立、变更、终止等一系列民事行为的各种法律规范的总称,除《合同法》外,还包括《建设工程施工合同管理办法》等。

合同法对合同形式、内容进行规范,发生争议时予以救济,促进合同当事人正当地行使权利,忠实地履行义务,保障经济活动的顺利进行。

5.1.2 合同的法律特征

1) 合同是一种法律行为

法律行为是人们有意识地进行的旨在引起法律后果的行为。法律行为的目的是取得法律对合同当事人的承认和保护。如签订合同为当事人实施的法律行为,合同依法成立并生效后,如果违反合同内容,当事人需要承担相应的法律责任。

2) 合同是两个或两个以上当事人意愿表示一致的法律行为

合同的成立,必须满足两个条件:①两个或两个以上的当事人之间存在订立合同的意愿;②意愿表达一致。

3) 合同当事人的法律地位平等

合同当事人可以是法人、自然人或者非法人其他组织,但要求在法律上地位是平等的。双方自愿协商,任何一方不得将自己的观点、主张强加给另一方。

4) 合同的目的性在于设立、变更、终止民事权利义务关系

设立、变更、终止民事权利义务关系是合同订立的根本。

5.1.3 合同的分类

合同的分类是按照一定的标准,将合同划分成不同的类型。合同的分类,有利于当事人找到能达到自己交易目的的合同类型,订立符合自己愿望的合同条款,便于合同的履行,也有助于司法机关在处理合同纠纷时准确适用法律,正确处理合同纠纷。从法理上分类,如表5-1所示。

表5-1 合同的分类

根据法律上是否规定了一定合同的名称	有名合同	又称典型合同,是指法律上已经确定了一定名称及规则的合同。《合同法》规定了15种有名合同,如建设工程合同、运输合同等
	无名合同	又称非典型合同,是指法律上尚未确定一定的名称与规则的合同
当事人双方是否互负对待给付义务	双务合同	是指当事人双方互负义务的合同。如买卖合同、租赁合同、建设工程合同等
	单务合同	是指合同当事人一方负有义务,而他方不负担义务的合同。如赠与合同、借用合同等
根据合同成立是否以交付标的物为标准	诺成性合同	是指双方当事人意思表示一致即成立的合同。如建设工程合同等
	实践性合同	是指除当事人意思表示一致以外,还须实际交付标的物才能成立的合同。如保管合同、定金合同等
根据合同的成立是否需要特定的形式	要式合同	是指必须依据法律规定的方式而成立的合同。如建设工程合同等
	非要式合同	是指当事人订立的合同依法并不需要采取特定的形式,当事人可以采取口头形式,也可以采取书面形式

续表 5-1

根据当事人是否可以从合同中取得某种利益	有偿合同	是指当事人取得合同规定的利益,必须为此支付相应代价的合同。如买卖合同、租赁合同、运输合同等
	无偿合同	是指当事人一方享有合同规定的权益,无须支付任何代价的合同。如赠与合同、借用合同
根据合同相互间的主从关系	主合同	是指不需要其他合同的存在即可独立存在的合同
	从合同	是指以其他合同的存在为存在前提的合同。如担保合同

建设工程合同根据一定的标准,同样可以将合同划分成不同的类型。建设工程合同按照承发包的内容可以分为:①建设工程勘察合同;②建设工程设计合同;③建设工程施工合同。按承包形式的不同可分为:①总包合同;②分包合同;③转包合同。

5.1.4 合同的形式

《合同法》规定,当事人订立合同,有书面形式、口头形式和其他形式。法律、行政法规规定采用书面形式的,应当采用书面形式。当事人约定采用书面形式的,应当采用书面形式。书面形式包括合同书、信件、数据电文(电报、电传、传真、电子数据交换及电子邮件)等可以有形地表现所载内容的形式。其他形式包括公证、登记等。

建设工程合同为要式合同,应当采用书面形式,并参照国家推荐使用的示范文本,如《建设工程勘察合同(示范文本)》《建设工程设计合同(示范文本)》《建设工程施工合同(示范文本)》。这是《合同法》和《建筑法》对建设工程合同形式上的要求,是国家对基本建设进行监督管理的需要,也是由建设工程合同履行的特点所决定的。

对于合同的形式还有如下要求:法律、行政法规规定或当事人约定采用书面形式订立合同,当事人未采用书面形式,但一方已经履行主要义务,对方接受的,该合同成立。采用合同书形式订立合同,在签字或盖章之前,当事人一方已经履行了主要义务,对方接受的,该合同成立(实际履行行为)。当事人以其行为(一方履行主要义务,另一方接受)明确表示合同存在,法律放弃形式要求。

5.2 合同的订立与成立

合同订立,是指缔约人进行意思表示一致的状态,包括缔约各方自接触、协商、达成协议前讨价还价的整个动态过程和静态协议,合同订立时交易行为的法律运作。

合同成立,是指当事人就合同主要条款达成了合意。合同成立需具备下列条件:①存在两方以上订约当事人;②订约当事人对合同主要条款达成一致意见。

5.2.1 合同订立的基本原则

1) 平等原则

合同当事人的法律地位平等,双方自愿协商,任何一方不得将自己的观点、主张强加给另一方。这一原则包括 3 个方面的内容：①合法当事人的法律地位平等；②合同中权利义务对等；③合同双方当事人必须就合同条款充分协商，在互惠互利的基础上取得一致，合同方能成立。

2) 自愿原则

合同当事人依法享有自愿订立合同的权利，任何单位和个人不得非法干预。自愿原则贯穿于合同活动的全过程，包括合同订立与否的自愿，与谁订立合同的自愿，合同内容在不违反法律规定的情况下确定的自愿，在合同履行过程中补充、变更合同内容的自愿，解除合同与否的自愿等。只要不违背法律、行政法规强制性的规定，合同当事人有权自愿决定，任何单位和个人不得非法干预。

3) 公平原则

合同当事人应当遵循公平原则确定各方的权利和义务。主要体现在以下 3 个方面：①不得欺诈，不得假借订立合同恶意进行磋商；②根据公平原则确定风险合理分配；③根据公平原则确定违约责任。

4) 诚实信用原则

合同当事人行使权利、履行义务应当遵循诚实信用原则。主要体现在以下 3 个方面：①订立合同时，不得欺诈或有其他违背诚实信用的行为；②履行义务时，当事人应当根据合同性质、目的和交易习惯，履行及时通知、协助、提供必要条件、防止损失扩大、保密等义务；③合同终止后，当事人应根据交易习惯，履行及时通知、协助、保密义务，也称为后契约义务。

5) 合法原则

合同当事人订立、履行合同，应当遵循法律、行政法规，尊重社会公德，不得扰乱社会经济秩序，损害社会公共利益。一般情况下，合同的订立与履行，属于合同当事人之间的民事权利义务关系，只要当事人的意思不与法律规范、社会公共利益和社会公德相抵触，即承认合同的法律效力。

5.2.2 合同成立的程序

合同的成立一般要经过要约和承诺两个阶段。《合同法》规定，当事人订立合同，采取要约、承诺方式。

1) 要约

《合同法》规定，要约是希望和他人订立合同的意思表示。

(1) 要约的构成要件：①内容具体确定；②表明经受要约人承诺，要约人即受该意思表示约束。

(2) 要约邀请。《合同法》规定，要约邀请是希望他人向自己发出要约的意思表示。要约与要约邀请的区别见表 5-2 所示。

表 5-2 要约与要约邀请的区别

	要约邀请	要 约
目的不同	邀请他人向自己发出要约	希望与对方订立合同
内容不同	寄送的价目表、拍卖公告、招标公告、招股说明书、商业广告等为要约邀请	内容明确具体,包含拟订立合同的主要内容
法律效力不同	不是法律行为。即使对方向自己发出要约,要约邀请人也无须承担任何责任	是法律行为。一旦对方承诺,合同即成立

(3) 要约的法律效力

① 生效的时间。要约到达受要约人时生效。如投标人向招标人发出的投标文件,自到达招标人时起生效。

② 要约的撤回。要约的有效期间由要约人在要约中规定。要约人如果在要约中定有存续期间,受要约人必须在此期间内承诺。要约可以撤回,但撤回要约的通知应当在要约到达受要约人之前或者与要约同时到达受要约人。

③ 要约的撤销。要约可以撤销,但撤销要约的通知应当在受要约人发出承诺通知之前到达受要约人。

有下列情形之一的,要约不得撤销:①要约人确定了承诺期限或者以其他形式明示要约不可撤销;②受要约人有理由认为要约是不可撤销的,并已经为履行合同做了准备工作。

2) 承诺

《合同法》规定,承诺是受要约人同意要约的意思表示。如招标人向投标人发出的中标通知书,是承诺。

(1) 承诺的方式

承诺应当以通知的方式作出,但根据交易习惯或者要约表明可以通过行为作出承诺的除外。这里的行为通常是履行行为,如预付价款、工地开始施工等。

(2) 承诺的生效

承诺通知到达要约人时生效。承诺不需要通知的,根据交易习惯或者要约的要求作出承诺的行为时生效。

(3) 承诺的内容

承诺的内容应当与要约的内容一致。受要约人对要约的内容作出实质性变更的,为新要约。有关合同标的、数量、质量、价款或者报酬、履行期限、履行地点和方式、违约责任和解决争议方法等的变更,是对要约内容的实质性变更。

注意:扩充知识点,即《合同法》还规定,采用合同书形式订立合同,在签字或者盖章之前,当事人一方已经履行主要义务,对方接受的,该合同成立。

结合第 4 章节所学习的内容,在建设工程招标投标活动中,招标文件是要约邀请,对招标人不具有法律约束力;投标文件是要约,应受自己作出的与他人订立合同的意思表示的约束。中标通知书是承诺。

5.2.3 合同的内容

合同的内容是指当事人之间的权利、义务,除法律规定的以外,主要由合同的条款确定。合同的内容由当事人约定,一般包括以下条款:①当事人的名称或者姓名和住所;②标的;③数量;④质量;⑤价款或者报酬;⑥履行期限、地点和方式;⑦违约责任;⑧解决争议的方法。

对于建设工程施工合同而言,其内容包括以下条款:

(1) 工程范围,工程范围是指施工的界区,是施工人进行施工的工作范围。

(2) 建设工期,建设工期是指施工人完成施工任务的期限。

(3) 中间交工工程的开工和竣工时间,中间交工工程是指施工工程中的阶段性工程,即指需要在全部工程完成期限之前完工的分部、分项工程。

(4) 工程质量,对工程质量条款的约定与国家强制性标准的要求不一致的,一律无效。

(5) 工程造价,为保证工程质量,双方当事人应当合理确定工程造价。

(6) 技术资料交付时间,技术资料主要指勘察、设计文件以及其他施工人据以施工所必需的基础资料,合同当事人应当在施工合同中明确技术资料的交付时间。

(7) 材料和设备供应责任,指由哪一方当事人提供工程所需材料设备及其应承担的责任。

(8) 拨款和结算,拨款和结算条款是施工人请求发包人支付工程款和报酬的依据。

(9) 竣工验收,竣工验收条款一般应当包括验收范围与内容、验收标准与依据、验收人员组成、验收方式和日期等内容。

(10) 质量保修范围和质量保证期,建设工程质量保证期的期限,按照《建设工程质量管理条例》的规定执行。

(11) 双方相互协作条款,一般包括双方当事人在施工前的准备工作,施工人及时向发包人提出开工通知书、施工进度报告书、对发包人的监督检查提供必要协助等。

5.2.4 合同订立的其他规定

1) 合同成立的地点

承诺生效的地点为合同成立的地点。采用数据电文形式订立合同,收件人指定特定系统接收数据电文的,该数据电文进入该特定系统的时间,视为到达时间;未指定特定系统的,该数据电文进入收件人的任何系统的首次时间,视为到达时间。当事人另外约定的,按照约定执行。

当事人采用合同书形式订立合同的,双方当事人签字或盖章的地点为合同成立的地点。

2) 缔约过失责任的相关问题

缔约过失责任是指合同当事人在订立合同的过程中因过错给对方造成损失而应承担的民事责任。其特征表现在3个方面:①缔约过失责任发生在合同订立过程中;②一方违背其依诚实信用原则所应负的义务;③造成他人信赖利益的损失。

缔约人一方违反合同义务的行为,其侵害的对象是信赖利益。只有在信赖人遭受信赖利益损失,且此种损失与缔约过失行为有直接因果关系的情况下,信赖人才能基于对方缔约上的过失而请求损害赔偿。缔约过失行为具体表现:①擅自变更、撤回要约;②违反意向协议;③在缔约时未尽必要注意义务;④违反保密义务;⑤违反保证合同真实性义务;⑥违反法律、法规中强制性规范的行为;⑦违反变更、解除合同规则的行为;⑧无权代理行为;⑨其他。

缔约过失责任的归责原则为过错责任原则,即缔约人因过错致使合同无效、被撤销、未成立时才承担责任。承担缔约过失责任的主体只能是缔约人,即拟订立合同的双方当事人。

5.3 合同的效力

合同的效力是指已经成立的合同在当事人之间产生的法律拘束力。对于合同的效力,《合同法》中就有效合同、无效合同、效力待定合同以及可变更或可撤销合同进行了阐述。

5.3.1 合同生效的条件

1)合同成立即生效

对于一般合同而言,依法成立的合同,自合同成立时生效。要求满足 3 个条件:①主体合格;②内容合法;③意思表示真实。实践中的大多数合同属于此类形式。

2)合同经批准登记后生效

批准登记的合同,是指法律、行政法规规定应当办理批准登记手续的合同。这类合同有的将批准登记作为合同成立的条件,有的将批准登记作为合同生效的条件。《合同法》规定,法律、行政法规规定应当办理批准、登记等手续生效的,依照规定办理。

3)合同在约定的条件或期限达成时生效

这类合同即为附条件的合同或附期限的合同。

(1)附条件的合同

当事人可以在建设合同内容中约定合同生效的条件,在条件成就前合同虽然订立,但不发生效力,条件一旦成就,合同开始产生效力,权利人可以请求义务人履行义务。

当事人还可以约定合同消灭的条件,在条件未成就前,合同确定的权利义务对双方当事人有约束力,一方有权行使权利,另一方也必须履行义务;一旦条件成就,合同所确定的权利义务不再发生效力,合同归于消灭。

(2)附期限的合同

当事人可以在建设工程合同中设定某一期限,约定此期限到来时合同生效,当事人开始实际享受权利和承担义务。在期限到来以前,合同虽已订立,但是其效力处于停止状态。

当事人还可以约定某一期限到来时合同终止,该期限到来后,合同的效力消灭。

附条件的合同与附期限的合同区别在于,条件的成就与否存在或然性,而期限是必然会到来的。

根据以上内容,对于有效的建设工程合同而言,应当符合以下条件:①建设工程合同的当事人必须符合法律规定的要求,承包人必须具备法人资格,并受其设立宗旨、章程以及经营范围、专营许可、资质等级的约束;②建设工程合同中约定的当事人权利义务必须合法,符合国家法律法规强制性规定;③建设工程合同当事人任何一方不得把自己的意志强加给对方;④法律、行政法规规定应当办理批准、登记等手续生效的建设工程合同必须按要求办理批准、登记等手续,方能生效。

5.3.2 无效合同

无效合同,指合同虽然已经成立,但因其严重欠缺生效要件而不产生合同法律效力的合同。

(1) 无效合同的类型

根据《合同法》规定,无效合同的主要类型如下:①一方以欺诈、胁迫的手段订立合同,损害国家利益;②恶意串通,损害国家、集体或第三人利益的合同;③以合法形式掩盖非法目的;④损害社会公共利益;⑤违反法律、行政法规的强制性规定。

合同无效,应当以全国人大及其常委会制定的法律和国务院制定的行政法规为依据,不得以地方性法规、行政规章为依据。

(2) 无效的免责条款

《合同法》规定,合同中的下列免责条款无效:①造成对方人身伤害的;②因故意或者重大过失造成对方财产损失的。

(3) 无效合同的法律后果

《合同法》规定,无效的合同或者被撤销的合同自始没有法律约束力。合同部分无效,不影响其他部分效力的,其他部分仍然有效。

合同无效、被撤销或者终止的,不影响合同中独立存在的有关解决争议方法的条款的效力。

结合以上介绍,对于建设工程合同而言,下面以建设工程施工合同为例,说明建设工程无效施工合同的相关问题。

(1) 建设工程无效施工合同的主要情形

根据《合同法》规定,违反法律、行政法规的强制性规定,认定合同无效的情形如下:①承包人未取得建筑施工企业资质或者超越资质等级的;②没有资质的实际施工人借用有资质的建筑施工企业名义的;③建设工程必须进行招标而未招标或者中标无效的。

承包人非法转包、违法分包建设工程或者没有资质的实际施工人借用有资质的建筑施工企业名义与他人签订建设工程施工合同的行为无效。

(2) 无效施工合同的工程款结算

《最高人民法院关于审理建设工程施工合同纠纷案件适用法律问题的解释》规定,建设工程施工合同无效,但建设工程经竣工验收合格,承包人请求参照合同约定支付工程价款的,应予支持。

建设工程施工合同无效,且建设工程经竣工验收不合格的,按照以下情况分别处理:①修复后的建设工程经竣工验收合格,发包人请求承包人承担修复费用的,应予支持;②修复后的建设工程经竣工验收不合格,承包人请求支付工程价款的,不予支持。

5.3.3 效力待定合同

效力待定的建设工程合同是指建设工程合同成立后,其效力仍然处于不确定状态,尚待第三人同意(追认)或拒绝的意思表示来确定。合同之所以出现效力不确定的状态是因为合同订立主体权利不充分,包括合同主体为限制民事行为能力人、无权代理人或无权处分人签订合同。

1) 限制民事行为能力人依法不能独立签订的合同

限制民事行为能力订立的合同,经法定代理人追认后,该合同有效;为平衡相对人的利益,法律也赋予相对人以催告权和撤销权。相对人在得知其与对方订立的合同存在效力待定的事由后,将效力待定事由告知追认权人(权利人),并催告追认权人于法定期限内予以确认。经催告后,追认权人未在法定期限内确认的,视为拒绝追认。与此同时,相对人在得知其与对方订立的建设工程合同存在效力待定的事由后,有权撤销其意思表示。相对人撤销其意思表示后,效力待定的建设工程合同等于未成立。限制行为能力人订立的合同其效力情况如图5-1所示。

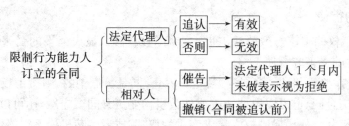

图5-1 限制行为能力人订立的合同其效力情况

2) 无权代理人以被代理人名义订立的合同

行为人没有代理权、超越代理权或者代理权终止后以被代理人名义订立的合同,未经被代理人追认,对被代理人不发生效力,由行为人承担责任。但是,相对人有理由相信行为人有代理权的,该代理行为有效。无权代理人以被代理人名义订立的合同其效力情况如图5-2所示。

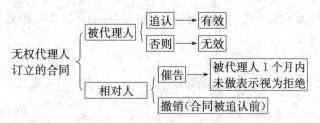

图5-2 无权代理人以被代理人名义订立的合同其效力情况

3) 无处分权人订立的合同

《合同法》规定,无处分权的人处分他人财产,经权利人追认或者无处分权的人订立合同后取得处分权的,该合同有效。

5.3.4 可变更或可撤销合同

可变更或可撤销的建设工程合同是指基于法定原因,合同当事人有权诉请人民法院或仲裁机构予以变更或撤销的合同,这也称为相对无效的合同。

1) 可变更、可撤销合同的种类

依据《合同法》规定,下列合同属于可变更、可撤销合同:

(1) 因重大误解订立的合同。重大误解是指合同当事人对合同关系中某种事实因素产生的错误认识。因重大误解而订立的合同,是基于主观认识上的错误,履行的后果与合同缔约人的真实意思相悖,是有瑕疵的合同。

(2) 在订立合同时显失公平的合同。在订立建设工程合同时,建设工程合同当事人之间享有的权利和承担的义务严重不对等即构成显失公平。例如,据最高人民法院《关于人民法院审理借贷案件的若干意见》规定,民间借贷利率如果高于银行同期同类贷款利率的4倍,构成显失公平,超过的部分不受法律保护。

(3) 以欺诈、胁迫或者乘人之危而订立的合同。一方以欺诈、胁迫或者乘人之危而订立的合同,如果损害国家利益,按照《合同法》的规定属无效合同;如果未损害国家利益,受损害方可以自主决定该合同有效或者请求人民法院或者仲裁机构变更或者撤销。

2) 撤销权的行使

(1) 行使撤销权的主体。撤销权由重大误解的误解人、显失公平的受害人、被欺诈方、被胁迫方、乘人之危的受害方行使。

(2) 撤销权的内容。根据《合同法》规定,一旦合同是可撤销的,则撤销权人可以申请法院或者仲裁机构撤销合同,也可以申请法院或仲裁机构变更合同。当然,还可以不行使撤销权继续认可该合同的权利。如果撤销权人请求变更的,法院或者仲裁机构不得撤销。

(3) 撤销权行使的时间。自知道或应当知道撤销事由后1年内。

(4) 撤销权的消灭。《合同法》规定,有下列情形之一的,撤销权消灭:①具有撤销权的当事人自知道或者应当知道撤销事由之日起1年内没有行使撤销权;②具有撤销权的当事人知道撤销事由后明确表示或者以自己的行为放弃撤销权。

3) 被撤销合同的法律后果

合同无效、被撤销或者终止的,不影响合同中独立存在的有关解决争议方法的条款的效力。

5.4 合同的履行、变更、转让和终止

5.4.1 合同的履行

合同的履行是指合同生效以后,当事人各方按照合同约定的标底、数量、质量、价款、履行期限、履行地点和履行方式等,完成各自应承担的全部义务的法律行为。当事人应当按照约定全面履行自己的义务,遵循诚实信用原则,根据合同的性质、目的和交易习惯履行通知、协助和保密等义务。不履行或不完全履行合同义务按照违约处理。

合同生效后,当事人不得因姓名、名称的变更或者法定代表人、负责人、承办人的变动而不履行合同义务。

1) 合同履行的基本规则

(1) 合同某些条款不明确时的履行规则

合同生效后,当事人就工程质量、价款或者报酬等内容没有约定或者约定不明确的,可以

协议补充；不能达成补充协议的，按照合同有关条款或者交易习惯确定；仍不能确定的，按照以下规则履行：①量约定不明确的，按照国家标准、行业标准履行；没有国家标准、行业标准的，按照通常标准或者符合合同目的的特定标准履行；②价款或者报酬不明确的，按照合同订立时履行地的市场价格履行；依法应当执行政府定价或者政府指导价的，按照规定履行；③履行方式不明确的，按照有利于实现合同目的的方式履行；④履行费用的负担不明确的，由履行义务一方负担；⑤履行期限不明确的，债务人可以随时履行，债权人有权可以随时要求履行，但应当给对方必要的准备时间；⑥履行地点不明确的，给付货币的，在接受货币一方所在地履行；交付不动产的，在不动产所在地履行；其他标的，在履行义务一方所在地履行。

(2) 合同的价格发生变化时的履行规则

对于执行政府定价或者政府指导价的，在合同约定的交付期限内政府价格调整时，按照交付时的价格计价。逾期交付标的物的，遇价格上涨时，按照原价格执行；价格下降时，按照新价格执行。逾期提取标的物或者逾期付款的，遇价格上涨时，按照新价格执行；价格下降时，按照原价格执行。

2) 合同履行中的抗辩权

抗辩权是指在双务合同中，在满足一定法定条件时，合同当事人一方可以对抗对方当事人的履行要求，暂时拒绝履行合同约定义务的权利。

(1) 同时履行抗辩权

《合同法》规定，当事人互负债务，没有先后履行顺序的应当同时履行。一方在对方未履行之前有权拒绝其履行要求。一方在对方履行债务不符合约定时，有权拒绝其相应的履行要求。

这里的"同时"是指一定的期限，而不能机械的理解为某一时刻。

(2) 异时履行抗辩权

《合同法》规定，当事人互负债务，有先后履行顺序，先履行一方未履行的，后履行一方有权拒绝其履行要求。先履行一方履行债务不符合约定时，后履行一方有权拒绝其相应的履行要求。

① 后履行一方的抗辩权。《合同法》规定，先履行一方应当先行履行自己的义务，当其未予履行，或虽已履行但不符合合同的约定时，后履行的一方可以行使抗辩权，有权拒绝先履行一方的履行请求。

② 先履行一方的抗辩权——不安抗辩权。是指按合同约定，本应先行履行义务的一方，在有确切证据证明对方的财产明显减少或难以对待给付时，有拒绝履行的权力。《合同法》规定，当对方出现下述情况之一时，即可行使不安抗辩权（中止履行合同）：a. 经营状况严重恶化；b. 转移财产，抽逃资金，以逃避债务；c. 丧失商业信誉；d. 有丧失或可能丧失履行债务能力的其他情形。

此外，不安抗辩权行使时应对其限制条件加以注意：a. 要有确切证据；b. 及时通知对方；c. 一旦对方当事人提供了适当担保，就应及时恢复履行。

5.4.2 合同的变更

1) 合同变更的条件

(1) 合同的变更须当事人双方协商一致。如果双方当事人就变更事项达成一致意见，则变更后的内容取代原合同内容,当事人应当按照变更后的内容履行合同。如果一方当事人没有取得对方同意擅自变更合同内容,不仅变更的内容对另一方无法律约束力,而且还是一种违约行为,应当承担违约责任。

(2) 合同变更须遵循法定程序。法律、行政法规规定变更合同应当办理批准、登记等手续的,依照其规定办理相应手续。如果没有履行法定程序,即使当事人已协议变更了合同,其变更内容也不发生法律效力。

(3) 对合同变更内容约定不明确的推定。合同变更的内容必须明确约定。如果当事人对于合同变更的内容约定不明确,则推定为未变更。任何一方不得要求对方履行约定不明确的变更内容。

2) 工程变更管理

(1) 工程变更的原因

工程变更一般主要有以下几个方面的原因:①业主新的变更指令,对建筑的新要求,如业主有新的意图,业主修改项目计划、削减项目预算等;②由于设计人员、监理方人员、承包商事先没有很好地理解业主的意图,或设计的错误,导致图纸修改;③工程环境的变化,预定的工程条件不准确,要求实施方案或实施计划变更;④由于产生新技术、新知识,有必要改变原设计、原实施方案或实施计划,或由于业主指令及业主责任的原因造成承包商施工方案的改变;⑤政府部门对工程新的要求,如国家计划变化、环境保护要求、城市规划变动等;⑥由于合同实施出现问题,必须调整合同目标或修改合同条款。

(2) 工程变更的范围

根据 FIDIC 施工合同条件,工程变更的内容可能包括以下几个方面:①改变合同中所包括的任何工作的数量;②改变任何工作的质量和性质;③改变工程任何部分的标高、基线、位置和尺寸;④删减任何工作,但要交他人实施的工作除外;⑤任何永久工程需要的任何附加工作、工程设备、材料或服务;⑥改动工程的施工顺序或时间安排。

根据我国施工合同示范文本,工程变更包括设计变更和工程质量标准等其他实质性内容的变更,其中设计变更包括:①更改工程有关部分的标高、基线、位置和尺寸;②增减合同中约定的工程量;③改变有关工程的施工时间和顺序;④其他有关工程变更需要的附加工作。

5.4.3 合同的转让

1) 合同权利的转让

(1) 合同权利的转让范围

《合同法》规定,债权人可以将合同的权利全部或者部分转让给第三人,但有下列情形之一的除外:①根据合同性质不得转让;②按照当事人约定不得转让;③依照法律规定不得转让。

(2) 合同权利的转让应当通知债务人

需要说明的是,债权人转让权利应当通知债务人,未经通知的转让行为对债务人不发生效力,但债权人的转让无需得到债务人的同意。

(3) 债务人对让与人的抗辩

《合同法》规定,债务人接到债权转让通知后,债务人对让与人的抗辩,可以向受让人主张。

(4) 从权利随同主权利转让

《合同法》规定,债权人转让权利的,受让人取得与债权有关的从权利,但该从权利专属于债权人自身的除外。

2) 合同义务的转让

《合同法》规定,债务人将合同的义务全部或者部分转移给第三人的,应当经债权人同意。

3) 合同中权利和义务的一并转让

只有经对方当事人同意,才能将合同的权利和义务一并转让。如果未经对方同意,一方当事人擅自一并转让权利和义务的,其转让行为无效,对方有权就转让行为对自己造成的损害,追究转让方的违约责任。

5.4.4 合同的终止

合同的终止,是指依法生效的合同,因具备法定的或当事人约定的情形,合同的债务、债权归于消灭,债权人不再享有合同的权利,债务人也不必再履行合同的义务。

《合同法》规定,有下列情形之一的,合同的权利义务终止:①债务已经按照约定履行;②合同解除;③债务相互抵消;④债务人依法将标的物提存;⑤债权人免除债务;⑥债权债务同归于一人;⑦法律规定或者当事人约定终止的其他情形。

(1) 合同解除的特征

合同解除具有如下特征:①合同的解除适用于合法有效的合同,而无效合同、可撤销合同不发生合同解除;②合同解除须具备法律规定的条件;③合同解除须有解除的行为;④合同解除使合同关系自始消灭或者将来消灭,可视为当事人之间未发生合同关系,或者合同尚存的权利义务不再履行。

(2) 合同解除的分类

① 约定解除。a. 协商解除;b. 行使约定解除权的解除。

② 法定解除。《合同法》规定,有下列情形之一的,当事人可以解除合同:a. 因不可抗力致使不能实现合同目的;b. 在履行期限届满之前,当事人一方明确表示或者以自己的行为表明不履行主要债务;c. 当事人一方迟延履行主要债务,经催告后在合理期限内仍未履行;d. 当事人一方迟延履行债务或者其他违约行为致使不能实现合同目的;e. 法律规定的其他情形。

③ 解除合同的程序。《合同法》规定,当事人一方依照本法第93条第2款、第94条的规定主张解除合同的,应当通知对方。合同自通知到达对方时解除。对方有异议的,可以请求人民法院或者仲裁机构确认解除合同的效力。法律、行政法规规定解除合同应当办理批准、登记等手续的,依照其规定。

当事人对异议期限有约定的依照约定,没有约定的,最长期3个月。

结合以上介绍,对于建设工程合同而言,以建设工程施工合同为例,说明建设工程施工合同解除的相关问题。

1) 发包人解除施工合同

根据《最高人民法院关于审理建设工程施工合同纠纷案件适用法律问题的解释》规定,承包人有下列情形之一,发包人请求解除建设工程施工合同的,应予支持:①明确表示或以行为表明不履行合同主要义务;②合同约定的期限没有完工,且在发包人催告的合理期限仍未完工;③已经完成的建设工程质量不合格,并拒绝修复的;④将承包的建设工程非法转包、违法分包。

2)承包人解除施工合同

根据《最高人民法院关于审理建设工程施工合同纠纷案件适用法律问题的解释》规定,发包人有下列情形之一,致使承包人无法施工,且在催告的合理期限内仍未履行相应义务,承包人请求解除建设工程施工合同的,应予支持:①未按约定支付工程价款;②提供的主要建筑材料、建筑构件和设备不符合强制性标准的;③不履行合同约定的协助义务。

3)施工合同解除的法律后果

建设工程施工合同解除后,已经完成的建设工程质量合格的,发包人应当按照约定支付相应的工程价款;已经完成的建设工程质量不合格的,参照建设工程施工合同无效工程价款的处理方式进行处理。因一方违约造成合同解除的,违约方应当赔偿因此给对方造成的损失。

5.5 违约责任

5.5.1 违约责任的概念和特征

违约责任(又称违反合同的民事责任),是指合同当事人因违反合同义务所承担的责任。《合同法》规定,当事人一方不履行合同义务或者履行合同义务不符合规定的,应承担继续履行、采取补救措施或者赔偿损失等违约责任。原则上采用无过错原则,其特征为:①违约责任是以合同当事人一方不履行合同义务为条件的;②违约责任具有相对性;③违约责任主要具有补偿性,即旨在弥补或补偿因违约行为造成的损害后果;④违约责任可以由合同当事人约定,但约定不符合法律要求的,将被宣告无效或被撤销;⑤违约责任是民事责任的一种。

5.5.2 当事人承担违约责任应具备的条件

1)先期违约(或预期违约)的责任承担

《合同法》规定,当事人一方明确表示或者以自己的行为表明不履行合同义务的,对方可以在履行期限届满之前要求其承担违约责任。

2)承担违约责任的条件

(1)合同当事人发生了违约行为,即有违反合同义务的行为。

(2)非违约方不需要证明其主观上是否具有过错。

(3)无约定或法定免责事由。

5.5.3 承担违约责任的种类

合同当事人违反合同义务,承担违约责任的种类主要有:继续履行、采取补救措施、停止违约行为、赔偿损失、支付违约金或定金等。

守约方可以要求违约方停止违约行为,采取补救措施,继续履行合同约定;可以按照合同约定,要求违约方支付违约金或没收定金。如果守约方发生的经济损失大于违约金或定金的,守约方可以主张违约方按照实际损失予以赔偿。

1) 继续履行

继续履行是一种违约后的补救方式,是否要求违约方继续履行是非违约方的一项权利。继续履行可以与违约金、定金、赔偿损失并用,但不能与解除合同的方式并用。

2) 补救措施

是指当事人一方履行合同义务不符合规定的,对方可以请求人民法院或仲裁机构强制其在继续履行合同义务的同时采取补救履行措施。

3) 赔偿损失

当事人一方不履行义务或履行义务不符合约定的,在继续履行义务或采取补救措施后,对方还有其他损失的,应当赔偿损失。

当事人一方违约后,对方应当采取适当措施防止损失的扩大,如果因其没有采取措施而致使损失扩大的,则不得就扩大的损失要求违约方赔偿。当事人因防止损失扩大而支出的合理费用,由违约方承担。

4) 违约金和定金

(1) 违约金的调整

约定的违约金低于造成的损失的,当事人可以请求人民法院或者仲裁机构予以增加;约定的违约金过分高于造成的损失的,当事人可以请求人民法院或者仲裁机构予以适当减少。

(2) 定金罚则

当事人可以依照《担保法》约定,其中一方向对方给付定金作为债权的担保。债务人履行债务后,定金应当抵作价款或者收回。给付定金的一方不履行约定的债务的,无权要求返还定金;收受定金的一方不履行约定的债务的,应当双倍返还定金。

(3) 违约金与定金的选择

当事人既约定违约金,又约定定金的,一方违约时,对方可以选择适用违约金或者定金条款。

5.5.4 违约责任的免除

《合同法》规定,因不可抗力不能履行合同的,根据不可抗力的影响,部分或者全部免除责任,但法律另有规定的除外。当事人迟延履行后发生不可抗力的,不能免除责任。本法所称不可抗力,是指不能预见、不能避免并不能克服的客观情况。

当事人一方因不可抗力不能履行合同的,应当及时通知对方,以减轻可能给对方造成的损失,并应当在合理期限内提供证明。

5.6 建设工程合同的示范文本

由于建设工程的规模和特点的差异,不同项目的合同数量可能有很大的差别。根据合同中的人物内容可划分为勘察合同、设计合同、施工承包合同、物资采购合同、工程监理合同、咨询合同等。根据《合同法》规定,勘察合同、设计合同、施工承包合同等属于建设工程合同,工程监理合同、咨询合同等属于委托合同。

5.6.1 施工承包合同示范文本

住房和城乡建设部和国家工商行政管理总局于2013年颁发了修改的《建设工程施工合同(示范文本)》(GF—2013—0201)。与1999版施工合同示范文本相比,2013版施工合同增加了双向担保、合理调价、缺陷责任期、工程系列保险、索赔期限、双倍赔偿、争议评审等8项新的制度,使合同结构体系更加完善,完善了合同价格类型,更加注重对发包人、承包人市场行为的引导、规范和权益平衡,加强了与现行法律和其他文本的衔接,保证合同的适用性等。该文本适用于房屋建筑工程、土木工程、线路管道和设备安装工程、装修工程等建设工程的施工承发包活动。

各种施工合同示范文本一般都由以下3部分组成:

1) 协议书

协议书是《建设工程施工合同(示范文本)》中总纲性的文件,虽然其文字量并不大,但它规定了合同当事人双方最主要的权利、义务。合同当事人在这份文件上签字盖章,因此具有很高的法律效力。《示范文本》协议书共计13条,主要包括工程概况、合同工期、质量标准、签约合同价和合同价格形式、项目经理、合同文件构成、承诺以及合同生效条件等重要内容。

2) 通用条款

通用合同条款是合同当事人根据《中华人民共和国建筑法》《中华人民共和国合同法》等法律法规的规定,就工程建设的实施及相关事项,对合同当事人的权利义务作出的原则性约定。

通用合同条款共计20条,具体条款分别为:一般约定、发包人、承包人、监理人、工程质量、安全文明施工与环境保护、工期和进度、材料与设备、试验与检验、变更、价格调整、合同价格、计量与支付、验收和工程试车、竣工结算、缺陷责任与保修、违约、不可抗力、保险、索赔和争议解决。前述条款安排既考虑了现行法律法规对工程建设的有关要求,也考虑了建设工程施工管理的特殊需要。

3) 专用条款

专用合同条款是对通用合同条款原则性约定的细化、完善、补充、修改或另行约定的条款。合同当事人可以根据不同建设工程的特点及具体情况,通过双方的谈判、协商对相应的专用合同条款进行修改补充。在使用专用合同条款时,应注意以下事项:①专用合同条款的编号应与相应的通用合同条款的编号一致;②合同当事人可以通过对专用合同条款的修改,满足具体建设工程的特殊要求,避免直接修改通用合同条款;③在专用合同条款中有横道线的地方,合同当事人可针对相应的通用合同条款进行细化、完善、补充、修改或另行约定;如无细化、完善、补充、修改或另行约定,则填写"无"或划"/"。

构成施工合同文件的组成部分,除了协议书、通用条款和专用条款以外,一般还应该包括:中标通知书,投标书及其附件,有关的标准、规范及技术文件,图纸,工程量清单,工程报价单或预算书等。

作为施工合同文件组成部分的上述各个文件,其优先顺序是不同的,以下是合同通用条款规定的优先顺序:①协议书(包括补充协议);②中标通知书;③投标书及其附件;④专用合同条款;⑤通用合同条款;⑥有关的标准、规范及技术文件;⑦图纸;⑧工程量清单;⑨工程报价单或预算书等。

发包人在编制招标文件时,可以根据具体情况规定优先顺序。

5.6.2 建设工程委托监理合同示范文本

原建设部和原国家工商行政管理总局于 2000 年制定并颁布了《建设工程委托监理合同(示范文本)》(GF—2000—0202)。该文本一方面结合我国建设工程监理行业发展的国情,另一方面参照国际通行 FIDIC 合同条件《业主/咨询工程师标准服务协议书》,具有较好的规范性。

委托监理合同示范文本由协议书、专用条件和通用条件三部分组成。其中协议书是一份标准的格式化文件,主要内容确认监理工程的概况、合同文件的组成、委托的范围、价款和酬金、合同生效、订立时间等;通用条件共 49 条,适用各类工程监理委托,是合同双方应遵守的基本条件,包括双方的权利、义务、责任等方面内容;专用条件是双方根据自身意愿对监理合同的地域特点、项目特征、监理范围和监理内容等进行补充与修订的特殊条款内容。

工程监理合同文件除了由协议书、专用条件和通用条件组成外,还包括中标通知书(适用于招标工程)或委托书(适用于非招标工程)、投标文件(适用于招标工程)或监理与相关服务建议书(适用于非招标工程)、附录(附录 A:相关服务的范围和内容,附录 B:委托人派遣的人员和提供的房屋、资料、设备)组成。本合同签订后,双方依法签订的补充协议也是本合同文件的组成部分。

5.6.3 建设工程勘察、设计合同示范文本

为了规范建设工程勘察设计过程中双方当事人的行为,原建设部和原国家工商行政管理总局于 2000 年颁发了《建设工程勘察合同》示范文本和《建设工程设计合同》示范文本。

《建设工程勘察合同》示范文本分为《建设工程勘察合同(示范文本)》(一)(GF—2000—0203),涉及岩土工程勘察、水文地质勘察、工程测量、工程物探方面;《建设工程勘察合同(示范文本)》(二)(GF—2000—0204),涉及岩土工程设计、治理、监测方面。示范文本共 9 条,分别为:工程概况;发包人按时向勘察人提供的资料文件;勘察人向发包人提供勘察成果的方式;取费标准和拨付方式、双方责任;违约责任;补充协议;合同纠纷解决方式;合同生效时间与签证。

《建设工程设计合同》示范文本分为《建设工程设计合同(示范文本)》(一)(GF—2000—0209)(民用建设工程设计合同)和《建设工程勘察合同(示范文本)》(二)(GF—2000—0210)(专业建设工程设计合同)。示范文本共 8 条,分别为:合同签订的依据;设计项目的名称、阶段、投

资、设计内容和标准；甲方向乙方提交的资料和文件；乙方向甲方交付设计文件的方式；设计费支付方式；双方责任；违约责任；其他条款。

5.6.4 FIDIC 系列合同条件

FIDIC 是指国际咨询工程师联合会，是国际最权威的咨询工程师组织之一。1913 年由欧洲 3 个国家独立的咨询工程师协会创立，1948 年英国加入，1953 年美国、加拿大、澳大利亚等国加入。现总部设在瑞士的日内瓦。目前正式的成员国会员有 60 多个。中国工程咨询协会 1996 年代表中国参加了 FIDIC，成为 FIDIC 的正式成员国。

FIDIC 的权威性主要体现在其高质量的工程合同范本上，世界银行、亚洲开发银行、非洲开发银行等国际金融机构的贷款项目指定使用 FIDIC 的合同范本，并被国际工程界广泛采纳。

了解 FIDIC 标准合同旨在学习国际工程合同管理的主要条款，了解国际惯例，丰富合同谈判知识，从合同角度，提高国际工程项目管理水平。

国际承包市场商业项目的增多，使得原来的 FIDIC 合同条件有必要加以更新。于是，FIDIC 在调查了全球几百家业主单位、承包商、咨询公司的基础上，于 1999 年正式出版了 4 个新合同版本。

(1)《施工合同条件》(Condition of Contract for Construction，简称"新红皮书")。"新红皮书"与原"红皮书"相对应，但其名称改变后合同的适用范围更大。该合同主要用于由发包人设计的或由咨询工程师设计的房屋建筑工程(Building Works)和土木工程(Engineering Works)的施工项目。合同计价方式属于单价合同，但也有某些子项采用包干价格。

(2)《永久设备和设计—建造合同条件》(Conditions of Contract for Plant and Design-Build，简称"新黄皮书")。适用于由承包商做绝大部分设计的工程项目，承包商要按照业主的要求进行设计、提供设备以及建造其他工程(可能包括由土木、机械、电力等工程的组合)。合同计价采用总价合同方式。

(3)《EPC 交钥匙项目合同条件》(Conditions of Contract for EPC Turnkey Projects，简称"银皮书")。适用于在交钥匙的基础上进行的工程项目的设计和施工，承包商要负责所有的设计、采购和建造工作，在交钥匙时，要提供一个设施配备完整、可以投产运行的项目。合同计价采用固定总价方式，只有在某些特定风险出现时才调整价格。

(4)《简明合同格式》(Short Form of Contract)。该合同条件主要适用于投资较低的一般不需要分包的建筑工程或设施，或尽管投资较高，但工作内容简单、重复，或建设周期短。合同计价可以采用单价合同、总价合同或者其他方式。

5.7 建设工程合同案例分析

案例 建设工程所涉施工合同均无效时工程价款的结算

1) 要旨

双方当事人就同一建设工程签订的数份施工合同均被认定无效时，应综合缔约时建筑市场行情、利于当事人接受、诉讼经济等因素,参照双方达成合意并实际履行的合同结算工程价款。

2) 案情

2013年3月1日,汕头公司与秦浪屿公司签订《工程保证金使用约定》,约定汕头公司提供工程保证金3 000万元,用于秦浪屿公司投资北京八达岭景区项目的施工认证银行验资。验资后,该款项在本项目工程的施工中支出使用。2013年4月19日,秦浪屿公司与汕头公司经招投标签订《建设工程施工合同》,约定秦浪屿公司将八达岭景区西部停车场综合服务设施工程发包给汕头公司施工,合同价款为79 150 668元。2013年6月6日,双方签订《工程总承包补充协议》,约定汕头公司承包范围为八达岭景区西部停车场所有红线图内与项目有关的工程,承包总造价为1.85亿元。上述两份合同约定的工程承包范围一致,但工程价款存在105 849 332元的差价,故双方于2013年7月30日签订《建设工程补充施工合同》,约定八达岭景区西部停车场新增加工程的合同价款为105 849 332元,并以上述约定为由向北京市延庆县建设委员会申请不经招投标直接签订合同备案,该委员会予以批准,并将合同备案。为履行施工合同,双方当事人先后于2013年9月14日、2014年3月28日签订《工程总承包补充协议(二)》《工程总承包补充协议(三)》,确认工程总承包价为1.85亿元,并约定了汕头公司提前竣工奖金数额及按时完工赶工费用数额。该项目于2014年6月27日通过竣工验收合格,并交付秦浪屿公司接收管理。双方当事人未进行最后结算。汕头公司认为应当以合同约定的1.85亿元作为结算标准,秦浪屿公司认为应当按照备案的《建设工程施工合同》约定的79 150 668元进行结算。

3) 裁判

北京市高级人民法院经审理认为,汕头公司、秦浪屿公司经工程招标投标签订的《建设工程施工合同》符合法律规定,依法有效。案涉《建设工程补充施工合同》的形成虽有欠缺,但建设主管部门为该合同作了登记备案,合同内容体现了双方当事人真实意思,并由双方实际履行,可作为结算工程款的参考依据。汕头公司、秦浪屿公司先后签订的《工程总承包补充协议(二)》《工程总承包补充协议(三)》,系就施工相关事项另行达成,未对原备案合同实质性条款进行变更,依法有效。案涉《工程总承包补充协议》未经招投标,违反法律禁止性规定无效,不作为定案依据。法院依合同作出的工程造价与工程实际造价存在一定差额,考虑备案合同法律地位优于其他合同,依建设工程款结算的行业惯例,若据实结算对施工方不够公平,故综合本案事实以及双方当事人在签订合同过程中的过错,酌情确定工程结算数额为170 820 474.56元。扣除秦浪屿公司已付工程款76 100 000元,判决秦浪屿公司支付尚欠汕头公司工程款94 720 474.56元。

汕头公司、秦浪屿公司不服,均提起上诉。

最高人民法院经审理认为,汕头公司与秦浪屿公司签订的《工程保证金使用约定》内容表明,在涉案工程招标投标前,双方已就涉案工程承发包达成合意。双方在招投标过程中,将上述合意表现为《建设工程施工合同》约定内容。上述施工合同约定工程价款为79 150 668元,但随后双方另行签订《工程总承包补充协议》,将合同价款约定为1.85亿元,并通过签订《工程总承包补充协议(二)》及《工程总承包补充协议(三)》,对《工程总承包补充协议》进行补充约定并予以实际履行。双方当事人又基于《建设工程施工合同》与《工程总承包补充协议》约定工程价款存在105 849 332元价差,签订《建设工程补充施工合同》,并以虚假理由向相关行政主管部门申请对该合同不进行招投标直接发包。从双方当事人缔约过程可以认定,双方通过"明招暗定"方式规避招投标,并采用分割整体项目造价,采用虚假理由就部分工程造价申请直接发包方式实现规避招投标,并使背离中标合同约定的《工程总承包补充协议》约定价款符合法律规定形式,以实现双方缔约目的。上述双方当事人行为及合同约定违反了招标投标法第四条、第四十三条、第五十五条规定,导致中标无效。依照《最高人民法院关于审理建设工程施工合同纠纷案件适用法律问题的解释》(以下简称建设工程司法解释)第一条有关具有中标无效情形的施工合同无效的规定,案涉合同均应认定无效。该解释第二条规定:"建设工程施工合同无效,但建设工程经竣工验收合格,承包人请求参照合同约定支付工程价款的,应予支持。"本案所涉合同约定承包范围内固定造价。案涉建设工程已经竣工验收并交付使用,汕头公司主张参照合同约定支付工程价款,于法有据,应予支持。《建设工程施工合同》约定的工程价款并非双方当事人的真实合意,亦与工程实际造价差距巨大,无法作为结算双方工程价款的参照标准。双方实际履行的《工程总承包补充协议》约定的工程价款数额,体现了双方当事人对工程价款一致的意思表示,作为结算工程价款的参照标准,更符合本案的实际情况及诚实信用原则。汕头公司主张按照1.85亿元结算工程价款,理据充分,予以支持。本案经最高人民法院审判委员会决定,改判秦浪屿公司支付汕头公司尚欠工程款108 900 000元。

4) 评析

双方当事人针对同一建设工程所签订的数份施工合同均被认定无效,且数份合同有关工程价款结算的约定不同,能否适用建设工程司法解释第二条规定,如适用,参照哪份合同约定结算工程价款?笔者认为,上述解释规定是针对合同无效情形下,如何结算工程价款的一般性规定。只要工程经竣工验收合格,无效合同就工程价款进行了约定,一般应当参照合同约定结算工程价款。本案确定参照《工程总承包补充协议》约定结算工程价款,主要基于以下两方面考虑:①从上述解释条款规定原旨分析。该条规定本意是对合同无效情形下,取得承包人所建工程的发包人,参照合同有关工程价款的约定对承包人进行折价补偿(给付工程款)。确定这一标准的原因在于:合同有关工程价款的约定是双方当事人的真实合意,与缔约时的市场行情相符,按照这一标准结算工程价款,利于当事人接受;亦可避免采用鉴定等方式结算工程价款,增加当事人诉讼成本,延长案件审理期间,增加当事人负担;符合诉讼经济原则。从上述司法解释规定的原旨分析,当事人就同一建设工程分别签订的多份合同均被认定无效情形下,如不存在工程设计发生重大变更等事由,导致无法参照合同约定结算工程价款情形,应适用上述司法解释规定。②确定参照合同的条件,要以该合同是否为当事人达成的真实合意为判断标准,该合意可以通过缔约双方在合同中体现的真实意思表示,并结合双方对合同的履行事实予以判断。本案查明事实表明,双方当事人对工程价款的真实合意是《工程总承包补充协议》中约定的1.85亿元,双方通过签订《工程总承包补充协议(二)》《工程总承包补充协议(三)》,实际履行了《工程总承包补充协议》,故可以参照该协议结算工程价款。

(案例来源:http://www.110.com/ziliao/article-480355.html 作者单位 最高人民法院)

习 题

一、名词解释

无效合同　　不安抗辩权　　违约责任

二、选择题

1. 根据《合同法》规定,建设工程施工合同不属于(　　)。
   A. 双务合同　　　　B. 有偿合同　　　　C. 实践合同　　　　D. 要式合同
2. 在《合同法》中,以下情形属于无效合同的是(　　)。
   A. 当事人无履约能力　　　　　　　　B. 当事人对合同有重大误解
   C. 违反法律规定的强制性规定　　　　D. 非主观意愿损害第三人利益
3. 下列关于待定合同的说法,正确的是(　　)。
   A. 善意相对人不享有撤销的权利
   B. 效力特定合同的善意相对人拥有催告权
   C. 待定合同是生效合同
   D. 待定合同是无效合同
4. 根据《合同法》规定,允许单方解除合同的情形是(　　)。
   A. 由于不可抗力致使合同不能履行　　B. 法定代表变更
   C. 当事人一方发生合并、分立　　　　D. 当事人一方违约
5. 某施工总承包单位与分包单位在分包合同中约定:分包施工中出现的任何安全事故,均由分包单位承担,该约定(　　)。
   A. 因显失公平而无效　　　　　　　　B. 由于分包单位自愿签署而有效
   C. 仅对总承包单位和分包单位有效　　D. 因违反法律、法规强制性规定而无效
6. 下列情形不导致要约失效的有(　　)。
   A. 拒绝要约的通知到达要约人　　　　B. 要约人依法撤销要约
   C. 承诺期限届满,受要约人为作出承诺　D. 要约人依法撤回要约
7. 下列责任形式中,不属于当事人承担违约责任的形式是(　　)。
   A. 支付违约金　　　　　　　　　　　B. 采取补救措施
   C. 赔偿损失　　　　　　　　　　　　D. 罚金
8. 某市水利工程项目招标,招标人在行政部门领导的干预下选择了投标人甲建筑工程公司并与其签订了施工承包合同。该做法违反了《合同法》中的(　　)。
   A. 平等原则　　　　　　　　　　　　B. 自愿原则
   C. 诚实信用原则　　　　　　　　　　D. 公开原则

三、简答题

1. 效力待定合同的效力如何认定?
2. 合同的订立应遵循哪些原则?

3. 哪些情况下合同可变更或可撤销？
4. 不安抗辩权的行使应注意哪些问题？
5. 违约责任的免除是如何规定的？

四、案例分析题

1. 董某有一处房屋待售，外地人李某有意购买，双方在进行磋商过程中，董某隐瞒了该房屋的一处重大缺陷。双方签订合同后，交付房产。李某装修时发现该问题，针对该房屋购买了装修材料，并支付了大量费用，要求董某赔偿损失。问：董某应承担什么责任？应否赔偿？

2. 某建筑公司甲与材料生产商乙签了一份买卖某种建材 40 万吨的合同，由于当时物价变动很大，双方没有将价格定死，在合同价款一栏内写了"待定"二字，交货时间为 2014 年。合同订立后，乙积极组织生产。2014 年 8 月 26 日，乙电告甲，提出 8 月 26 日履行合同交货。由于此时该材料供应充裕，价格下降了很多，双方就价款等问题没有达成一致而发生纠纷，甲拒绝履行合同。问：该合同是否应当履行？如果履行，价格及履行期限应当如何确定？

五、论述题

为了指导建设工程合同当事人的签约行为，维护合同当事人的合法权益，规范建设工程合同交易市场秩序，国务院建设行政主管部门和国务院工商行政管理部门制定了《建设工程勘察合同（示范文本）》《建设工程设计合同（示范文本）》《建设工程委托监理合同（示范文本）》《建设工程施工合同（示范文本）》等。请根据本章节的学习，谈谈你对合同示范文本对当事人订立合同的意义的看法。

6 工程建筑法规

学习目标

(1) 了解工程建筑法的基本内容。
(2) 掌握施工许可证的申请条件。
(3) 熟悉建设工程监理的程序、工作内容和监理单位的职责。

工程项目建筑活动具有专业性强、技术复杂、涉及单位多等特点,为了加强对建筑活动的监督管理,维护建筑市场秩序,保证建筑工程的质量和安全,促进建筑业健康发展,必须严格执行《建筑法》的相关规定,依法领取施工许可证,聘请专业性监理机构监督工程的实施建设,保障固定资产投资的预期效益。

6.1 概述

1) 建筑法的含义

建筑法是指调整建筑活动的法律规范的总称。所谓建筑活动,是指各类房屋建筑及其附属设施的建造以及与其配套的线路、管道、设备的安装活动,如住宅小区、学校、购物中心、写字楼、工业厂房等等。

《中华人民共和国建筑法》经 1997 年 11 月 1 日第八届全国人大常委会第 28 次会议通过,分为总则、建筑许可、建筑工程发包与承包、建筑工程监理、建筑安全生产管理、建筑工程质量管理、法律责任、附则共 8 章 85 条,自 1998 年 3 月 1 日起施行。根据 2011 年 4 月 22 日第十一届全国人大常委会第 20 次会议《关于修改〈中华人民共和国建筑法〉的决定》修正,要求建筑施工企业应当依法为职工参加工伤保险缴纳工伤保险费,鼓励企业为从事危险作业的职工办理意外伤害保险并支付保险费,于 2011 年 7 月 1 日起施行。

2) 建筑法立法目的

(1) 保证工程质量和安全。建筑活动应当确保建筑工程质量和安全,符合国家的建筑工程安全标准,无论是勘察设计、施工、试运营、验收,还是项目投入使用,建筑活动的各个参与方、各个阶段、各个环节,都要保证质量和安全。

(2) 着力于提高建筑水平,鼓励"四新"。国家扶持建筑业的发展,支持建筑科学技术研究,提高房屋建筑设计水平,鼓励节约能源和保护环境,提倡采用先进技术、先进设备、先进工艺、新型建筑材料和现代管理方式,逐步实现建筑智能化。

（3）保障各方合法权益,维护建筑市场秩序。从事建筑活动的单位或个人应当遵守法律、法规,不得损害社会公共利益和他人的合法权益。任何单位和个人都不得妨碍和阻挠依法进行的建筑活动。

（4）加强对建筑活动的行政监督管理。国务院建设行政主管部门对全国的建筑活动实施统一监督。

6.2 建设工程施工许可证

1) 建设工程施工许可证的概念

施工许可制度证是国家授权的有关行政主管部门,在建设工程开工之前对其是否符合法定的施工条件进行审核,对符合条件的建设工程允许其开工建设的法定制度。

实行施工许可证制度,有利于减少工程项目盲目建设而导致的国家资源浪费,从而使工程项目顺利进行,便于行政主管部门掌握所管辖范围内工程项目的数量、性质、规模和施工人员的数量,对工程项目建设做到事前控制和事中控制,保证工程项目活动依法有序进行。

2) 建设工程施工许可的适用范围

在中华人民共和国境内从事各种房屋建筑及其附属设施的建造、装修装饰和与其配套的线路、管道、设备的安装,以及城镇市政基础设施工程的施工,建设单位在工程开工前,应当按照国家有关规定向工程所在地县级以上人民政府建设行政主管部门申请领取施工许可证。

某些特殊工程不需要领取施工许可证:①建筑面积在 300 m^2 以下,或者总投资在 30 万元以下的,不需要领取施工许可证;②按照国务院规定的权限和程序批准开工报告的建筑工程,不再领取施工许可证,避免开工报告和施工许可证重复办理;③其他不办理施工许可的项目包括抢险救灾工程、临时建筑、军用房屋建筑。

3) 建设工程施工许可证的申请主体

建设单位应当按照国家有关规定向工程所在地县级以上人民政府建设行政主管部门申请领取施工许可证。因此,施工许可证的申请领取是建设单位的职责,与施工单位或监理单位无关,建设单位不得强制要求施工单位办理施工许可证相关事宜。

4) 建设工程施工许可证的法定批准条件

（1）用地批准手续

任何单位和个人进行建设需要使用土地的,必须依法申请使用国有土地。办理用地批准手续是获得土地使用权的必经程序,也是办理工程施工许可证的必要条件。若不办理建设用地审批手续,无法办理施工许可证。

（2）规划许可证

在城市规划区,必须办理建设用地规划许可证和建设工程规划许可证。前者的内容包含用地单位、项目名称、用地位置、用地性质、建设规模和附图附件;后者涵盖了用地单位、项目名称、用地位置、宗地号以及子项目名称、建筑性质、栋数、层数、结构类型、计算容积率面积及各分类面积、附图附件。只有向项目所在地城乡规划主管部门申请办理了两个规划许可证,才能办理施工许可证。

(3) 施工场地已经具备基本施工条件,需要拆迁的,拆迁进度符合施工要求

施工场地做好了通水、通电、通路,具备了施工的基本条件,具有基本的生产生活设施。实行监理的建设工程,必须由监理单位出具《施工场地已具备施工条件的证明》,方可申请施工许可证。若涉及拆迁的工程项目,必须在做好拆迁工作,对被拆迁人进行合理补偿和安置,保证拆迁进度满足工程建设开工和连续施工的需要。

(4) 确定建筑施工企业

在申请施工许可证之前,已经通过招投标方式或者直接发包方式确定施工企业,并签订了工程承包合同,明确了双方的责任、权利和义务。

(5) 施工图纸及技术资料

在工程正式开工建设之前,必须有能够保证施工需要的施工图纸,并且图纸通过了申请。凡是未经申请的施工图纸,不得投入使用。施工资料一般包括自然、技术、经济等资料,必须全面、准确和详细。

(6) 质量和安全的具体措施

申请施工许可证时,必须提供建设工程有关安全施工措施的资料。施工企业编制的施工组织设计中应当根据工程特点制定适宜的质量和安全技术措施,专业性比较强的分部分项工程编制专业施工技术方案,并向项目所在地的相关部门办理了质量和安全监督手续。

(7) 建设资金落实

工期不足1年的,到位资金原则上不得少于合同价的50%;超过1年的,到位资金不得少于合同价的30%。建设单位应提供银行出具的到位资金证明,有条件的可以实行银行付款保函或者其他第三方担保。

(8) 其他条件

建设行政主管部门应自收到申请之日起15日内,对符合条件的申请颁发施工许可证。

5) 特殊情况的规定

(1) 申请延期的规定

建设单位自领取施工许可证之日起3个月内开工。因故不能按期开工的,应当向发证机关申请延期;延期以2次为限,每次不超过3个月。既不开工又不申请延期或者超过延期时限的,施工许可证自行废止。

(2) 核验施工许可证的规定

建设单位应当自中止施工之日起1个月内,向发证机关报告。建筑工程恢复施工时,应当向发证机关报告;中止施工满1年的工程恢复施工前,建设单位应报发证机关核验施工许可证。

(3) 重新办理施工许可证的规定

按照国务院有关规定批准开工报告的建筑工程,因故不能按期开工或者中止施工的,应当及时向批准机关报告情况。因故不能按期开工超过6个月的,应当重新办理开工报告的批准手续。

6) 违反施工许可证制度的法律责任

(1) 未经许可擅自开工应承担的法律责任

未取得施工许可证或者开工报告未经批准擅自施工的,责令改正,对不符合开工条件的责

令停止施工,可以处以罚款。建设单位未取得施工许可证或者开工报告未经批准,擅自施工的,责令停止施工,限期改正,处工程合同价款1%以上2%以下的罚款。

(2) 规避办理施工许可证应承担的法律责任

对于未取得施工许可证或者为规避办理施工许可证将工程项目分解后擅自施工的,由有管辖权的发证机关责令改正,对于不符合开工条件的,责令停止施工,并对建设单位和施工单位分别处以罚款。

(3) 骗取和伪造施工许可证应承担的法律责任

对于采用虚假证明文件骗取施工许可证的,由原发证机关收回施工许可证,责令停止施工,并对责任单位处以罚款;构成犯罪的,依法追究刑事责任。对于伪造施工许可证的,该施工许可证无效,由发证机关责令停止施工,并对责任单位处以罚款;构成犯罪的,依法追究刑事责任。对于涂改施工许可证的,由原发证机关责令改正,并对责任单位处以罚款;构成犯罪的,依法追究刑事责任。

(4) 对违法行为的罚款额度

罚款,法律、法规有幅度规定的从其规定。无幅度规定的,有违法所得的处5 000元以上30 000元以下的罚款,没有违法所得的处5 000元以上10 000元以下的罚款。

6.3 建设工程监理

1) 监理的概念

所谓建设工程监理,是指具有相应资质的监理单位受工程项目建设单位的委托,依据国家有关工程建设的法律法规,经建设主管部门批准的工程项目,建设文件建设工程委托监理合同及其他建设工程合同,对工程建设实施的专业化监督、管理。

实行建设工程监理制度,目的在于提高工程建设的投资效益和社会效益。建设工程监理工作的主要内容包括:协助建设单位进行工程项目可行性研究,优选设计方案,设计单位和施工单位审查设计文件,控制工程质量造价和工期监督,管理建设工程合同的履行以及协调建设单位与工程建设有关各方的工作、关系等。

由于建设工程监理工作具有技术管理、经济管理、合同管理、组织管理和工作协调等多项业务、职能,因此,对其工作内容方式方法范围和深度均有特殊要求。鉴于目前监理工作在建设工程投资决策阶段和设计阶段尚未形成系统成熟的经验,需要通过进一步研究探索。在工程建设中,普遍讨论的是实施阶段的项目监理。

2) 依法实施监理的工程范围

下列建设工程必须实行监理:

(1) 国家重点建设工程

指依据《国家重点建设项目管理办法》所确定的对国民经济和社会发展有重大影响的骨干项目。

(2) 大中型公用事业工程

指项目总投资额在3 000万元以上的下列工程项目:供水、供电、供气、供热等市政工程项目;科技、教育、文化等项目;体育、旅游、商业等项目;卫生、社会福利等项目;其他公用事业项目。

(3) 成片开发建设的住宅小区工程

建筑面积在5万平方米以上的住宅建设工程必须实行监理;5万平方米以下的住宅建设工程,可以实行监理,具体范围和规模标准,由省、自治区、直辖市人民政府建设行政主管部门规定。为了保证住宅质量,对高层住宅及地基、结构复杂的多层住宅应当实行监理。

(4) 利用外国政府或者国际组织贷款、援助资金的工程

使用世界银行、亚洲开发银行等国际组织贷款资金的项目;使用国外政府及其机构贷款资金的项目;使用国际组织或者国外政府援助资金的项目。

(5) 国家规定必须实行监理的其他工程

项目总投资额在3 000万元以上关系社会公共利益、公众安全的下列基础设施项目:煤炭、石油、化工、天然气、电力、新能源等项目;铁路、公路、管道、水运、民航以及其他交通运输业等项目;邮政、电信枢纽、通信、信息网络等项目;防洪、灌溉、排涝、发电、引(供)水、滩涂治理、水资源保护、水土保持等水利建设项目;道路、桥梁、地铁和轻轨交通、污水排放及处理、垃圾处理、地下管道、公共停车场等城市基础设施项目;生态环境保护项目;其他基础设施项目;学校、影剧院、体育场馆项目。

3) 监理的工作程序

工程建设监理一般应按下列程序进行:①编制工程建设监理规划;②按工程建设进度,分专业编制工程建设监理细则;③按照建设监理细则进行建设监理;④参与工程竣工预验收,签署建设监理意见。

4) 监理机构及其监理人员的职责

(1) 监理机构的职责

监理单位履行施工阶段的委托监理合同时,必须在施工现场建立项目监理机构,项目监理机构在完成委托监理合同约定的监理工作后可撤离施工现场。项目监理机构的组织形式和规模,应根据委托监理合同规定的服务内容、服务期限、工程类别、规模技术复杂程度、工程环境等因素确定。

监理单位应于委托监理合同签订后10天内,将项目监理机构的组织形式、人员构成及对总监理工程师的任命,书面通知建设单位。当总监理工程师需要调整时,监理单位应征得建设单位同意并书面通知建设单位。当专业监理工程师需要调整时,总监理工程师应书面通知建设单位和承包单位。

① 监理单位的权利

监理人在委托人委托的工程范围内,享有以下权利:a.选择工程总承包人的建议权、选择工程分包人的认可权。b.对工程建设有关事项包括工程规模、设计标准、规划设计、生产工艺设计和使用功能要求,向委托人的建议权。c.对工程设计中的技术问题,按照安全和优化的原则,向设计人提出建议,如果提出的建议可能会提高工程造价,或延长工期,应当事先征得委托人的同意。当发现工程设计不符合国家颁布的设计工程质量标准或设计合同约定的质量标准时,监理人应当书面报告委托人并要求设计人更正。d.审批工程施工组织设计和技术方案,按照保质量、保工期和降低成本的原则,向承包人提出建议,并向委托人提出书面报告。e.主

持工程建设有关协作单位的组织协调,重要协调事项应当事先向委托人报告。f.征得委托人同意,监理人有权发布开工令、停工令、复工令,但应当事先向委托人报告。如在紧急情况下未能事先报告时,则应在24小时内向委托人做出书面报告。g.工程上使用的材料和施工质量的检验权。对于不符合设计要求和合同约定及国家质量标准的材料、构配件、设备,有权通知承包人停止使用。对于不符合规范和质量标准的工序、分部、分项工程和不安全施工作业,有权通知承包人停工整改、返工。承包人得到监理机构复工令后才能复工。h.工程施工进度的检查、监督权,以及工程实际竣工日期提前或超过工程施工合同规定的竣工期限的签认权。i.在工程施工合同约定的工程价格范围内,工程款支付的审核和签认权,以及工程结算的复核确认权与否决权。未经总监理工程师签字确认,委托人不支付工程款。

② 监理单位的义务

a.监理人按合同约定派出监理工作需要的监理机构及监理人员。向委托人报送委派的总监理工程师及其监理机构的主要成员名单、监理规划,完成监理合同专用条件中约定的监理工程范围内的监理业务。在履行合同义务期间,应按合同约定定期向委托人报告监理工作。b.监理人在履行本合同的义务期间,应认真勤奋地工作,为委托人提供与其水平相适应的咨询意见,公正维护各方面的合法利益。c.监理人使用委托人提供的设施和物品属委托人的财产。在监理工作完成或中止时,应将其设施和剩余的物品按合同约定的时间和方式移交委托人。d.在合同期内和合同终止后,未征得有关方同意,不得泄露与本工程、本合同业务有关的保密资料。

(2) 监理人员的职责

① 总监理工程师的职责:确定项目监理机构人员的分工和岗位职责;主持编写项目监理规划,审批项目监理实施细则并负责管理项目监理机构的日常工作;审查分包单位的资质并提出审查意见;检查和监督监理人员的工作,根据工程项目的进展情况可进行监理人员调配,对不称职的监理人员应调换其工作;主持监理工作会议,签发项目监理机构的文件和指令;审定承包单位提交的开工报告、施工组织设计技术方案和进度计划;审核签署承包单位的申请支付证书和竣工结算;审查和处理工程变更;主持或参与工程质量事故的调查;调解建设单位与承包单位的合同争议,处理索赔,审批工程延期;组织编写并签发监理月报、监理工作阶段报告、专题报告和项目监理工作总结;审核签认分部工程和单位工程的质量检验评定资料,审查承包单位的竣工申请,组织监理人员对待验收的工程项目进行质量检查,参与工程项目的竣工验收;主持整理工程项目的监理资料。

② 总监理工程师代表的职责:负责总监理工程师指定或交办的监理工作;按总监理工程师的授权行使总监理工程师的部分职责和权力。

总监理工程师不得将下列工作委托总监理工程师代表:主持编写项目监理规划,审批项目监理实施细则;签发工程开工、复工报审表,工程暂停令,工程款支付证书,工程竣工报验单;审核签认竣工结算;调解建设单位与承包单位的合同争议、处理索赔、审批工程延期;根据工程项目的进展情况进行监理人员的调配,调换不称职的监理人员。

③ 专业监理工程师的职责:负责编制本专业的监理实施细则;负责本专业监理工作的具体实施;组织指导检查和监督本专业监理员的工作,当人员需要调整时向总监理工程师提出建议;审查承包单位提交的涉及本专业的计划方案申请变更并向总监理工程师提出报告;负责本专业分项工程验收及隐蔽工程验收;定期向总监理工程师提交本专业监理工作实施情况报告,

对重大问题及时向总监理工程师汇报和请示;根据本专业监理工作实施情况做好监理日记;负责本专业监理资料的收集汇总及整理,参与编写监理月报;核查进场材料设备构配件的原始凭证检测报告等质量证明文件及其质量情况,根据实际情况认为有必要时对进场材料设备构配件进行平行检验合格时予以签认;负责本专业的工程计量工作,审核工程计量的数据和原始凭证。

④ 监理员应履行以下职责:在专业监理工程师的指导下开展现场监理工作;检查承包单位投入工程项目的人力材料、主要设备及其使用运行状况并做好检查记录;复核或从施工现场直接获取工程计量的有关数据并签署原始凭证;按设计图及有关标准对承包单位的工艺过程或施工工序进行检查和记录,对加工制作及工序施工质量检查结果进行记录;担任旁站工作,发现问题及时指出并向专业监理工程师报告;做好监理日记和有关的监理记录。

5) 监理规划和监理实施细则的内容

(1) 监理规划

监理规划应在签订委托监理合同及收到设计文件后开始编制,完成后必须经监理单位技术负责人审核批准并应在召开第一次工地会议前报送建设单位。

监理规划应由总监理工程师主持,专业监理工程师参加编制,参照建设工程的相关法律法规及项目审批文件、与建设工程项目有关的标准设计文件、技术资料、监理大纲、委托监理合同文件以及与建设工程项目相关的合同文件。

监理规划应包括以下主要内容:工程项目概况;监理工作范围;监理工作内容、目标和依据;项目监理机构的组织形式、人员配备计划和人员岗位职责;监理工作程序;监理工作方法及措施;监理工作制度;监理设施。

在监理工作实施过程中如实际情况或条件发生重大变化需要调整监理规划时,应由总监理工程师组织专业监理工程师研究修改,按原报审程序,经过批准后报建设单位。

(2) 监理实施细则

对中型及以上或专业性较强的工程项目,项目监理机构应编制监理实施细则。监理实施细则应符合监理规划的要求并应结合工程项目的专业特点,做到详细具体,具有可操作性。

监理实施细则应包括下列主要内容:专业工程的特点;监理工作的流程;监理工作的控制要点及目标值;监理工作的方法及措施。

在监理工作实施过程中,监理实施细则应根据实际情况进行补充修改和完善。

6) 监理违法责任

(1) 监理单位的法律责任

监理单位违反本规定,有下列行为之一的,由人民政府建设行政主管部门给予警告、通报批评、责令停业整顿、降低资质等级、吊销资质证书的处罚,并可处以罚款:未经批准而擅自开业;超出批准的业务范围从事工程建设监理活动;转让监理业务;故意损害项目法人、承建商利益;因工作失误造成重大事故。

(2) 监理工程师的法律责任

监理工程师违反规定,有下列行为之一的,由人民政府建设行政主管部门没收非法所得、收缴《监理工程师岗位证书》,可处以罚款;假借监理工程师的名义从事监理工作;出卖、出借、转让、涂改《监理工程师岗位证书》;在影响公正执行监理业务的单位兼职。

6.4 工程建筑法规案例

【案例6-1】 2013年5月,武汉市某高校为了改善大学生住宿条件而新建5栋宿舍楼,每栋宿舍楼为8层框架结构,建筑面积为50 000 m^2,合同价为6 000万元。为了保证在2014年8月15日前完成竣工验收,让新生顺利住上新宿舍楼,该校负责工程建设的基建处只办理了《建设用地规划许可证》和《建设工程规划许可证》,就拟定1个月后动工建设。由于时间紧迫,未办理《施工许可证》。但在开工建设15天后,武汉市某区建设主管部门发现该项违法建设工程,请问建设主管部门应当如何处理?

【解答】 根据有关规定,该区建设主管部门应当作出以下处理:由于该校未取得《施工许可证》情况下,擅自开动建设,责令该校停工,限期改正,处工程合同价款1%~2%的罚款。

【案例6-2】 某实行监理的工程,实施过程中发生下列事件:

事件1:武汉某二级资质的房地产公司于2013年11月10日向某综合型监理单位发出中标通知书,该监理单位中标价为500万元;建设单位与监理单位协商后,于2014年1月10日签订了委托监理合同。监理合同约定:合同价为400万元;因非监理单位本身的原因导致监理服务期延长,比如不可抗力事件、设计变更等,每延长1个月增加监理费20万元;监理服务自合同签订之日起开始,合同期限28个月。

该房地产公司通过公开招标确定了施工单位,并与武汉某二级资质的施工单位签订了施工承包合同。合同约定:开工日期为2014年3月1日,施工总工期为26个月。

事件2:由于吊装作业危险性较大,不确定性因素多,施工项目部编制了专项施工方案,并送现场监理员签收。计划吊装作业当日,武汉市天气预报预测的当天风级为8级,吊车司机因风力太大,拒绝进行吊装作业。项目经理便强制安排另一名吊车司机进行吊装作业,监理员发现后立即向专业监理工程师汇报,该专业监理工程师回答说:与监理单位无关。

事件3:监理员将施工项目部编制的专项施工方案交给总监理工程师后,发现现场吊装作业吊车发生故障。为了不影响进度,施工项目经理调来另一台吊车,该吊车比施工方案确定的吊车吨位大很多,但经安全检测可以使用。监理员立即将此事向总监理工程师汇报,总监理工程师以专项施工方案未经监理工程师审查批准就实施为由,签发了停止吊装作业的指令。施工项目经理签收暂停令后,仍强制要求施工人员继续进行吊装。总监理工程师报告了建设单位,建设单位负责人称工期紧迫,要求总监理工程师收回吊装作业暂停令。

事件4:由于施工单位的原因,施工总工期延误5个月,监理服务期达33个月。监理单位要求建设单位增加监理费100万元,而建设单位认为监理服务期延长是施工单位造成的,监理单位对此负有责任,不同意增加监理费。

根据以上4个事件,回答以下问题:

(1) 指出事件1中建设单位做法的不妥之处,写出正确做法。

(2) 指出事件2中专业监理工程师的不妥之处,写出正确做法。

(3) 指出事件 2 和事件 3 中施工项目经理在吊装作业中的不妥之处,写出正确做法。

(4) 分别指出事件 3 中建设单位、总监理工程师工作中的不妥之处,写出正确做法。

(5) 事件 4 中,监理单位要求建设单位增加监理费是否合理?说明理由。

【解答】 (1) 2014 年 1 月 10 日签订委托监理合同不妥,应在发出监理中标通知书后的 30 天内签订监理合同;监理合同价为 400 万元不妥,应为 500 万元。

(2) "与监理单位无关"不妥,应及时制止并向总监理工程师汇报。

(3) 强制安排另一名司机进行吊装作业不妥,应停止吊装作业;专项施工方案未经总监理工程师批准便实施不妥,应经总监理工程师批准后实施;签收工程暂停令后仍要求继续吊装作业不妥,应停止吊装作业。

(4) 建设单位要求总监理工程师收回吊装作业暂停令不妥,应支持总监理工程师的决定;总监理工程师未报告政府主管部门不妥,应及时报告政府主管部门。

(5) 合理,因为监理合同中有相关约定且非监理单位的原因。

习 题

一、名词解释

施工许可证　建设工程规划许可证　建设用地规划许可证　监理

二、选择题

1. 工程建筑面积在( )m² 以下的建筑工程,可以不申请办理施工许可证。
   A. 200　　　　B. 300　　　　C. 500　　　　D. 1 000

2. 在建的建筑工程因故中止施工的,建设单位应当自中止施工之日起 1 个月内向( )报告。
   A. 监理单位　　B. 建设单位　　C. 发证机关　　D. 城市规划部门

3. 发证机关在收到建设单位报送的《建筑工程施工许可证申请表》和所附证明文件后,对于符合条件的,应当自收到申请之日起( )日内颁发施工许可证。
   A. 5　　　　　B. 10　　　　C. 15　　　　D. 30

4. 发证机关在收到建设单位报送的《建筑工程施工许可证申请表》和所附证明文件后,对于不符合条件的,应当自收到申请之日起( )日内书面通知建设单位,并说明理由。
   A. 10　　　　B. 15　　　　C. 20　　　　D. 30

5. 建筑工程在施工过程中,建设单位或者施工单位发生变更的,应当( )。
   A. 重新申请领取施工许可证　　　　B. 施工许可证可以继续使用
   C. 建设单位不必申请　　　　　　　D. 不予理睬

6. 建设单位应当自领取施工许可证之日起( )内开工。
   A. 15 天　　　B. 1 个月　　C. 2 个月　　D. 3 个月

7. 下列不需要实行工程监理的工程是( )。
   A. 总投资额为 3 000 万元的供热工程　　B. 建筑面积为 50 000 m² 的住宅建设工程
   C. 生态环境保护项目　　　　　　　　　D. 影剧院项目

8. 建设单位与施工单位发生利益冲突或者矛盾时,建设工程监理单位应该做的是( )。
   A. 在维护建设单位的合法权益时,不损害承建单位的合法权益
   B. 协助建设单位实现其投资目标,力求在计划的目标内建成工程
   C. 按照委托监理合同的规定,为建设单位提供管理服务
   D. 建立健全管理制度,配备有丰富管理经验和应变能力的监理工程师
9. 王某在取得监理工程师执业资格后,受总监理工程师委托,进驻某建设工程项目履行监理职责,其实施工程监理的依据不包括( )。
   A. 法律法规   B. 建设工程施工合同
   C. 劳动用工合同   D. 批准的施工图设计文件
10. 下列选项中,属于建设工程监理的是( )。
    A. 建设单位对指定供货商的管理   B. 工程总承包单位对劳务分包单位的监督管理
    C. 监理单位对施工单位的管理   D. 施工总承包单位对专业承包单位的监督管理

三、简答题

1. 申请施工许可证应具备哪些条件?
2. 建设工程规划许可证包括哪些内容?
3. 建设用地规划许可证包括哪些内容?
4. 简述监理的程序。
5. 简述建设单位办理施工许可证的违法责任。

四、案例分析题

某栋32层的写字楼工程,某家综合监理公司承担施工阶段的监理任务,建设单位采用公开招标方式选择施工承包单位,同时在招标文件中对本市内、本市外的投标人提出了不同的资格要求,并规定2013年12月30日为投标截止时间。甲、乙等多家承包单位参加投标,乙承包单位2014年1月3日方提交投标保证金。2014年1月3日,在招标办的主持下,举行了开标会。但本次招标由于招标人原因导致招标失败。建设单位重新招标后确定甲承包单位中标,并签订了施工合同。施工开始后,建设单位要求提前竣工,并与甲承包单位协商签订了书面协议,写明了甲承包单位为保证施工质量采取的措施和建设单位应支付的赶工费用。

施工过程中发生了混凝土工程质量事故。经调查组技术鉴定,认为是甲承包单位为赶工而拆模过早,混凝土强度不足造成的。该事故未造成人员伤亡,但导致直接经济损失10万元。质量事故发生后,建设单位以甲承包单位的行为与投标书中的承诺不符,不具备履约能力,又不可能保证提前竣工为由,提出终止合同。甲承包单位认为事故是因建设单位要求赶工引起,不同意终止合同。建设单位按合同约定提请仲裁,仲裁机构裁定终止合同,甲承包单位决定向具有管辖权的法院提起诉讼。

(1) 质量事故发生后,在事故调查前,总监理工程师应做哪些工作?
(2) 上述质量事故的技术处理方案应由谁提出?技术处理方案核签后,总监理工程师应完成哪些工作?该质量事故处理报告应由谁提出?

五、论述题

在上述案例分析题中,该综合型监理公司是否尽职尽责完成了自己的监理任务?

7 工程建设质量管理法规

学习目标

(1) 了解工程建设质量管理相关的法规。
(2) 掌握业主、施工单位等工程参与方的质量管理责任和履行义务。
(3) 知晓建筑工程竣工验收制度和保修制度。

工程建设质量是整个工程项目管理的核心内容,关系到人民财产、百姓生命安全的重大问题。一旦发生工程质量事故,特别是重大、特大事故,给项目建设相关单位及人员造成难以估计的损失。因此,"百年大计,质量第一",必须保证固定资产建设质量,进一步发挥工程投资效益水平。

7.1 概述

7.1.1 工程建设质量管理的含义

质量,一组固有特性满足要求的程度。在合同环境中,要求是规定的;而在其他环境中,隐含要求则应加以识别和确定。在许多情况下,要求会随时间而改变,这就要求定期修改规范或合同条件。

工程建设质量反映工程建设满足相关标准规定或合同约定的要求,包括其在安全、技术、使用功能及其在耐久性能、环境保护等方面所有明显和隐含能力的特性总和。具体而言,就是满足工程经营使用者在工程使用功能、寿命以及可靠性、安全性、经济性等多方面和多层次需求。在一定成本的约束下,要求的满足程度越高,质量就越好。

工程建设质量管理是工程项目建设者在质量方面的计划、组织、领导和控制等一系列活动的总称。工程建设质量管理工作的好坏是评估决策、勘察设计、物资采购、施工、验收、投入使用等工程项目建设各个环节工作质量的综合反映,既包括了工程实体的质量,又包括了具体的工序和作业的质量。

7.1.2 工程建设质量管理法规体系

新中国成立以来,我国已形成了一套包含法律、行政法规、部门规章和质量标准的比较完善的建设工程质量法规体系。

（1）法律。包括《建筑法》《合同法》《标准化法》等等。

（2）行政法规。指《建设工程质量管理条例》《民用建筑节能条例》等等。

（3）部门规章。主要有《建设工程质量检测管理办法》《房屋建筑工程质量保修办法》《房屋建筑和市政基础设施工程竣工验收备案管理办法》《建筑地基基础工程施工质量验收规范》《地下水防水工程质量验收规范》等等。

（4）标准。涉及 ISO 9000《质量管理和质量保证》《建筑工程施工质量验收统一标准》等等。

7.2 工程建设行为主体的质量责任与义务

7.2.1 建设单位质量责任和义务

1）依法发包工程的责任

建设单位应当将工程发包给具有相应资质等级的单位，不得将建设工程肢解发包。

在工程项目建设中，鼓励实行总承包方式选择施工单位、勘察设计单位，减少建设单位的工作量，提高设计、施工一体化水平；允许总承包单位将专业工程或劳务作业分包给具有相应资质等级的专业承包企业或者劳务分包公司，提高施工作业专业化程度。

建设单位在发包工程时，应结合工程特点、占地面积、项目技术复杂程度、资金额度等因素，合理划分标段，不得肢解发包工程。如果应当由一个承包单位完成的工程分解成很多部分，分别发包给不同的单位，增加了建设单位的协调管理工作量，容易造成施工现场混乱，责任不清，严重影响工程质量。

2）依法选择勘察、设计、施工、监理等单位，不得规避招标

建设单位应当依法对工程建设项目的勘察、设计、施工、监理以及与工程建设有关的重要设备、材料等的采购进行招标。按照合同约定，由建设单位采购建筑材料、建筑构配件和设备的，建设单位应当保证建筑材料、建筑构配件和设备符合设计文件和合同要求。凡是建设单位负责采购的物资，不得因为项目的检验代替建设单位对采购物资的质量责任。建设单位不得明示或者暗示施工单位使用不合格的建筑材料、建筑构配件和设备。

3）限制不合理的建设单位干预行为

建设工程发包单位不得迫使承包方以低于成本的价格竞标，不得任意压缩合理工期。建设单位不得明示或者暗示设计单位或者施工单位违反工程建设强制性标准，降低建设工程质量。凡是建设单位的某些强制干预行为造成工程质量事故，建设单位就质量事故承担连带责任。

4）依法办理工程设计文件审查和质量监督手续

建设单位应当将施工图设计文件报县级以上人民政府建设行政主管部门或者其他有关部门审查。施工图设计文件审查的具体办法，由国务院建设行政主管部门会同国务院其他有关部门制定。施工图设计文件未经审查批准的,不得使用。建设单位在领取施工许可证或者开工报告前,应当按照国家有关规定办理工程质量监督手续。

5) 依法实行工程监理

实行监理的建设工程,建设单位应当委托具有相应资质等级的工程监理单位进行监理,也可以委托具有工程监理相应资质等级并与被监理工程的施工承包单位没有隶属关系或者其他利害关系的该工程的设计单位进行监理。

6) 不得随意变动房屋主体承重结构

涉及建筑主体和承重结构变动的装修工程,建设单位应当在施工前委托原设计单位或者具有相应资质等级的设计单位提出设计方案;没有设计方案的,不得施工。房屋建筑使用者在装修过程中,不得擅自变动房屋建筑主体和承重结构。

7) 建设单位违法责任

违反《建设工程质量管理条例》规定,建设单位有下列行为之一的,责令改正,处20万元以上50万元以下的罚款:①迫使承包方以低于成本的价格竞标的;②任意压缩合理工期的;③明示或者暗示设计单位或者施工单位违反工程建设强制性标准,降低工程质量的;④施工图设计文件未经审查或者审查不合格,擅自施工的;⑤建设项目必须实行工程监理而未实行工程监理的;⑥未按照国家规定办理工程质量监督手续的;⑦明示或者暗示施工单位使用不合格的建筑材料、建筑构配件和设备的;⑧未按照国家规定将竣工验收报告、有关认可文件或者准许使用文件报送备案的。

7.2.2 勘察设计单位质量管理责任

1) 依法承揽工程的勘察、设计

从事建设工程勘察、设计的单位应当依法取得相应等级的资质证书,并在其资质等级许可的范围内承揽工程。禁止勘察、设计单位超越其资质等级许可的范围或者以其他勘察、设计单位的名义承揽工程。禁止勘察、设计单位允许其他单位或者个人以本单位的名义承揽工程。勘察、设计单位不得转包或者违法分包所承揽的工程。

2) 严格执行国家强制性标准

勘察、设计单位必须按照工程建设强制性标准进行勘察、设计,并对其勘察、设计的质量负责。注册建筑师、注册结构工程师等注册执业人员应当在设计文件上签字,对设计文件负责。对于建设单位降低工程强制性标准的要求,勘察设计单位拥有拒绝的权利。

3) 保证勘察设计成果的准确性

勘察是建设工作的基础,是设计、施工的基础资料和重要依据,其真实性和准确性直接影响到施工质量,因此勘察成果必须真实可靠。

设计单位应当根据勘察成果文件进行建设工程设计。设计文件应当符合国家规定的设计深度要求,注明工程合理使用年限。

4) 合理选择建筑材料、设备及其配件

设计单位在设计文件中选用的建筑材料、建筑构配件和设备,应当注明规格、型号、性能等技术指标,其质量要求必须符合国家规定的标准。在通用产品能够保证工程质量的前提下,设计单位不得故意选择特殊要求的产品,增加业主成本压力,应提倡限额设计。

除有特殊要求的建筑材料、专用设备、工艺生产线等外,设计单位不得指定生产厂、供应商。

5) 做好设计的技术交底工作和事故调查分析

设计单位应当就审查合格的施工图设计文件向施工单位作出详细说明。在建设单位主持下,由设计单位向各施工单位(土建施工单位与各设备专业施工单位)进行的交底,主要交待建筑物的功能与特点、设计意图与要求;施工现场的自然条件,工程地质及水文地质条件等;设计主导思想、建设要求与构思,使用的规范;设计烈度的确定;基础设计、主体结构设计、装修设计、设备设计(设备选型)等;对基础、机构及装修施工的要求;对建材的要求,对使用新材料、新技术、新工艺的要求;施工中应特别注意的事项等;设计单位对监理单位和承包单位提出的施工图纸中的问题的答复。设计单位还应当参与建设工程质量事故分析,并对因设计造成的质量事故提出相应的技术处理方案。

6) 勘察设计单位的违法责任

将承包的工程转包或者违法分包的,责令改正,没收违法所得,对勘察、设计单位处合同约定的勘察费、设计费25%以上50%以下的罚款。

违反《工程建设质量管理条例》规定,有下列行为之一的,责令改正,处10万元以上30万元以下的罚款:①勘察单位未按照工程建设强制性标准进行勘察的;②设计单位未根据勘察成果文件进行工程设计的;③设计单位指定建筑材料、建筑构配件的生产厂、供应商的;④设计单位未按照工程建设强制性标准进行设计的。

有以上所列行为,造成工程质量事故的,责令停业整顿,降低资质等级;情节严重的,吊销资质证书;造成损失的,依法承担赔偿责任。

7.2.3 施工单位质量管理责任和义务

1) 在企业资质等级范围内承揽工程,严禁转包和违法分包

施工单位应当依法取得相应等级的资质证书,并在其资质等级许可的范围内承揽工程。

禁止施工单位超越本单位资质等级许可的业务范围或者以其他施工单位的名义承揽工程。禁止施工单位允许其他单位或者个人以本单位的名义承揽工程。

施工单位不得转包或者违法分包工程。

所谓转包,是指承包单位承包建设工程后,不履行合同约定的责任和义务,将其承包的全部建设工程转给他人或者将其承包的全部建设工程肢解以后以分包的名义分别转给其他承包单位的行为。

所谓违法分包,是指下列行为之一者:①总承包单位将建设工程分包给不具备相应资质条件的单位的;②建设工程总承包合同中未有约定,又未经建设单位认可,承包单位将其承包的部分建设工程交由其他单位完成的;③施工总承包单位将建设工程主体结构的施工分包给其他单位的;④分包单位将其承包的建设工程再分包的。

2）依法对工程施工质量负责，建立质量责任制度

施工单位对建设工程的施工质量负责。施工单位应当建立质量责任制，确定工程项目的项目经理、技术负责人和施工管理负责人，把工程项目质量责任分解到各个工序、分部分项工程、单位工程，落实到班组、项目和企业3个级别。施工单位必须建立、健全施工质量的检验制度，严格工序管理，做好隐蔽工程的质量检查和记录。隐蔽工程在隐蔽前，施工单位应当通知建设单位和建设工程质量监督机构。施工人员对涉及结构安全的试块、试件以及有关材料，应当在建设单位或者工程监理单位监督下现场取样，并送具有相应资质等级的质量检测单位进行检测。施工单位应当建立、健全教育培训制度，加强对职工的教育培训；未经教育培训或者考核不合格的人员，不得上岗作业。

3）严格按照设计图纸施工

施工单位必须按照工程设计图纸和施工技术标准施工，不得擅自修改工程设计，不得偷工减料。施工单位在施工过程中发现设计文件和图纸有差错的，应当及时提出意见和建议。

施工单位必须按照工程设计要求、施工技术标准和合同约定，对建筑材料、建筑构配件、设备和商品混凝土进行检验，检验应当有书面记录和专人签字；未经检验或者检验不合格的，不得使用。

4）总承包单位和分包单位的质量责任

建设工程实行总承包的，总承包单位应当对全部建设工程质量负责；建设工程勘察、设计、施工、设备采购的一项或者多项实行总承包的，总承包单位应当对其承包的建设工程或者采购的设备的质量负责。总承包单位依法将建设工程分包给其他单位的，分包单位应当按照分包合同的约定对其分包工程的质量向总承包单位负责，总承包单位与分包单位对分包工程的质量承担连带责任。在总承包单位承担责任后，可以依据分包合同的约定，追究分包单位的质量责任，包括追偿经济损失。

为了保障施工质量和安全，针对危险性较大的分部分项工程，施工总承包单位负责编制专项方案。其中，起重机安装拆卸工程、深基坑工程、附着式升降脚手架等专业工程实行分包的，由专业承包单位组织编制。

5）违法责任

承包单位将承包的工程转包或者违法分包的，责令改正，没收违法所得，对施工单位处工程合同价款0.5%以上1%以下的罚款；可以责令停业整顿，降低资质等级；情节严重的，吊销资质证书。

施工单位在施工中偷工减料的，使用不合格的建筑材料、建筑构配件和设备的，或者有不按照工程设计图纸或者施工技术标准施工的其他行为的，责令改正，处工程合同价款2%以上4%以下的罚款；造成建设工程质量不符合规定的质量标准的，负责返工、修理，并赔偿因此造成的损失；情节严重的，责令停业整顿，降低资质等级或者吊销资质证书。

施工单位未对建筑材料、建筑构配件、设备和商品混凝土进行检验，或者未对涉及结构安全的试块、试件以及有关材料取样检测的，责令改正，处10万元以上20万元以下的罚款；情节严重的，责令停业整顿，降低资质等级或者吊销资质证书；造成损失的，依法承担赔偿责任。

7.2.4 监理单位的质量管理责任和义务

1) 依法承揽工程监理业务

工程监理单位应当依法取得相应等级的资质证书,并在其资质等级许可的范围内承担工程监理业务。禁止工程监理单位超越本单位资质等级许可的范围或者以其他工程监理单位的名义承担工程监理业务。禁止工程监理单位允许其他单位或者个人以本单位的名义承担工程监理业务。工程监理单位不得转让工程监理业务。

2) 不得与被监理单位有经济利益关系

为了坚持客观、公正、独立的原则,工程监理单位与被监理工程的施工承包单位以及建筑材料、建筑构配件和设备供应单位有隶属关系或者其他利害关系的,不得承担该项建设工程的监理业务。

3) 依法实行监理

工程监理单位应当依照法律、法规以及有关技术标准、设计文件和建设工程承包合同,代表建设单位对施工质量实施监理,并对施工质量承担监理责任。

工程监理单位应当选派具备相应资格的总监理工程师和监理工程师进驻施工现场。监理工程师应当按照工程监理规范的要求,采取旁站、巡视和平行检验等形式,对建设工程实施监理。

未经监理工程师签字,建筑材料、建筑构配件和设备不得在工程上使用或者安装,施工单位不得进行下一道工序的施工。未经总监理工程师签字,建设单位不拨付工程款,不进行竣工验收。

4) 监理单位的违法责任

工程监理单位与被监理工程的施工承包单位以及建筑材料、建筑构配件和设备供应单位有隶属关系或者其他利害关系承担该项建设工程的监理业务的,责令改正,处5万元以上10万元以下的罚款,降低资质等级或者吊销资质证书;有违法所得的,予以没收。

工程监理单位有下列行为之一的,责令改正,处50万元以上100万元以下的罚款,降低资质等级或者吊销资质证书;有违法所得的,予以没收;造成损失的,承担连带赔偿责任:①与建设单位或者施工单位串通,弄虚作假、降低工程质量的;②将不合格的建设工程、建筑材料、建筑构配件和设备按照合格签字的。

7.2.5 政府有关部门的监督责任

1) 国家实行建设工程质量监督管理制度

国务院建设行政主管部门对全国的建设工程质量实施统一监督管理。国务院铁路、交通、水利等有关部门按照国务院规定的职责分工,负责对全国的有关专业建设工程质量的监督管理。县级以上地方人民政府建设行政主管部门对本行政区域内的建设工程质量实施监督管理。县级以上地方人民政府交通、水利等有关部门在各自的职责范围内,负责对本行政区域内的专业建设工程质量的监督管理。国务院建设行政主管部门和国务院铁路、交通、水利等有关部门应当加强对有关建设工程质量的法律、法规和强制性标准执行情况的监督检查。

国务院发展计划部门按照国务院规定的职责,组织稽查特派员,对国家出资的重大建设项目实施监督检查。国务院经济贸易主管部门按照国务院规定的职责,对国家重大技术改造项目实施监督检查。

建设工程质量监督管理,可以由建设行政主管部门或者其他有关部门委托的建设工程质量监督机构具体实施。从事房屋建筑工程和市政基础设施工程质量监督的机构,必须按照国家有关规定经国务院建设行政主管部门或者省、自治区、直辖市人民政府建设行政主管部门考核;从事专业建设工程质量监督的机构,必须按照国家有关规定经国务院有关部门或者省、自治区、直辖市人民政府有关部门考核。经考核合格后,方可实施质量监督。

2) 政府监督措施

县级以上地方人民政府建设行政主管部门和其他有关部门应当加强对有关建设工程质量的法律、法规和强制性标准执行情况的监督检查。县级以上人民政府建设行政主管部门和其他有关部门履行监督检查职责时,有权采取下列措施:①要求被检查的单位提供有关工程质量的文件和资料;②进入被检查单位的施工现场进行检查;③发现有影响工程质量的问题时,责令改正。

3) 违法责任

国家机关工作人员在建设工程质量监督管理工作中玩忽职守、滥用职权、徇私舞弊,构成犯罪的,依法追究刑事责任;尚不构成犯罪的,依法给予行政处分。

7.3 工程竣工验收和保修制度

7.3.1 工程竣工验收制度

1) 竣工验收的定义

竣工验收指建设工程项目竣工后开发建设单位会同设计、施工、设备供应单位及工程质量监督部门,对该项目是否符合规划设计要求以及建筑施工和设备安装质量进行全面检验,取得竣工合格资料、数据和凭证。

竣工验收,是全面考核建设工作,检查是否符合设计要求和工程质量的重要环节,对促进建设项目(工程)及时投产,发挥投资效果,总结建设经验有重要作用。

国务院住房和城乡建设主管部门负责全国工程竣工验收的监督管理。

县级以上地方人民政府建设主管部门负责本行政区域内工程竣工验收的监督管理,具体工作可以委托所属的工程质量监督机构实施。

2) 竣工验收的条件

工程竣工验收由建设单位负责组织实施,工程符合下列要求方可进行竣工验收:①完成工程设计和合同约定的各项内容;②施工单位在工程完工后对工程质量进行了检查,确认工程质量符合有关法律、法规和工程建设强制性标准,符合设计文件及合同要求,并提出工程竣工报告,工程竣工报告应经项目经理和施工单位有关负责人审核签字;③对于委托监理的工程项目,监理单位对工程进行了质量评估,具有完整的监理资料,并提出工程质量评估报告,工程质量评估报告应经总监理工程师和监理单位有关负责人审核签字;④勘察、设计单位对勘察、设计文件及施工过程中由设计单位签署的设计变更通知书进行了检查,并提出质量检查报告,质量检查报告应经该项目勘察、设计负责人和勘察、设计单位有关负责人审核签字;⑤有完整的技术档案和施工管理资料;⑥有工程使用的主要建筑材料、建筑构配件和设备的进场试验报告,以及工程质量检测和功能性试验资料;⑦建设单位已按合同约定支付工程款;⑧有施工单位签署的工程质量保修书;⑨对于住宅工程,进行分户验收并验收合格,建设单位按户出具《住宅工程质量分户验收表》;⑩建设主管部门及工程质量监督机构责令整改的问题全部整改完毕;⑪法律、法规规定的其他条件。

3）竣工验收的程序

（1）工程完工后,施工单位向建设单位提交工程竣工报告,申请工程竣工验收。实行监理的工程,工程竣工报告须经总监理工程师签署意见。

（2）建设单位收到工程竣工报告后,对符合竣工验收要求的工程,组织勘察、设计、施工、监理等单位组成验收组,制定验收方案;对于重大工程和技术复杂工程,根据需要可邀请有关专家参加验收组。

（3）建设单位应当在工程竣工验收7个工作日前将验收的时间、地点及验收组名单书面通知负责监督该工程的工程质量监督机构。

参与工程竣工验收的建设、勘察、设计、施工、监理等各方不能形成一致意见时,应当协商提出解决的方法,待意见一致后,重新组织工程竣工验收。

4）竣工验收的备案制度

建设单位应当自工程竣工验收合格之日起15日内,依照《房屋建筑和市政基础设施工程竣工验收备案管理办法》的规定,向工程所在地的县级以上地方人民政府建设主管部门备案,应提交的文件:①工程竣工验收备案表;②工程竣工验收报告,竣工验收报告应当包括工程报建日期,施工许可证号,施工图设计文件审查意见,勘察、设计、施工、工程监理等单位分别签署的质量合格文件及验收人员签署的竣工验收原始文件,市政基础设施的有关质量检测和功能性试验资料以及备案机关认为需要提供的有关资料;③法律、行政法规规定应当由规划、环保等部门出具的认可文件或者准许使用文件;④法律规定应当由公安消防部门出具的对大型的人员密集场所和其他特殊建设工程验收合格的证明文件;⑤施工单位签署的工程质量保修书;⑥法规、规章规定必须提供的其他文件,住宅工程还应当提交《住宅质量保证书》和《住宅使用说明书》。

备案机关收到建设单位报送的竣工验收备案文件,验证文件齐全后,应当在工程竣工验收备案表上签署文件收讫。

工程竣工验收备案表一式两份,一份由建设单位保存,一份留备案机关存档。

工程质量监督机构应当在工程竣工验收之日起5日内,向备案机关提交工程质量监督报告。

备案机关发现建设单位在竣工验收过程中有违反国家有关建设工程质量管理规定行为

的,应当在收讫竣工验收备案文件15日内,责令停止使用,重新组织竣工验收。

5）竣工验收备案的违法责任

(1) 未按期办理验收备案

建设单位在工程竣工验收合格之日起15日内未办理工程竣工验收备案的,备案机关责令限期改正,处20万元以上50万元以下罚款。

(2) 擅自使用

建设单位将备案机关决定重新组织竣工验收的工程,在重新组织竣工验收前,擅自使用的,备案机关责令停止使用,处工程合同价款2%以上4%以下罚款。备案机关决定重新组织竣工验收并责令停止使用的工程,建设单位在备案之前已投入使用或者建设单位擅自继续使用造成使用人损失的,由建设单位依法承担赔偿责任。

(3) 提供虚假信息办理验收备案

建设单位采用虚假证明文件办理工程竣工验收备案的,工程竣工验收无效,备案机关责令停止使用,重新组织竣工验收,处20万元以上50万元以下罚款;构成犯罪的,依法追究刑事责任。

(4) 行政人员责任

竣工验收备案文件齐全,备案机关及其工作人员不办理备案手续的,由有关机关责令改正,对直接责任人员给予行政处分。

7.3.2 工程质量保修制度

建设工程实行质量保修制度。

1）定义

建设工程竣工验收合格后,在规定的保修期限内,因勘察、设计、施工、材料等原因造成的质量缺陷,应当由施工单位负责维修、返工或者更换,由责任单位负责赔偿损失的法律制度。

2）最低保修期限

在正常使用条件下,建设工程的最低保修期限为:

(1) 基础设施工程、房屋建筑的地基基础工程和主体结构工程,为设计文件规定的该工程的合理使用年限。

(2) 屋面防水工程,有防水要求的卫生间、房间和外墙面的防渗漏,为5年。

(3) 供热与供冷系统,为2个采暖期、供冷期。

(4) 电气管线、给排水管道、设备安装和装修工程,为2年。其他项目的保修期限由发包方与承包方约定。

3）保修责任

建设工程承包单位在向建设单位提交工程竣工验收报告时,应当向建设单位出具质量保修书。质量保修书中应当明确建设工程的保修范围、保修期限和保修责任等。

建设工程的保修期,自竣工验收合格之日起计算。建设工程在保修范围和保修期限内发生质量问题的,施工单位应当履行保修义务,并对造成的损失承担赔偿责任。

建设工程在超过合理使用年限后需要继续使用的,产权所有人应当委托具有相应资质等级的勘察、设计单位鉴定,并根据鉴定结果采取加固、维修等措施,重新界定使用期。

4) 违法责任

施工单位不履行保修义务或者拖延履行保修义务的,由建设行政主管部门责令改正,处10万元以上20万元以下的罚款,并对保修期内因质量缺陷造成损失承担赔偿责任。

缺陷责任期内,由承包人原因造成的缺陷,承包人负责维修,并承担鉴定及维修费用。如承包人不维修也不承担费用,发包人可按合同约定扣除保证金,并由承包人承担违约责任。承包人维修并承担相应费用后,不免除对工程的一般损失赔偿责任。

7.4 工程建设质量法规案例

【案例 7-1】 某综合办公楼工程,建设单位甲通过公开招标确定本工程由乙承包商为中标单位,双方签订了工程总承包合同。由于乙承包商不具有勘察、设计能力,经甲建设单位同意,乙分别与丙建筑设计院和丁建筑工程公司签订了工程勘察设计合同和工程施工合同。勘察设计合同约定由丙对甲的办公楼及附属公共设施提供设计服务,并按勘察设计合同的约定交付有关的设计文件和资料。施工合同约定由丁根据丙提供的设计图纸进行施工,工程竣工时根据国家有关验收规定及设计图纸进行质量验收。合同签订后,丙按时将设计文件和有关资料交付给丁,丁根据设计图纸进行施工。工程竣工后,甲会同有关质量监督部门对工程进行验收,发现工程存在严重质量问题,是由于设计不符合规范所致。原来丙未对现场进行仔细勘察即自行设计导致设计不合理,给甲带来了重大损失,并以与甲方没有合同关系为由拒绝承担责任,乙又以自己不是设计人为由推卸责任,甲遂以丙为被告向法院提起诉讼。根据案例情节,回答以下4个问题:

(1) 本案例中,甲与乙、乙与丙、乙与丁分别签订的合同是否有效?并分别说明理由。

(2) 甲以丙为被告向法院提起诉讼是否妥当?为什么?

(3) 工程存在严重质量问题的责任应如何划分?

(4) 根据我国法律法规的规定,承包单位将承包的工程转包或违法分包应承担什么法律后果?

【解答】 (1) 合同有效性的判定

① 甲与乙签订的总承包合同有效。

理由:根据《合同法》和《建筑法》的有关规定:"发包人可以与总承包单位订立建设工程合同,也可以分别与勘察人、设计人、施工人订立勘察、设计、施工承包合同。"

② 乙与丙签订的分包合同有效。

理由:根据《合同法》和《建筑法》的有关规定,总承包人或者勘察、设计、施工承包人经发包人同意,可以将自己承包的部分工作交由第三人完成。

③ 乙与丁签订的分包合同无效。

理由:根据《合同法》和《建筑法》的有关规定:"承包人不得将其承包的全部建设工程转包给第三人或者将其承包的全部建设工程肢解以后以分包的名义分别转包给第三人。建设工程主体结构的施工必须由承包人自行完成。"因此,乙将由自己总承包部分的施工工作全部分包给丁,违反了《合同法》及《建筑法》的强制性规定,导致乙与丁之间的施工分包合同无效。

(2) 甲以丙为被告向法院提起诉讼不妥。

理由:甲与丙不存在合同关系,因为乙作为该工程的总承包单位与丙建筑设计院之间是总包和分包的关系,根据《合同法》及《建筑法》的规定,总承包单位依法将建设工程分包给其他单位的,分包单位应当按照分包合同的约定对其分包工程的质量向总承包单位负责,总承包单位与分包单位对分包工程的质量承担连带责任。

(3) 工程存在严重质量问题的责任划分为:丙未对现场进行仔细勘察即自行进行设计导致设计不合理,给甲带来了重大损失,乙和丙应对工程建设质量问题向甲承担连带责任。

(4) 根据《建筑法》和《建设工程质量管理条例》规定,承包单位将承包的工程转包或者违法分包的,责令改正,没收违法所得,对勘察、设计单位处合同约定的勘察费、设计费25%以上50%以下的罚款;对施工单位处工程合同价款0.5%以上1%以下的罚款;可以责令停业整顿,降低资质等级,情节严重的,吊销资质证书。

习 题

一、名词解释

质量　　工程质量　　转包　　违法分包

二、选择题

1. 根据相关法律规定,建设工程承包单位完工后向建设单位出具质量保修书的时间为(　　)。

A. 竣工验收合格后　　　　　　　　B. 提交竣工验收报告时
C. 竣工验收时　　　　　　　　　　D. 交付使用时

2. 下列质量问题中,属于施工单位在保修期内承担保修责任的是(　　)。

A. 因使用不当造成的质量问题　　　B. 质量监督机构没有发现的质量问题
C. 第三方造成的质量问题　　　　　D. 不可抗力造成的质量问题

3. 某场馆工程质量保修书的保修期限中,符合行政法规强制性规定的是(　　)。

A. 主体结构工程为10年　　　　　　B. 供热与供冷系统为3年
C. 屋面防水工程为3年　　　　　　　D. 有防渗漏要求的房间和内外墙为2年

4. 根据《建设工程质量管理条例》,具有法定最低保修期限的是(　　)。

A. 基础设施工程　　　　　　　　　B. 设备安装、装修工程
C. 门禁监控系统　　　　　　　　　D. 电气管线、给排水管道工程

5. 某办公大楼在保修期间出现外墙裂缝,经查是由于设计缺陷造成的。原施工单位进行了维修,之后应向(　　)主张维修费用。

A. 建设单位　　　　　　　　　　　B. 设计单位
C. 物业管理单位　　　　　　　　　D. 大楼使用者

6. 某项目的管道工程于2013年3月15日由建设单位组织有关各方对工程进行竣工验收,结论为合格。3月31日,当地建筑工程质量监督机构为该工程办理了竣工验收备案手续。

按照《建设工程质量管理条例》规定,该管道工程的最低保修期限截止日期是( )。
    A. 2015年3月15日	B. 2014年3月31日
    C. 2014年3月15日	D. 2015年3月31日

7. 某工程竣工验收合格后,在第15年,部分梁板发生不同程度的断裂,经有相应资质的质量鉴定机构鉴定,确认断裂原因为混凝土施工养护不当致其强度不符合设计要求,则该质量缺陷应由( )。
    A. 建设单位维修并承担维修费用
    B. 施工单位维修并承担维修费用
    C. 施工单位维修,设计单位承担维修费用
    D. 施工单位维修,混凝土供应单位承担维修费用

8. 由于发包人原因导致工程无法按规定期限进行竣工验收的,在承包人提交竣工验收报告( )天后,工程自动进入缺陷责任期。
    A. 60	B. 90	C. 120	D. 150

9. 承包人向发包人申请退还质保金,( )日内发包人核实,如无异议,发包人在核实后( )日内返还。
    A. 14;7	B. 14;14	C. 7;7	D. 7;14

三、简答题

1. 简述转包和违法分包的区别。
2. 业主在工程质量管理方面具有哪些责任和义务?
3. 简述政府的质量监督措施。
4. 总承包单位如何承担分包单位的质量责任?
5. 简述竣工验收备案应提交哪些文件。

四、案例分析题

某城市地铁二号线重点区间工程隧道长1 200 m,由A公司中标施工。区间隧道工程采用两种方法施工,其中北段采用新奥法施工,南段由于存在一段渡线隧道,跨度较大,埋深较浅,且地上道路进行改扩建施工,故被采用浅部明开法施工。道路改扩建工程由B公司中标完成,道路改扩建工程包括道路工程、地下市政配套管线工程,主要有雨污水、自来水、燃气、电力及通讯管线,道路红线宽度100 m。工程实施过程中,施工单位A将地铁项目中的部分回填土工程分包给道路施工单位B,并签订分包合同。因道路工程工期特别紧,施工单位B要求施工单位A加快施工进度,尽快提供场地。工程完工通车后,发现道路局部地面出现下沉、路面损坏。经分析,原因为回填土不密实、含水量过大等多方面引起。

(1) 施工单位A和施工单位B是什么关系?在工程进度方面,两单位是什么样的关系?
(2) 对于填土不实,施工单位A是否有责任?分析在工程质量方面,总包与分包单位的相互责任。

五、论述题

为了保证工程项目质量,工程项目参与方应当如何履行各自的职责?

8 工程建设安全生产管理法规

学习目标

(1) 了解工程建设安全生产相关的法规。
(2) 掌握业主、施工单位等工程参与方的安全生产责任。
(3) 知晓安全生产培训制度。
(4) 熟悉特大、重大安全生产事故报告和调查处理制度。

由于工程项目投资大,建设时间长,参与人数多,不确定因素复杂,安全隐患多,容易产生安全问题,安全生产的难度比较大,为了保障相关利益群体的财产和人身安全,规范工程建设各方行为,建立一套完善的安全生产管理制度,提高建设安全生产管理水平是非常重要的。

8.1 概述

8.1.1 工程建设安全生产管理的含义

工程建设安全生产是指在工程项目建设生产过程中要避免人员、财产的损失及对周围环境的破坏。它包括建筑生产过程中的施工现场人身安全、财产设备安全,施工现场及附近的道路、管线和房屋的安全,施工现场和周围的环境保护及工程建设后的使用安全等方面的内容。

工程建设安全生产管理主要包括安全生产责任制度,安全生产许可证制度,政府安全生产监督检查制度,安全生产教育培训制度,安全生产事故报告和调查处理制度,特种作业人员持证上岗制度,专项施工方案专家论证制度,危及施工安全工艺、设备、材料淘汰制度,施工起重机械使用登记制度等等,内容多,涉及面广。

8.1.2 工程建设安全生产管理法规体系

目前,我国已经形成了一套包含法律、行政法规、部门规章和安全标准等比较完善的建设工程安全生产管理体系。

1) 法律

包括《建筑法》《安全生产法》《消防法》《突发事件应对法》《职业病防治法》等等。

2）行政法规

指《安全生产许可证条例》《建设工程安全生产管理条例》《生产安全事故报告和调查处理条例》《特种设备安全监察条例》《突发事件应急预案管理办法》等等。

3）部门规章

主要有《建设项目职业卫生"三同时"监督管理暂行办法》《职业卫生技术服务机构监督管理暂行办法》《安全生产培训管理办法》等等。

4）安全标准

涉及《煤矿建设项目安全预评价实施细则》《矿井建设项目安全验收评价实施细则》等等。

8.1.3 工程建设安全生产管理基本制度

1）安全生产责任制度

建设工程安全生产管理,坚持"安全第一、预防为主、综合治理"的方针。安全生产责任制度是建筑生产中最基本的安全管理制度,是所有安全规章制度的核心。安全生产责任制度是按照安全生产管理方针和"管生产的同时必须管安全"的原则,将各级主要负责人、各职能部门及其工作人员和各岗位生产工人在安全生产方面应该做的事情和应负的责任加以明确的一种制度,坚持成本、质量、工期和安全的有机统一。

在建筑活动中,只有明确安全责任,分工负责,才能形成完整有效的安全管理体系,激发每个人的安全责任感,严格执行建筑工程安全的法律、法规和安全规程、技术规范,防患于未然,减少和杜绝建筑工程事故,为建筑工程的生产创造一个良好的环境。

(1) 安全生产责任制度的主要机构和责任人

涉及安全生产的主要机构包括安全环保、设备、技术、生产、财务等相关职能部门,是建设公司安全生产的组织框架的横向体系。

安全生产责任人主要包括企业最高管理人、企业安全负责人、项目经理、安全技术负责人、专职安全生产管理人员、施工员、班组长和岗位人员等,是建设公司安全生产组织框架的纵向体系。

(2) 工程建设需配备的安全人员数量

① 项目施工现场应配备足额的安全人员

a. 建筑工程、装饰装修工程按照建筑面积配备专职安全生产管理人员,具体详见表8-1。

表8-1 建筑工程、装饰装修工程安全人员配备表

建筑面积(m²)	<1万	1万～5万	>5万
安全人员(人)	≥1	≥2	≥3

b. 土木工程、线路管道、设备安装工程按照合同价款配备专职安全生产管理人员,具体详见表8-2。

表 8-2 土木工程等其他工程安全人员配备表

合同价款(元)	<5 000万	5 000万~1亿	>1亿
安全人员(人)	≥1	≥2	≥3

以上均是总承包单位配备项目专职安全生产管理人员的数量要求。若总承包单位把非主体、非关键工程发包给专业承包公司或者劳务分包单位,项目专职安全生产管理人员的数量要满足表 8-3 和表 8-4。

表 8-3 专业承包单位安全人员配备表

专业承包单位	工程规模不限
安全人员	≥1 人,根据工程量和危险程度适时增加

表 8-4 劳务分包单位安全人员配备表

施工人员数量(人)	<50	50~200	≥200
安全人员(人)	≥1	≥2	≥3

② 企业应配备的安全人员数量

矿山、建筑施工单位和危险物品的生产、经营、储存单位,以及从业人员超过 300 人的其他生产经营单位,必须配备专职的安全生产管理人员。除上述 3 类高风险单位以外且从业人员在 300 人以下的生产经营单位,可以配备专职的安全生产管理人员,也可以只配备兼职的安全生产管理人员,还可以委托具有国家规定的相关专业技术资格的工程技术人员提供安全生产管理服务。当生产经营单位依据法律规定和本单位实际情况,委托工程技术人员提供安全生产管理服务时,保证安全生产的责任仍由本单位负责。

2) 安全生产许可制度

国家对矿山企业、建筑施工企业和危险化学品、烟花爆竹、民用爆破器材生产企业实行安全生产许可制度。企业未取得安全生产许可证的,不得从事生产活动。

国务院建设主管部门负责中央管理的建筑施工企业安全生产许可证的颁发和管理。

省、自治区、直辖市人民政府建设主管部门负责前款规定以外的建筑施工企业安全生产许可证的颁发和管理,并接受国务院建设主管部门的指导和监督。

(1) 企业取得安全生产许可证,应当具备下列安全生产条件:①建立、健全安全生产责任制,制定完备的安全生产规章制度和操作规程;②安全投入符合安全生产要求,保证资金来源的充足性;③设置安全生产管理机构,配备专职安全生产管理人员;④主要负责人和安全生产管理人员经考核合格;⑤特种作业人员经有关业务主管部门考核合格,取得特种作业操作资格证书;⑥从业人员经安全生产教育和培训合格;⑦依法参加工伤保险,为从业人员缴纳保险费;⑧厂房、作业场所和安全设施、设备、工艺符合有关安全生产法律、法规、标准和规程的要求;⑨有职业危害防治措施,并为从业人员配备符合国家标准或者行业标准的劳动防护用品;⑩依法进行安全评价;⑪有重大危险源检测、评估、监控措施和应急预案;⑫有生产安全事故应急救援预案、应急救援组织或者应急救援人员,配备必要的应急救援器材、设备;⑬法律、法规规定的其他条件。

企业进行生产前,应当依照本条例的规定向安全生产许可证颁发管理机关申请领取安全生产许可证,并提供《安全生产许可证条例》规定的相关文件、资料。安全生产许可证颁发管理机关应当自收到申请之日起45日内审查完毕,经审查符合《安全生产许可证条例》规定的安全生产条件的,颁发安全生产许可证;不符合条例规定的安全生产条件的,不予颁发安全生产许可证,书面通知企业并说明理由。

凡是未取得安全生产许可证的建筑施工企业,不得从事建筑施工活动。

(2) 安全生产许可证有效期

安全生产许可证的有效期为3年。安全生产许可证有效期满需要延期的,企业应当于期满前3个月向原安全生产许可证颁发管理机关办理延期手续。

企业在安全生产许可证有效期内,严格遵守有关安全生产的法律法规,未发生死亡事故的,安全生产许可证有效期届满时,经原安全生产许可证颁发管理机关同意,不再审查,安全生产许可证有效期延期3年。

安全生产许可证颁发管理机关应当建立、健全安全生产许可证档案管理制度,并定期向社会公布企业取得安全生产许可证的情况。企业不得转让、冒用安全生产许可证或者使用伪造的安全生产许可证。企业取得安全生产许可证后,不得降低安全生产条件,并应当加强日常安全生产管理,接受安全生产许可证颁发管理机关的监督检查。

(3) 安全生产许可证违法责任

未取得安全生产许可证擅自进行生产的,责令停止生产,没收违法所得,并处10万元以上50万元以下的罚款;造成重大事故或者其他严重后果,构成犯罪的,依法追究刑事责任。

安全生产许可证有效期满未办理延期手续,继续进行生产的,责令停止生产,限期补办延期手续,没收违法所得,并处5万元以上10万元以下的罚款;逾期仍不办理延期手续,继续进行生产的,依照相关规定处罚。

转让安全生产许可证的,没收违法所得,处10万元以上50万元以下的罚款,并吊销其安全生产许可证;构成犯罪的,依法追究刑事责任;接受转让的,依照规定处罚。

建筑施工隐瞒有关情况或者提供虚假资料申请安全生产许可证的,不予受理或者颁发安全生产许可证,并给予警告,1年内不得申请安全生产许可证。

以欺骗、贿赂等不正当手段取得安全生产许可证的,撤销安全生产许可证,3年内不得再次申请安全生产许可证;构成犯罪的,依法追究刑事责任。

3) 政府安全生产检查制度

国务院负责安全生产监督管理的部门依照《中华人民共和国安全生产法》的规定,对全国建设工程安全生产工作实施综合监督管理。

县级以上地方人民政府负责安全生产监督管理的部门依照《中华人民共和国安全生产法》的规定,对本行政区域内建设工程安全生产工作实施综合监督管理。

国务院建设行政主管部门对全国的建设工程安全生产实施监督管理。国务院铁路、交通、水利等有关部门按照国务院规定的职责分工,负责有关专业建设工程安全生产的监督管理。

县级以上地方人民政府建设行政主管部门对本行政区域内的建设工程安全生产实施监督管理。县级以上地方人民政府交通、水利等有关部门在各自的职责范围内,负责本行政区域内的专业建设工程安全生产的监督管理。

8.2 安全生产管理责任

8.2.1 建设单位安全生产管理责任

1)建设单位保证工程项目建设相关资料的准确性

建设单位应当向施工单位提供施工现场及毗邻区域内供水、排水、供电、供气、供热、通信、广播电视等地下管线资料,气象和水文观测资料,相邻建筑物和构筑物、地下工程的有关资料,并保证资料的真实、准确、完整。

建设单位因建设工程需要,向有关部门或者单位查询前款规定的资料时,有关部门或者单位应当及时提供。

2)禁止建设单位随意干涉工程建设

建设单位不得对勘察、设计、施工、工程监理等单位提出不符合建设工程安全生产法律、法规和强制性标准规定的要求,不得压缩合同约定的工期。合同里约定的工期是建设单位与施工单位在工期定额的基础上,根据施工条件、技术水平等,经过双方平等协商而共同约定的工期。其中,包括节假日,是日历天数,并不扣除节假日;计划开工时间至计划竣工时间内,所有节假日都计算在计划工期中。

建设单位在编制工程概算时,应当确定建设工程安全作业环境及安全施工措施所需费用,并按时按量地足额向施工单位提供。

建设单位不得明示或者暗示施工单位购买、租赁、使用不符合安全施工要求的安全防护用具、机械设备、施工机具及配件、消防设施和器材。

3)建设单位负责办理施工许可证相关事宜

建设单位在申请领取施工许可证时,应当提供建设工程有关安全施工措施的资料。

依法批准开工报告的建设工程,建设单位应当自开工报告批准之日起15日内,将保证安全施工的措施报送建设工程所在地的县级以上地方人民政府建设行政主管部门或者其他有关部门备案。

4)建设单位负责申请拆迁许可

建设单位应当将拆除工程发包给具有相应资质等级的施工单位。

建设单位应当在拆除工程施工15日前,将下列资料报送建设工程所在地的县级以上地方人民政府建设行政主管部门或者其他有关部门备案:①施工单位资质等级证明;②拟拆除建筑物、构筑物及可能危及毗邻建筑的说明;③拆除施工组织方案;④堆放、清除废弃物的措施。⑤实施爆破作业的,应当遵守国家有关民用爆炸物品管理的规定。

8.2.2 施工单位安全生产管理责任

1)施工单位健全安全生产管理制度

建立企业、项目安全生产管理机构,保证人财物投入施工单位从事建设工程的新建、扩建、改建和拆除等活动,应当具备国家规定的注册资本、专业技术人员、技术装备和安全生产等条件,依法取得相应等级的资质证书,并在其资质等级许可的范围内承揽工程。

施工单位主要负责人依法对本单位的安全生产工作全面负责。主要负责人是指企业的法定代表人、总经理、主管质量安全和生产工作的副总经理、总工程师和副总工程师,其定期带班检查,每月检查时间不少于其工作日的25%。

施工单位应当建立健全安全生产责任制度和安全生产教育培训制度,制定安全生产规章制度和操作规程,保证本单位安全生产条件所需资金的投入,对所承担的建设工程进行定期和专项安全检查,并做好安全检查记录。

施工单位的项目负责人应当由取得相应执业资格的人员担任,对建设工程项目的安全施工负责,落实安全生产责任制度、安全生产规章制度和操作规程,确保安全生产费用的有效使用,并根据工程的特点组织制定安全施工措施,消除安全事故隐患,及时、如实地报告生产安全事故。

施工单位应当设立安全生产管理机构,配备专职安全生产管理人员。专职安全生产管理人员负责对安全生产进行现场监督检查。发现安全事故隐患,应当及时向项目负责人和安全生产管理机构报告;对违章指挥、违章操作的,应当立即制止。专职安全生产管理人员的配备办法由国务院建设行政主管部门会同国务院其他有关部门制定。

施工单位的主要负责人、项目负责人、专职安全生产管理人员应当经建设行政主管部门或者其他有关部门考核合格后方可任职。施工单位应当对管理人员和作业人员每年至少进行一次安全生产教育培训,其教育培训情况记入个人工作档案。安全生产教育培训考核不合格的人员,不得上岗。作业人员进入新的岗位或者新的施工现场前,应当接受安全生产教育培训。未经教育培训或者教育培训考核不合格的人员,不得上岗作业。

施工单位对列入建设工程概算的安全作业环境及安全施工措施所需费用,应当用于施工安全防护用具及设施的采购和更新、安全施工措施的落实、安全生产条件的改善,不得挪作他用。

2) 施工总包单位对承包工程安全生产承担主要责任

建设工程实行施工总承包的,由总承包单位对施工现场的安全生产负总责。总承包单位应当自行完成建设工程主体结构的施工。

总承包单位依法将建设工程分包给其他单位的,分包合同中应当明确各自的安全生产方面的权利、义务。总承包单位和分包单位对分包工程的安全生产承担连带责任。分包单位应当服从总承包单位的安全生产管理,分包单位不服从管理导致生产安全事故的,由分包单位承担主要责任。

3) 特种作业人员需持证上岗

垂直运输机械作业人员、起重机械安装拆卸工、爆破作业人员、起重信号工、登高架设作业人员等特种作业人员,必须按照国家有关规定经过专门的安全作业培训,并取得特种作业操作资格证书后,方可上岗作业。

4) 超过一定规模的危险性较大的分部分项工程编制专项施工方案

施工单位应当在施工组织设计中编制安全技术措施和施工现场临时用电方案,对下列达到一定规模的危险性较大的分部分项工程编制专项施工方案,并附具安全验算结果,经施工单位技术负责人、总监理工程师签字后实施,由专职安全生产管理人员进行现场监督:①基坑支护与降水工程;②土方开挖工程;③模板工程;④起重吊装工程;⑤脚手架工程;⑥拆除、爆破工程;⑦国务院建设行政主管部门或者其他有关部门规定的其他危险性较大的工程。

对所列工程中涉及深基坑、地下暗挖工程、高大模板工程的专项施工方案,施工单位还应当组织专家进行论证、审查。达到一定规模的危险性较大工程的标准,由国务院建设行政主管部门会同国务院其他有关部门制定。建设工程施工前,施工单位负责项目管理的技术人员应当对有关安全施工的技术要求向施工作业班组、作业人员作出详细说明,并由双方签字确认。

5) 在危险部位设置标准安全警示标志

施工单位应当在施工现场入口处、施工起重机械、临时用电设施、脚手架、出入通道口、楼梯口、电梯井口、孔洞口、桥梁口、隧道口、基坑边沿、爆破物及有害危险气体和液体存放处等危险部位,设置明显的安全警示标志。安全警示标志必须符合国家标准。

6) 保持施工现场办公、生活区与作业区功能清晰、井然有序

施工单位应当将施工现场的办公、生活区与作业区分开设置,并保持安全距离;办公、生活区的选址应当符合安全性要求。职工的膳食、饮水、休息场所等应当符合卫生标准。施工单位不得在尚未竣工的建筑物内设置员工集体宿舍。

施工现场临时搭建的建筑物应当符合安全使用要求。施工现场使用的装配式活动房屋应当具有产品合格证。

7) 协调工程项目与周围居民、建筑物的关系,遵守环境保护相关法规

施工单位对因建设工程施工可能造成损害的毗邻建筑物、构筑物和地下管线等,应当采取专项防护措施。

施工单位应当遵守有关环境保护法律、法规的规定,在施工现场采取措施,防止或者减少粉尘、废气、废水、固体废物、噪声、振动和施工照明对人和环境的危害和污染。

在城市市区内的建设工程,施工单位应当对施工现场实行封闭围挡。

8) 落实消防责任管理

施工单位应当在施工现场建立消防安全责任制度,确定消防安全责任人,制定用火、用电、使用易燃易爆材料等各项消防安全管理制度和操作规程,设置消防通道、消防水源,配备消防设施和灭火器材,并在施工现场入口处设置明显标志。

9) 保障施工人员生命安全

施工单位应当向作业人员提供安全防护用具和安全防护服装,并书面告知危险岗位的操作规程和违章操作的危害。作业人员应当遵守安全施工的强制性标准、规章制度和操作规程,正确使用安全防护用具、机械设备等;作业人员有权对施工现场的作业条件、作业程序和作业方式中存在的安全问题提出批评、检举和控告,有权拒绝违章指挥和强令冒险作业;在施工中发生危及人身安全的紧急情况时,作业人员有权立即停止作业或者在采取必要的应急措施后撤离危险区域。施工单位在采用新技术、新工艺、新设备、新材料时,应当对作业人员进行相应的安全生产教育培训。

施工单位采购、租赁的安全防护用具、机械设备、施工机具及配件,应当具有生产(制造)许可证、产品合格证,并在进入施工现场前进行查验。施工现场的安全防护用具、机械设备、施工机具及配件必须由专人管理,定期进行检查、维修和保养,建立相应的资料档案,并按照国家有关规定及时报废。

10) 大型设备经验收后方可使用

施工单位在使用施工起重机械和整体提升脚手架、模板等自升式架设设施前,应当组织有关单位进行验收,也可以委托具有相应资质的检验检测机构进行验收;使用承租的机械设备和施工机具及配件的,由施工总承包单位、分包单位、出租单位和安装单位共同进行验收。验收合格的方可使用。

《特种设备安全监察条例》规定的施工起重机械,在验收前应当经有相应资质的检验检测机构监督检验合格。

施工单位应当自施工起重机械和整体提升脚手架、模板等自升式架设设施验收合格之日起30日内,向建设行政主管部门或者其他有关部门登记。登记标志应当置于或者附着于该设备的显著位置。

11) 施工单位依法为危险作业人员办理意外伤害保险

施工单位应当为施工现场从事危险作业的人员办理意外伤害保险。

意外伤害保险费由施工单位支付。实行施工总承包的,由总承包单位支付意外伤害保险费。意外伤害保险期限自建设工程开工之日起至竣工验收合格止。

8.2.3 勘察设计人员安全生产管理责任

勘察单位应当按照法律、法规和工程建设强制性标准进行勘察,提供的勘察文件应当真实、准确,满足建设工程安全生产的需要。勘察单位在勘察作业时,应当严格执行操作规程,采取措施保证各类管线、设施和周边建筑物、构筑物的安全。

设计单位应当按照法律、法规和工程建设强制性标准进行设计,防止因设计不合理导致生产安全事故的发生。设计单位应当考虑施工安全操作和防护的需要,对涉及施工安全的重点部位和环节在设计文件中注明,并对防范生产安全事故提出指导意见。采用新结构、新材料、新工艺的建设工程和特殊结构的建设工程,设计单位应当在设计中提出保障施工作业人员安全和预防生产安全事故的措施建议。设计单位和注册建筑师等注册执业人员应当对其设计负责。

8.2.4 监理人员安全生产管理责任

工程监理单位应当审查施工组织设计中的安全技术措施或者专项施工方案是否符合工程建设强制性标准。工程监理单位在实施监理过程中,发现存在安全事故隐患的,应当要求施工单位整改;情况严重的,应当要求施工单位暂时停止施工,并及时报告建设单位。施工单位拒不整改或者不停止施工的,工程监理单位应当及时向有关主管部门报告。工程监理单位和监理工程师应当按照法律、法规和工程建设强制性标准实施监理,并对建设工程安全生产承担监理责任。

8.2.5 工程建设相关单位违法责任

1) 建设单位

建设单位有下列行为之一的,责令限期改正,处 20 万元以上 50 万元以下的罚款;造成重大安全事故,构成犯罪的,对直接责任人员,依照刑法有关规定追究刑事责任;造成损失的,依法承担赔偿责任:①对勘察、设计、施工、工程监理等单位提出不符合安全生产法律、法规和强制性标准规定的要求的;②要求施工单位压缩合同约定的工期的;③将拆除工程发包给不具有相应资质等级的施工单位的。

2) 施工单位

(1) 企业违法责任

施工单位挪用列入建设工程概算的安全生产作业环境及安全施工措施所需费用的,责令限期改正,处挪用费用 20% 以上 50% 以下的罚款;造成损失的,依法承担赔偿责任。

施工单位有下列行为之一的,责令限期改正;逾期未改正的,责令停业整顿,依照《中华人民共和国安全生产法》的有关规定处以罚款;造成重大安全事故,构成犯罪的,对直接责任人员,依照刑法有关规定追究刑事责任:①未设立安全生产管理机构、配备专职安全生产管理人员或者分部分项工程施工时无专职安全生产管理人员现场监督的;②施工单位的主要负责人、项目负责人、专职安全生产管理人员、作业人员或者特种作业人员,未经安全教育培训或者经考核不合格即从事相关工作的;③未在施工现场的危险部位设置明显的安全警示标志,或者未按照国家有关规定在施工现场设置消防通道、消防水源、配备消防设施和灭火器材的;④未向作业人员提供安全防护用具和安全防护服装的;⑤未按照规定在施工起重机械和整体提升脚手架、模板等自升式架设设施验收合格后登记的;⑥使用国家明令淘汰、禁止使用的危及施工安全的工艺、设备、材料的。

施工单位有下列行为之一的,责令限期改正;逾期未改正的,责令停业整顿,并处 5 万元以上 10 万元以下的罚款;造成重大安全事故,构成犯罪的,对直接责任人员,依照刑法有关规定追究刑事责任:①施工前未对有关安全施工的技术要求作出详细说明的;②未根据不同施工阶段和周围环境及季节、气候的变化,在施工现场采取相应的安全施工措施,或者在城市市区内的建设工程的施工现场未实行封闭围挡的;③在尚未竣工的建筑物内设置员工集体宿舍的;④施工现场临时搭建的建筑物不符合安全使用要求的;⑤未对因建设工程施工可能造成损害的毗邻建筑物、构筑物和地下管线等采取专项防护措施的。

施工单位有下列行为之一的,责令限期改正;逾期未改正的,责令停业整顿,并处 10 万元以上 30 万元以下的罚款;情节严重的,降低资质等级,直至吊销资质证书;造成重大安全事故,构成犯罪的,对直接责任人员,依照刑法有关规定追究刑事责任;造成损失的,依法承担赔偿责任:①安全防护用具、机械设备、施工机具及配件在进入施工现场前未经查验或者查验不合格即投入使用的;②使用未经验收或者验收不合格的施工起重机械和整体提升脚手架、模板等自升式架设设施的;③委托不具有相应资质的单位承担施工现场安装、拆卸施工起重机械和整体提升脚手架、模板等自升式架设设施的;④在施工组织设计中未编制安全技术措施、施工现场临时用电方案或者专项施工方案的。

(2) 相关人员违法责任

施工单位的主要负责人、项目负责人未履行安全生产管理职责的,责令限期改正;逾期未改正的,责令施工单位停业整顿;造成重大安全事故、重大伤亡事故或者其他严重后果,构成犯罪的,依照刑法有关规定追究刑事责任。

作业人员不服管理、违反规章制度和操作规程冒险作业造成重大伤亡事故或者其他严重后果,构成犯罪的,依照刑法有关规定追究刑事责任。

施工单位的主要负责人、项目负责人有前款违法行为,尚不够刑事处罚的,处2万元以上20万元以下的罚款,或者按照管理权限给予撤职处分;自刑罚执行完毕或者受处分之日起,5年内不得担任任何施工单位的主要负责人、项目负责人。

3）勘察、设计、监理单位

勘察单位、设计单位有下列行为之一的,责令限期改正,处10万元以上30万元以下的罚款;情节严重的,责令停业整顿,降低资质等级,直至吊销资质证书;造成重大安全事故,构成犯罪,对直接责任人员,依照刑法有关规定追究刑事责任;造成损失的,依法承担赔偿责任：①未按照法律、法规和工程建设强制性标准进行勘察、设计的;②采用新结构、新材料、新工艺的建设工程和特殊结构的建设工程,设计单位未在设计中提出保障施工作业人员安全和预防生产安全事故的措施建议的。

4）监理单位

工程监理单位有下列行为之一的,责令限期改正;逾期未改正的,责令停业整顿,并处10万元以上30万元以下的罚款;情节严重的,降低资质等级,直至吊销资质证书;造成重大安全事故,构成犯罪的,对直接责任人员,依照刑法有关规定追究刑事责任;造成损失的,依法承担赔偿责任：①未对施工组织设计中的安全技术措施或者专项施工方案进行审查的;②发现安全事故隐患未及时要求施工单位整改或者暂时停止施工的;③施工单位拒不整改或者不停止施工,未及时向有关主管部门报告的;④未依照法律、法规和工程建设强制性标准实施监理的。

8.3 安全生产教育培训制度

企业安全生产教育培训一般包括对管理人员、特种作业人员和企业员工的安全教育。

1）管理人员的安全教育

管理人员安全教育实行企业、项目和班组三级培训,具体内容详见表8-5。

表8-5 管理人员安全教育内容

安全教育人员	培训内容
企业领导(法定代表人)	(1)国家有关的方针、政策、法律、法规及有关规章制度; (2)安全生产管理职责、管理知识和安全文化; (3)有关事故案例及事故应急处理措施

续表 8-5

安全教育人员	培训内容
项目经理、技术负责人和技术骨干	(1) 国家有关的方针、政策、法律、法规及有关规章制度； (2) 项目经理部安全生产责任； (3) 典型事故案例分析； (4) 本系统安全及相应的安全技术知识
行政管理干部	(1) 国家有关的方针、政策、法律、法规及有关规章制度； (2) 基本的安全技术知识； (3) 本职的安全生产责任
企业安全管理人员	(1) 国家有关的方针、政策、法律、法规及有关规章制度； (2) 企业安全生产管理、技术、知识、文件； (3) 员工伤亡事故和职业病统计报告及调查处理程序； (4) 有关事故案例及事故应急处理措施
班组长和安全员	(1) 法律法规、安全技术及技能、职业病和安全文化的知识； (2) 本企业、本班组和本岗位的危险因素、安全注意事项； (3) 本岗位安全生产职责； (4) 典型事故案例； (5) 事故抢救与应急处理措施

2) 特种作业人员的安全教育

根据《特种作业人员安全技术培训考核管理规定》，特种作业的范围主要有：电工作业，包括高压电工作业、低压电工作业、防爆电气作业；焊接与热切割作业，包括熔化焊接与热切割作业、压力焊作业、钎焊作业；高处作业，包括登高架设作业，高处安装、维护、拆除作业；制冷与空调作业，包括制冷与空调设备运行操作作业、制冷与空调设备安装修理作业；煤矿安全作业；金属、非金属矿山安全作业；石油天然气安全作业；冶金（有色）生产安全作业；危险化学品安全作业；烟花爆竹安全作业；安全监管总局认定的其他作业。

特种作业人员必须经过专门的安全技术培训并考核合格，取得《中华人民共和国特种作业操作证》后方可上岗作业。跨省、自治区、直辖市从业的特种从业人员，可以在户籍所在地或者从业所在地参加培训。安全资格证的有效期为 3 年；有效期届满需要延期的，应当于有效期届满 30 日前向原发证部门申请办理延期手续。

3) 企业员工的安全培训

对新进企业的员工、改变工资和更换岗位的员工、长时间离岗再上岗的员工等，企业必须及时进行安全政策方针、法律法规和技术知识的培训，使从业人员掌握所在岗位的安全生产要领和工作技能。企业对员工的安全教育培训需长期持续进行，保持经常性安全教育，比如班组会议、安全活动日、企业安全生产大会、事故现场分析会、安全生产标牌等。

8.4 安全事故报告和调查处理制度

8.4.1 安全事故分类

根据生产安全事故造成的人员重伤亡或者直接经济损失，事故一般分为4个等级，详见表8-6。

表8-6 生产事故分类表

事故级别	死亡人数（人）	重伤人数（人）	直接经济损失（元）
特别重大事故	≥30	≥100	≥1亿
重大事故	≥10	≥50	≥5 000万
较大事故	≥3	≥10	≥1 000万
一般事故	<3	<10	<1 000万

8.4.2 安全事故上报

事故发生后，事故现场有关人员应当立即向本单位负责人报告；单位负责人接到报告后，应当于1小时内向事故发生地县级以上人民政府安全生产监督管理部门和负有安全生产监督管理职责的有关部门报告。

情况紧急时，事故现场有关人员可以直接向事故发生地县级以上人民政府安全生产监督管理部门和负有安全生产监督管理职责的有关部门报告。

1）安全事故上报办法

安全生产监督管理部门和负有安全生产监督管理职责的有关部门接到事故报告后，应当依照下列规定上报事故情况，并通知公安机关、劳动保障行政部门、工会和人民检察院：

（1）特别重大事故、重大事故

特大、重大事故逐级上报至国务院安全生产监督管理部门和负有安全生产监督管理职责的有关部门。

（2）较大事故

较大事故逐级上报至省、自治区、直辖市人民政府安全生产监督管理部门和负有安全生产监督管理职责的有关部门。

（3）一般事故

一般事故报至设区的市级人民政府安全生产监督管理部门和负有安全生产监督管理职责的有关部门。

2）安全事故上报时间要求

安全生产监督管理部门和负有安全生产监督管理职责的有关部门依照规定上报事故情

况,应当同时报告本级人民政府。国务院安全生产监督管理部门和负有安全生产监督管理职责的有关部门以及省级人民政府接到发生特别重大事故、重大事故的报告后,应当立即报告国务院。必要时,安全生产监督管理部门和负有安全生产监督管理职责的有关部门可以越级上报事故情况。安全生产监督管理部门和负有安全生产监督管理职责的有关部门逐级上报事故情况,每级上报的时间不得超过2小时。

事故报告后出现新情况的,应当及时补报。自事故发生之日起30日内,事故造成的伤亡人数发生变化的,应当及时补报。道路交通事故、火灾事故自发生之日起7日内,事故造成的伤亡人数发生变化的,应当及时补报。

3) 事故上报内容

事故报告内容应该包含以下信息:①事故发生单位概况;②事故发生的时间、地点以及事故现场情况;③事故的简要经过;④事故已经造成或者可能造成的伤亡人数(包括下落不明的人数)和初步估计的直接经济损失;⑤已经采取的措施;⑥其他应当报告的情况。

8.4.3 安全事故调查

1) 成立调查组

事故调查组的组成应当遵循精简、效能的原则。事故调查组组长由负责事故调查的人民政府指定,事故调查组组长主持事故调查组的工作。

根据事故的具体情况,事故调查组由有关人民政府、安全生产监督管理部门、负有安全生产监督管理职责的有关部门、监察机关、公安机关以及工会派人组成,并应当邀请人民检察院派人参加。事故调查组可以聘请有关专家参与调查。事故调查组成员应当具有事故调查所需要的知识和专长,并与所调查的事故没有直接利害关系。

(1) 特别重大事故

特别重大事故由国务院或者国务院授权有关部门组织事故调查组进行调查。

(2) 重大事故、较大事故、一般事故

重大事故、较大事故、一般事故分别由事故发生地省级人民政府、设区的市级人民政府、县级人民政府负责调查。省级人民政府、设区的市级人民政府、县级人民政府可以直接组织事故调查组进行调查,也可以授权或者委托有关部门组织事故调查组进行调查。

(3) 未造成人员伤亡的一般事故

未造成人员伤亡的一般事故,县级人民政府也可以委托事故发生单位组织事故调查组进行调查。特别重大事故以下等级事故,事故发生地与事故发生单位不在同一个县级以上行政区域的,由事故发生地人民政府负责调查,事故发生单位所在地人民政府应当派人参加。

2) 调查组职责

事故调查组应尽职尽责履行下列义务:①查明事故发生的经过、原因、人员伤亡情况及直接经济损失;②认定事故的性质和事故责任;③提出对事故责任者的处理建议;④总结事故教训,提出防范和整改措施;⑤提交事故调查报告。

3) 撰写并提交调查报告

事故调查组应当自事故发生之日起60日内提交事故调查报告;特殊情况下,经负责事故调查的人民政府批准,提交事故调查报告的期限可以适当延长,但延长的期限最长不超过60日。

事故调查报告应当包括下列内容:①事故发生单位概况;②事故发生经过和事故救援情况;③事故造成的人员伤亡和直接经济损失;④事故发生的原因和事故性质;⑤事故责任的认定以及对事故责任者的处理建议;⑥事故防范和整改措施。

事故调查报告应当附具有关证据材料。事故调查组成员应当在事故调查报告上签名。

事故调查报告报送负责事故调查的人民政府后,事故调查工作即告结束。事故调查的有关资料应当归档保存。

8.4.4 安全事故处理

1) 重大事故、较大事故、一般事故

重大事故、较大事故、一般事故负责事故调查的人民政府应当自收到事故调查报告之日起15日内做出批复。

2) 特别重大事故

特别重大事故30日内做出批复,特殊情况下,批复时间可以适当延长,但延长的时间最长不超过30日。

有关机关应当按照人民政府的批复,依照法律、行政法规规定的权限和程序,对事故发生单位和有关人员进行行政处罚,对负有事故责任的国家工作人员进行处分。事故发生单位应当按照负责事故调查的人民政府的批复,对本单位负有事故责任的人员进行处理。负有事故责任的人员涉嫌犯罪的,依法追究刑事责任。

8.4.5 法律责任

事故发生单位及其有关人员有下列行为之一的,对事故发生单位处100万元以上500万元以下的罚款;对主要负责人、直接负责的主管人员和其他直接责任人员处上一年年收入60%至100%的罚款;属于国家工作人员的,并依法给予处分;构成违反治安管理行为的,由公安机关依法给予治安管理处罚;构成犯罪的,依法追究刑事责任:①谎报或者瞒报事故的;②伪造或者故意破坏事故现场的;③转移、隐匿资金、财产,或者销毁有关证据、资料的;④拒绝接受调查或者拒绝提供有关情况和资料的;⑤在事故调查中作伪证或者指使他人作伪证的;⑥事故发生后逃匿的。

事故发生单位对事故发生负有责任的,依照下列规定处以罚款:发生一般事故的,处10万元以上20万元以下的罚款;发生较大事故的,处20万元以上50万元以下的罚款;发生重大事故的,处50万元以上200万元以下的罚款;发生特别重大事故的,处200万元以上500万元以下的罚款。

事故发生单位主要负责人未依法履行安全生产管理职责,导致事故发生的,依照下列规定处以罚款;属于国家工作人员的,并依法给予处分;构成犯罪的,依法追究刑事责任:发生一般事故的,处上一年年收入30%的罚款;发生较大事故的,处上一年年收入40%的罚款;发生重大事故的,处上一年年收入60%的罚款;发生特别重大事故的,处上一年年收入80%的罚款。

8.5 工程建设安全生产法规案例

"9·13"武汉施工电梯坠落事故

1) 项目基本概况

东湖景园位于武汉市东湖生态旅游风景区,分为 A、B、C 三个区,2011 年 5 月 18 日开工建设,总建筑面积约 80 万平方米。项目建设单位为武汉市东湖生态旅游风景区东湖村民委员会,项目建筑安全监管单位归口武汉市洪山区建筑管理站,由其负责东湖景园建筑安全监管工作。

项目建设单位委托武汉万嘉置业有限责任公司(以下简称"万嘉公司")为建设管理单位。该公司前身为湖北万鑫建设工程项目管理有限责任公司,2011 年 3 月 16 日变更为万嘉公司,单位性质为民营,法定代表人万克俊,注册资本 2 000 万元,经营范围为:法律、行政法规、国务院决定禁止的不得经营;法律、行政法规、国务院决定规定应经许可的,经审批机关批准并经工商行政管理机关登记注册后方可经营;法律、行政法规、国务院决定未规定许可的,自主选择经营项目开展经营活动。该公司未取得建设工程管理资质。

2011 年 12 月 12 日,东湖景园项目以公开招标方式确定武汉博特建设监理有限责任公司(以下简称"博特公司")为东湖景园 C 区监理单位。博特公司,单位性质为民营,法定代表人田双杰,注册资本 500 万元,具有房屋建筑工程监理甲级资质证书(编号为 E142003583),有效期为 2009 年 7 月 17 日至 2014 年 7 月 16 日。东湖景园 C 区监理工作由博特公司江南分公司负责实施。博特公司江南分公司经理尹金霞。该分公司安排的现场监理负责人丁炎明,未取得国家注册监理工程师资格,不具备担任项目总监和总监代表的条件。

2012 年 2 月 21 日,东湖景园项目以邀请招标方式确定湖北祥和建设集团有限公司(以下简称"祥和公司")为东湖景园 C 区施工总承包单位。祥和公司,单位性质为民营,法定代表人刘维宏,注册资本 23 200 万元,具有建筑业企业房屋建筑工程施工总承包一级、起重设备安装工程专业承包三级、土石方工程专业承包二级、钢结构工程专业承包二级、建筑装修装饰工程专业承包一级、市政公用工程施工总承包二级、建筑防水工程专业承包三级资质证书(编号为 A1014042011704),《安全生产许可证》[编号为(鄂)JZ 安许证字〔2005〕001243]有效期为 2011 年 7 月 18 日至 2014 年 7 月 17 日。东湖景园 C 区施工实际为祥和公司股东、党委书记易少敢个人承包。现场施工负责人易少锋和预算员、施工员、质检员、安全员、材料员均不是祥和公司员工,皆为易少敢个人安排。

祥和公司东湖景园项目部签订施工升降机设备租赁合同。2012 年 4 月 13 日,中汇公司向武汉市洪山区建筑管理站递交了《武汉市建筑起重机械安装告知书》,但中汇公司在办理建筑起重机械安装(拆卸)告知手续前,没有将该施工升降机安装(拆卸)工程专项施工方案报送监理单位博特公司审核。4 月 16 日,事故施工升降机从武汉市万科高尔夫项目(使用登记编号为 WH-S0436)转场至东湖景园 C7-1 号楼工地开始安装,安装完毕后进行了自检。5 月 9 日,武汉市特种设备监督检验所对该施工升降机出具了《安装检测合格报告》。5 月 14 日,武汉市洪山区建筑管理站核发《武汉市建筑起重机械使用登记证》（登记编号WHHS-S12111），有效期至2013年5月14日。东湖景园C区施工项目部和中汇公司未以此登记牌更换施工升降机上原有登记牌，以致事故现场该施工升降机上仍装着编号为"WH-S0436"的原登记牌，其有效期显示为"2011年6月23日至2012年6月22日"。初次安装并经检测合格后，中汇公司对该施工升降机先后进行了4次加节和附着安装，共安装标准节70节，附着11道。其中最后一次安装是从第55节标准节开始加节和附着2道，时间为2012年7月2日。每次加节和附着安装均未按照专项施工方案实施，未组织安全施工技术交底，未按有关规定进行验收。

2）项目前期建设情况

2009年12月21日、22日，湖北省国土资源厅分别下达鄂土资函〔2009〕1721号、1799号文件，批准武汉市东湖生态旅游风景区东湖村委会（以下简称"东湖村委会"）316亩集体农用地（A、B区地块）转用为建设用地。2009年12月24日，武汉市政府分别下达东湖村委会316亩（A、B区地块）《建设用地批准书》（武土资准字〔2009〕86号、87号），但尚未办理完成供地手续。C区地块（60亩）为东湖村集体土地，亦未办理完成建设用地转用和供地手续。

2011年5月18日，鉴于东湖生态旅游风景区未设立建筑安全管理机构，武汉市城乡建设委员会建筑业管理办公室以《关于"东湖景苑（园）小区还建房"等项目监管的函》，指定洪山区建筑管理站负责东湖景园建筑安全监管工作。

2011年7月5日，武汉市东湖生态旅游风景区管委会经济社会发展局以《关于武汉市华侨城拆迁还建项目"东湖景园"的核准批复》（武东景经〔2011〕9号）对东湖景园项目予以立项。

2011年8月30日，武汉市国土资源和规划局核发东湖景园《建设项目选址意见书》（武规选〔2011〕220号）和《建设用地规划许可证》（武规地〔2011〕220号）。

2011年10月13日，东湖村委会向武汉市建设工程交易中心进行东湖景园建设工程项目报建（报建编号为42011120111013001）。2011年11月9日，在东湖景园未取得《建设工程规划许可证》《施工图审查合格书》和《建筑工程施工许可证》的情况下，武汉市洪山区建筑管理站为该项目办理了安全措施备案审查，并纳入安全监管范围。

2012年1月16日，武汉市国土资源和规划局对东湖景园《建筑规划方案》予以审批。

截止到事故发生时，包括事故楼房C7-1号楼在内的东湖景园仍未取得《土地使用证》《建设工程规划许可证》《施工图审查合格书》《施工招标中标通知书》和《建筑工程施工许可证》。

3）事故发生经过

2012年9月13日11时30分许，升降机司机李桂连将东湖景园C7-1号楼施工升降机左侧吊笼停在下终端站，像往常一样锁上电锁，拔出钥匙，关上护栏门后下班。当日13时10分许，李桂连仍在宿舍正常午休期间，提前到该楼顶楼施工的19名工人擅自将停在下终端站的C7-1号楼施工升降机左侧吊笼打开，携施工物件进入左侧吊笼，操作施工升降机上升。该吊笼运行至33层顶楼平台附近时突然倾翻，连同导轨架及顶部4节标准节一起坠落地面，造成吊笼内19人当场死亡，直接经济损失1800多万元。李桂连被派上岗前后未经正规培训，所持"建筑施工特种作业操作资格证"系伪造，为施工现场负责人易少峰和安全负责人易金堂购买并发放。

据事后调查发现：事故发生时，事故施工升降机导轨架第66和67节标准节连接处的4个连接螺栓只有左侧两个螺栓有效连接，而右侧（受力边）两个螺栓连接失效无法受力。在此工况下,事故升降机左侧吊笼超过备案额定承载人数(12人),承载19人和约245 kg物件,上升到第66节标准节上部(33楼顶部)接近平台位置时,产生的倾翻力矩大于对重体、导轨架等固有的平衡力矩,造成事故施工升降机左侧吊笼顷刻倾翻,并连同67~70节标准节坠落地面。

4)事故性质认定和调查

"9·13"事故造成19人死亡,属于重大安全事故,在建设市场领域造成恶劣影响。事故发生后,湖北省委、省政府高度重视,立即启动湖北省重大建筑施工安全生产事故应急预案,省委书记李鸿忠,省委副书记、省长王国生第一时间赶赴现场,指导应急救援和善后处理工作。省委常委、常务副省长王晓东,省委常委、省委秘书长傅德辉,省政府资政段轮一,武汉市市长唐良智等省市领导和省安监局领导迅速率员赶赴现场,组织指挥应急救援和善后处理工作。在中央党校学习的省委常委、武汉市委书记阮成发也迅速作出批示,并立即返回组织处理事故。9月14日,省政府成立武汉市东湖生态旅游风景区"9·13"重大建筑施工事故调查组,省安监局局长刘旭辉任组长,省安监局、省监察厅、省公安厅、省总工会、省住建厅和省质监局等单位人员参加,并邀请省检察院派员参与调查工作。事故调查组聘请7名专家参与现场勘察取证、技术分析等工作,并委托武汉理工大学和湖北省特种设备检验检测研究院对事故施工升降机进行技术分析和鉴定。事故调查组通过现场勘察、调查取证、综合分析,查明了事故发生的经过、直接原因、间接原因、人员伤亡情况及直接经济损失,认定了事故性质和责任,提出了对事故责任单位和责任人的处理意见及事故防范措施与整改建议。

5)事故单位和相关人员的法律责任

事故调查组对武汉市东湖生态旅游风景区"9·13"重大建筑施工事故责任单位和责任人提出了处理意见,湖北省政府同意:给予28名责任人相应的处理和处罚;责成武汉市东湖生态旅游风景区管委会及主要负责人、武汉市城乡建设委员会及主要负责人、武汉市城市管理局及主要负责人向武汉市人民政府作出深刻检查;责成武汉市东湖生态旅游风景区管委会城乡工作办事处向东湖生态旅游风景区管委会作出深刻检查;责成省住房和城乡建设厅依法依规对湖北祥和建设集团有限公司、武汉博特建设监理有限责任公司、武汉中汇机械设备有限公司的资质从严作出处理;责成省安监局依法依规对湖北祥和建设集团有限公司、武汉博特建设监理有限责任公司、武汉中汇机械设备有限公司、武汉万嘉置业有限责任公司、武汉市东湖生态旅游风景区东湖村委会给予规定上限的行政处罚;责成武汉市政府对违规多建的一栋东湖景园住宅楼予以没收。

(案例主要摘自《武汉市东湖生态旅游风景区"9·13"重大建筑施工事故调查报告》)

一、名词解释

安全生产责任制　　特大事故　　特种作业

二、选择题

1. 公司级安全教育由( )负责,企业职业健康安全管理部门会同有关部门组织实施。

A. 专职安全管理人员 B. 技术负责人
C. 企业主要负责人 D. 班组长

2. 属于班组长和安全员的安全教育的是（　　）。
A. 本系统安全及其相应的安全技术知识
B. 国家有关安全生产的方针、政策、法律、法规
C. 事故抢救与应急处理措施
D. 企业安全生产管理、安全技术、职业病知识、安全文件

3. 安全生产责任事故调查的处理应当按照（　　）的原则，及时、准确地查清事故原因，查明事故性质和责任，总结事故教训，提出整改措施，并对事故责任者提出处理意见。
A. 实事求是，尊重科学 B. 实事求是，依法办事
C. 重证据，重调查研究 D. 实事求是，就地解决

4. 特大安全事故是指死亡人数在（　　）及以上，或者重伤在（　　）及以上，直接经济损失在1亿元以上的事故。
A. 30,100 B. 20,50 C. 30,50 D. 20,20

5. 根据《建设工程安全生产管理条例》，施工单位应当对管理人员和作业人员每年至少进行（　　）安全生产教育培训。
A. 1次 B. 2次 C. 5次 D. 6次

6. 根据《建设工程安全生产管理条例》，（　　）施工企业为施工现场从事危险作业的人员办理意外伤害保险。
A. 鼓励 B. 禁止 C. 依法要求 D. 强迫

7. 在建设工程安全生产管理基本制度中，（　　）是建筑生产中最基本的安全管理制度，是所有安全规章制度的核心。
A. 安全生产责任制度 B. 重大隐患治理挂牌督办制度
C. 安全生产教育培训制度 D. 施工单位负责人施工现场带班制度

8. 下列不属于项目经理、技术负责人和技术干部安全教育的主要内容的是（　　）。
A. 本系统安全及其相应的安全技术知识
B. 典型事故案例剖析
C. 项目经理部安全生产责任
D. 安全生产管理职责、企业安全生产管理知识及安全文化

9. 安全生产许可证的有效期是（　　）。
A. 3年 B. 4年 C. 5年 D. 6年

10. 根据《建设工程安全生产管理条例》，施工单位专职安全生产管理人员负责对安全生产进行现场监督检查。发现安全事故隐患，应当及时向（　　）报告；对违章指挥、违章操作的，应当立即制止。
A. 项目负责人 B. 安全生产管理机构
C. 县级以上人民政府 D. 项目负责人和安全生产管理机构

11. （　　）事故由国务院或者国务院授权有关部门组织事故调查组进行调查。
A. 特别重大 B. 重大 C. 较大 D. 一般

12. 事故发生后，事故现场有关人员应当立即向本单位负责人报告；单位负责人接到报告

后,应当于( )小时内向事故发生地县级以上人民政府安全生产监督管理部门和负有安全生产监督管理职责的有关部门报告。

A. 1　　　　　　B. 2　　　　　　C. 3　　　　　　D. 4

三、简答题

1. 何谓安全生产责任制?
2. 我国安全生产管理的基本方针是什么?
3. 安全事故分为哪几类?
4. 简述安全事故调查报告包含的基本内容。
5. 建设单位在安全生产方面具有哪些基本义务?

四、案例分析题

1. 2013年12月26日17:30左右,河北省石家庄辛集市辛集钢信水泥有限公司矿渣微粉改造项目工地立磨车间,在浇筑梁施工过程中,下方钢管支撑变形倒塌引发周围钢管脚手架倾斜倒塌,事故共造成5人死亡。

(1) 该案例事故属于什么类型的安全生产事故?
(2) 事故发生后,在建工程的工地管理人员应采取什么措施?
(3) 如何成立事故调查组,应包含哪些部门人员?事故调查报告涵盖哪些必要内容?

2. 某购物中心工程石材幕墙安装时,用落地式钢管脚手架,高68 m。2013年5月15日,项目负责人安排5名工人对脚手架进行拆除,由于事先未制定详细的拆除方案,当局部刚刚拆除到30 m左右时,脚手架突然向外整体倾覆,在架子上作业的5名工人一同坠落到地面,后被紧急送往医院抢救,4人脱离危险,1人因抢救无效死亡。经调查,拆除脚手架作业的5名工人刚刚进场2天,并非专业架子工,进场后并没有接受三级安全教育,在拆除作业前,项目经理也没有对他们进行相应的安全技术交底。

(1) 何为特种作业?建筑工程施工哪些人员为特种作业人员?
(2) 何为三级安全教育?简述三级安全教育的内容。

五、论述题

作为在校的土木工程相关专业的学生,你从"9·13武汉施工电梯坠落事故"中获得了哪些体会?对你今后的学习有哪些启发?

9 工程建设环境、能源和文物保护法规

学习目标

(1) 掌握工程建设环境保护的相关法规。
(2) 熟悉建筑能源节约的相关法规。
(3) 了解工程建设文物保护的相关规定。

工程项目参与方应当遵守有关环境、能源和文物保护的相关法律法规的规定,在施工现场采取措施,防止或者减少粉尘、废弃、废水、固定废物、噪声、振动和施工照明对人、环境和文物的危害和污染,尽量避免对附近居民生产生活的负面影响。

9.1 工程建设环境保护法规

9.1.1 工程建设环境的定义

工程建设环境是在工程建设过程中,影响人类生存和发展的各种天然的和经过人工改造的自然因素的总体,包括大气、水、海洋、土地、矿藏、森林、草原、湿地、野生生物、自然遗迹、人文遗迹、自然保护区、风景名胜区、城市和乡村等。

保护环境是国家的基本国策。为了减少在工程建设过程中人为因素造成自然资源和生态环境的破坏,有利于节约和循环利用资源,保护和改善环境,促进人与自然和谐的经济、技术政策和措施,使经济社会发展与环境保护相协调,必须严格遵守环境保护法规。环境保护坚持保护优先、预防为主、综合治理、公众参与、损害担责的原则。国家鼓励和引导公民、法人和其他组织使用有利于保护环境的产品和再生产品,减少废弃物的产生,提倡在设计、施工、使用环节中采用环保材料、技术和工艺。

建设项目中防治污染的设施,应当与主体工程同时设计、同时施工、同时投产使用。防治污染的设施应当符合经批准的环境影响评价文件的要求,不得擅自拆除或者闲置。

9.1.2 防治工程建设环境噪声污染的规定

1) 环境噪声污染

环境噪声,是指在工业生产、建筑施工、交通运输和社会生活中所产生的干扰周围生活环

境的声音。环境噪声污染,是指所产生的环境噪声超过国家规定的环境噪声排放标准,并干扰他人正常生活、工作和学习的现象。

常见的噪声污染主要是建筑施工噪声,指在建筑施工过程中产生的干扰周围生活环境的声音,包括基础工程施工、主体结构施工、屋面工程施工、装饰工程施工(已竣工交付使用的住宅楼进行室内装修活动除外)等。建设项目的环境噪声污染防治设施必须与主体工程同时设计、同时施工、同时投产使用。

2)防治办法

国务院环境保护行政主管部门对全国环境噪声污染防治实施统一监督管理。县级以上地方人民政府环境保护行政主管部门对本行政区域内的环境噪声污染防治实施统一监督管理。

各级公安、交通、铁路、民航等主管部门和港务监督机构,根据各自的职责,对交通运输和社会生活噪声污染防治实施监督管理。

国家鼓励、支持环境噪声污染防治的科学研究、技术开发,推广先进的防治技术和普及防治环境噪声污染的科学知识。对在环境噪声污染防治方面成绩显著的单位和个人,由人民政府给予奖励。

(1) 排放建筑施工噪声应当符合建筑施工场界环境噪声排放标准

在城市市区范围内向周围生活环境排放建筑施工噪声的,应当符合国家规定的建筑施工场界环境噪声排放标准。根据《建筑施工场界环境噪声排放标准》,作业噪声限值是昼间70 dB,夜间 55 dB,夜间噪声最大声级超过限值的幅度不得高于 15dB(A)。其中,昼间是指 6:00 至 22:00 之间的时段,夜间是指 22:00 至次日 6:00 之间的时段。县级以上人民政府为环境噪声污染防治的需要(如考虑时差、作息习惯差异等)而对昼间、夜间的划分另有规定的,应按其规定执行。

(2) 依法申报

在城市市区范围内,建筑施工过程中使用机械设备,可能产生环境噪声污染的,施工单位必须在工程开工 15 日以前向工程所在地县级以上地方人民政府环境保护行政主管部门申报该工程的项目名称、施工场所和期限、可能产生的环境噪声值以及所采取的环境噪声污染防治措施的情况。

建设项目在投入生产或者使用之前,其环境噪声污染防治设施必须经原审批环境影响报告书的环境保护行政主管部门验收;达不到国家规定要求的,该建设项目不得投入生产或者使用。

(3) 禁止夜间进行产生环境噪声污染的建筑施工作业

在城市市区噪声敏感建筑物集中区域内,禁止夜间进行产生环境噪声污染的建筑施工作业,但抢修、抢险作业和因生产工艺上要求或者特殊需要必须连续作业的除外。因特殊需要必须连续作业的,必须有县级以上人民政府或者有关主管部门的证明。夜间作业,必须公告附近居民。所谓噪声敏感建筑物是指医院、学校、机关、科研单位、住宅等需要保持安静的建筑物;噪声敏感建筑物集中区域是指医疗区、文教科研区和以机关或者居民住宅为主的区域。

(4) 法律责任

任何单位和个人都有保护声环境的义务,并有权对造成环境噪声污染的单位和个人进行检举和控告。

在城市市区噪声敏感建筑的集中区域内,夜间进行禁止进行的产生环境噪声污染的建筑施工作业的,由工程所在地县级以上地方人民政府环境保护行政主管部门责令改正,可以并处罚款。

9.1.3 防治工程建设废气、废水污染的规定

1) 大气污染的防治

(1) 依法进行大气污染评价

新建、扩建、改建向大气排放污染物的项目,必须遵守国家有关建设项目环境保护管理的规定。建设项目的环境影响报告书,必须对建设项目可能产生的大气污染和对生态环境的影响作出评价,规定防治措施,并按照规定的程序报环境保护行政主管部门审查批准。

建设项目投入生产或者使用之前,其大气污染防治设施必须经过环境保护行政主管部门验收,达不到国家有关建设项目环境保护管理规定的要求的建设项目,不得投入生产或者使用。

(2) 及时汇报大气排放污染物的情况

向大气排放污染物的单位,必须按照国务院环境保护行政主管部门的规定向所在地的环境保护行政主管部门申报拥有的污染物排放设施、处理设施和在正常作业条件下排放污染物的种类、数量、浓度,并提供防治大气污染方面的有关技术资料。排污单位排放大气污染物的种类、数量、浓度有重大改变的,应当及时申报;其大气污染物处理设施必须保持正常使用,拆除或者闲置大气污染物处理设施的,必须事先报经所在地的县级以上地方人民政府环境保护行政主管部门批准。向大气排放污染物的,其污染物排放浓度不得超过国家和地方规定的排放标准。

(3) 合理征收排污费

国家实行按照向大气排放污染物的种类和数量征收排污费的制度,根据加强大气污染防治的要求和国家的经济、技术条件合理制定排污费的征收标准。征收排污费必须遵守国家规定的标准,具体办法和实施步骤由国务院规定。征收的排污费一律上缴财政,按照国务院的规定用于大气污染防治,不得挪作他用,并由审计机关依法实施审计监督。

(4) 法律责任

在城市市区进行建设施工或者从事其他产生扬尘污染的活动,未采取有效扬尘防治措施,致使大气环境受污染的,限期改正,处2万元以下罚款;对逾期仍未达到当地环境保护规定要求的,可以责令其停工整顿。

对因建设施工造成扬尘污染的处罚,由县级以上地方人民政府建设行政主管部门决定;对其他造成扬尘污染的处罚,由县级以上地方人民政府指定的有关主管部门决定。

2) 废水污染的防治

水污染,是指水体因某种物质的介入,而导致其化学、物理、生物或者放射性等方面特性的改变,从而影响水的有效利用,危害人体健康或者破坏生态环境,造成水质恶化的现象。

(1) 依法进行水污染评价

新建、改建、扩建直接或者间接向水体排放污染物的建设项目和其他水上设施,应当依法进行环境影响评价。

建设单位在江河、湖泊新建、改建、扩建排污口的,应当取得水行政主管部门或者流域管理机构同意;涉及通航、渔业水域的,环境保护主管部门在审批环境影响评价文件时,应当征求交通、渔业主管部门的意见。

建设项目的水污染防治设施,应当与主体工程同时设计、同时施工、同时投入使用。水污染防治设施应当经过环境保护主管部门验收,验收不合格的,该建设项目不得投入生产或者使用。

(2) 实行排污许可证制度

国家实行排污许可制度。直接或者间接向水体排放工业废水和医疗污水以及其他按照规定应当取得排污许可证方可排放的废水、污水的单位,应当取得排污许可证;城镇污水集中处理设施的运营单位,也应当取得排污许可证。排污许可的具体办法和实施步骤由国务院规定。禁止企业、事业单位无排污许可证或者违反排污许可证的规定向水体排放前款规定的废水、污水。

(3) 施工现场水污染的防治

直接或者间接向水体排放污染物的单位,应当按照国务院环境保护主管部门的规定,向县级以上地方人民政府环境保护主管部门申报登记拥有的水污染物排放设施、处理设施和在正常作业条件下排放水污染物的种类、数量和浓度,并提供防治水污染方面的有关技术资料。

单位排放水污染物的种类、数量和浓度有重大改变的,应当及时申报登记;其水污染物处理设施应当保持正常使用;拆除或者闲置水污染物处理设施的,应当事先报县级以上地方人民政府环境保护主管部门批准。

在施工现场,应遵守禁止向水体排放油类、酸液、碱液或者剧毒废液;禁止在水体清洗装贮过油类或者有毒污染物的车辆和容器;禁止向水体排放、倾倒放射性固体废物或者含有高放射性和中放射性物质的废水;禁止向水体排放、倾倒工业废渣、城镇垃圾和其他废弃物;禁止将含有汞、镉、砷、铬、铅、氰化物、黄磷等的可溶性剧毒废渣向水体排放、倾倒或者直接埋入地下;禁止在江河、湖泊、运河、渠道、水库最高水位线以下的滩地和岸坡堆放、存贮固体废弃物和其他污染物;禁止利用渗井、渗坑、裂隙和溶洞排放、倾倒含有毒污染物的废水、含病原体的污水和其他废弃物;禁止利用无防渗漏措施的沟渠、坑塘等输送或者存贮含有毒污染物的废水、含病原体的污水和其他废弃物;在饮用水水源保护区内,禁止设置排污口;禁止在饮用水水源一级保护区内新建、改建、扩建与供水设施和保护水源无关的建设项目。

多层地下水的含水层水质差异大的,应当分层开采;对已受污染的潜水和承压水,不得混合开采。兴建地下工程设施或者进行地下勘探、采矿等活动,应当采取防护性措施,防止地下水污染。人工回灌补给地下水,不得恶化地下水质。已建成的与供水设施和保护水源无关的建设项目,由县级以上人民政府责令拆除或者关闭。

(4) 法律责任

建设项目的水污染防治设施未建成、未经验收或者验收不合格,主体工程即投入生产或者使用的,由县级以上人民政府环境保护主管部门责令停止生产或者使用,直至验收合格,处5万元以上50万元以下的罚款。

不正常使用水污染物处理设施,或者未经环境保护主管部门批准拆除、闲置水污染物处理设施的,由县级以上人民政府环境保护主管部门责令限期改正,处应缴纳排污费数额1倍以上3倍以下的罚款。

排放水污染物超过国家或者地方规定的水污染物排放标准,或者超过重点水污染物排放总量控制指标的,由县级以上人民政府环境保护主管部门按照权限责令限期治理,处应缴纳排污费数额 2 倍以上 5 倍以下的罚款。限期治理期间,由环境保护主管部门责令限制生产、限制排放或者停产整治。限期治理的期限最长不超过 1 年;逾期未完成治理任务的,报经有批准权的人民政府批准,责令关闭。

在饮用水水源保护区内设置排污口的,由县级以上地方人民政府责令限期拆除,处 10 万元以上 50 万元以下的罚款;逾期不拆除的,强制拆除,所需费用由违法者承担,处 50 万元以上 100 万元以下的罚款,并可以责令停产整顿。

9.1.4 防治工程建设固体废物污染

固体废物是指在生产建设、日常生活和其他活动中产生的污染环境的固态、半固态废弃物质。《中华人民共和国固体废物污染环境防治法》把固体废物分为工业固体废物、城市生活垃圾和危险废物三大类。由于液态废物(排入水体的废水除外)和置于容器中的气态废物(排入大气的废物除外)的污染防治同样适用于该法,所以有时也把这些废物称为固体废物。

1)依法进行固体废物污染评价

建设产生固体废物的项目以及建设贮存、利用、处置固体废物的项目,必须依法进行环境影响评价,并遵守国家有关建设项目环境保护管理的规定。建设项目的环境影响评价文件确定需要配套建设的固体废物污染环境防治设施,必须与主体工程同时设计、同时施工、同时投入使用。固体废物污染环境防治设施必须经原审批环境影响评价文件的环境保护行政主管部门验收合格后,该建设项目方可投入生产或者使用。对固体废物污染环境防治设施的验收应当与对主体工程的验收同时进行。

2)固体废物污染环境的具体防治办法

(1)一般固体废物污染环境的防治办法

产生固体废物的单位和个人,应当采取措施,防止或者减少固体废物对环境的污染。

收集、贮存、运输、利用、处置固体废物的单位,必须采取防扬散、防流失、防渗漏或者其他防止污染环境的措施;不得擅自倾倒、堆放、丢弃、遗撒固体废物。

禁止任何单位或者个人向江河、湖泊、运河、渠道、水库以及最高水位线以下的滩地和岸坡等法律、法规规定禁止倾倒、堆放废弃物的地点倾倒、堆放固体废物。

在国务院和国务院有关主管部门及省、自治区、直辖市人民政府划定的自然保护区、风景名胜区、饮用水水源保护区、基本农田保护区和其他需要特别保护的区域内,禁止建设工业固体废物集中贮存、处置的设施、场所和生活垃圾填埋场。

转移固体废物出省、自治区、直辖市行政区域贮存、处置的,应当向固体废物移出地的省、自治区、直辖市人民政府环境保护行政主管部门提出申请。移出地的省、自治区、直辖市人民政府环境保护行政主管部门应当经固体废物接受地的省、自治区、直辖市人民政府环境保护行政主管部门同意后,方可批准转移该固体废物出省、自治区、直辖市行政区域。未经批准的,不得转移。

(2)危险固体废物污染环境的防治办法

国务院环境保护行政主管部门应当会同国务院有关部门制定国家危险废物名录,规定统一的危险废物鉴别标准、鉴别方法和识别标志。国务院环境保护行政主管部门会同国务院经济综合宏观调控部门组织编制危险废物集中处置设施、场所的建设规划,报国务院批准后实施。县级以上地方人民政府应当依据危险废物集中处置设施、场所的建设规划组织建设危险废物集中处置设施、场所。

产生危险废物的单位,必须按照国家有关规定制定危险废物管理计划,并向所在地县级以上地方人民政府环境保护行政主管部门申报危险废物的种类、产生量、流向、贮存、处置等有关资料。产生危险废物的单位,必须按照国家有关规定处置危险废物,不得擅自倾倒、堆放;不处置的,由所在地县级以上地方人民政府环境保护行政主管部门责令限期改正;逾期不处置或者处置不符合国家有关规定的,由所在地县级以上地方人民政府环境保护行政主管部门指定单位按照国家有关规定代为处置,处置费用由产生危险废物的单位承担。

以填埋方式处置危险废物不符合国务院环境保护行政主管部门规定的,应当缴纳危险废物排污费。危险废物排污费征收的具体办法由国务院规定。危险废物排污费用于污染环境的防治,不得挪作他用。

转移危险废物的,必须按照国家有关规定填写危险废物转移联单,并向危险废物移出地设区的市级以上地方人民政府环境保护行政主管部门提出申请。移出地设区的市级以上地方人民政府环境保护行政主管部门应当经接收地设区的市级以上地方人民政府环境保护行政主管部门同意后,方可批准转移该危险废物。未经批准的,不得转移。转移危险废物途经移出地、接受地以外行政区域的,危险废物移出地设区的市级以上地方人民政府环境保护行政主管部门应当及时通知沿途经过的设区的市级以上地方人民政府环境保护行政主管部门。

3) 法律责任

造成固体废物严重污染环境的,由县级以上人民政府环境保护行政主管部门按照国务院规定的权限决定限期治理;逾期未完成治理任务的,由本级人民政府决定停业或者关闭。

造成固体废物污染环境事故的,由县级以上人民政府环境保护行政主管部门处2万元以上20万元以下的罚款;造成重大损失的,按照直接损失的30%计算罚款,但是最高不超过100万元,对负有责任的主管人员和其他直接责任人员,依法给予行政处分;造成固体废物污染环境重大事故的,并由县级以上人民政府按照国务院规定的权限决定停业或者关闭。

受到固体废物污染损害的单位和个人,有权要求依法赔偿损失。赔偿责任和赔偿金额的纠纷,可以根据当事人的请求,由环境保护行政主管部门或者其他固体废物污染环境防治工作的监督管理部门调解处理;调解不成的,当事人可以向人民法院提起诉讼。当事人也可以直接向人民法院提起诉讼。国家鼓励法律服务机构对固体废物污染环境诉讼中的受害人提供法律援助。

收集、贮存、利用、处置危险废物,造成重大环境污染事故,构成犯罪的,依法追究刑事责任。造成固体废物污染环境的,应当排除危害,依法赔偿损失,并采取措施恢复环境原状。

9.2 工程建设节约能源法规

9.2.1 节约能源

能源,是指煤炭、石油、天然气、生物质能和电力、热力以及其他直接或者通过加工、转换而取得有用能的各种资源。

节约能源(简称节能),是指加强用能管理,采取技术上可行、经济上合理以及环境和社会可以承受的措施,从能源生产到消费的各个环节,降低消耗、减少损失和污染物排放、制止浪费,有效、合理地利用能源。

节约资源是我国的基本国策。国家实施节约与开发并举、把节约放在首位的能源发展战略,鼓励、支持开发和利用新能源、可再生能源。

9.2.2 节能管理

1) 节能监督管理机构

国务院和县级以上地方各级人民政府应当加强对节能工作的领导,部署、协调、监督、检查、推动节能工作。县级以上人民政府管理节能工作的部门和有关部门应当在各自的职责范围内,加强对节能法律、法规和节能标准执行情况的监督检查,依法查处违法用能行为。

国务院标准化主管部门和国务院有关部门依法组织制定并适时修订有关节能的国家标准、行业标准,建立健全节能标准体系。国务院标准化主管部门会同国务院管理节能工作的部门和国务院有关部门制定强制性的用能产品、设备能源效率标准和生产过程中耗能高的产品的单位产品能耗限额标准。

国家鼓励企业制定严于国家标准、行业标准的企业节能标准。省、自治区、直辖市制定严于强制性国家标准、行业标准的地方节能标准,由省、自治区、直辖市人民政府报经国务院批准。建筑节能的国家标准、行业标准由国务院建设主管部门组织制定,并依照法定程序发布。

2) 实行项目节能评估和审查制度

国家实行固定资产投资项目节能评估和审查制度。不符合强制性节能标准的项目,依法负责项目审批或者核准的机关不得批准或者核准建设;建设单位不得开工建设;已经建成的,不得投入生产、使用。具体办法由国务院管理节能工作的部门会同国务院有关部门制定。

国家对落后的耗能过高的用能产品、设备和生产工艺实行淘汰制度。淘汰的用能产品、设备、生产工艺的目录和实施办法,由国务院管理节能工作的部门会同国务院有关部门制定并公布。生产过程中耗能高的产品的生产单位,应当执行单位产品能耗限额标准。对超过单位产品能耗限额标准用能的生产单位,由管理节能工作的部门按照国务院规定的权限责令限期治理。对高耗能的特种设备,按照国务院的规定实行节能审查和监管。禁止生产、进口、销售国家明令淘汰或者不符合强制性能源效率标准的用能产品、设备;禁止使用国家明令淘汰的用能设备、生产工艺。

国家鼓励行业协会在行业节能规划、节能标准的制定和实施、节能技术推广、能源消费统计、节能宣传培训和信息咨询等方面发挥作用。

9.2.3 建筑节能的具体规定

建筑工程的建设、设计、施工和监理单位应当遵守建筑节能标准。不符合建筑节能标准的建筑工程,建设主管部门不得批准开工建设;已经开工建设的,应当责令停止施工、限期改正;

已经建成的,不得销售或者使用。

建设主管部门应当加强对在建建筑工程执行建筑节能标准情况的监督检查。国家鼓励在新建建筑和既有建筑节能改造中使用新型墙体材料等节能建筑材料和节能设备,安装和使用太阳能等可再生能源利用系统。

1) 新建建筑节能

(1) 主管部门职责

编制城市详细规划、镇详细规划,应当按照民用建筑节能的要求,确定建筑的布局、形状和朝向。城乡规划主管部门依法对民用建筑进行规划审查,应当就设计方案是否符合民用建筑节能强制性标准征求同级建设主管部门的意见;建设主管部门应当自收到征求意见材料之日起 10 日内提出意见。征求意见时间不计算在规划许可的期限内。对不符合民用建筑节能强制性标准的,不得颁发建设工程规划许可证。

施工图设计文件审查机构应当按照民用建筑节能强制性标准对施工图设计文件进行审查;经审查不符合民用建筑节能强制性标准的,县级以上地方人民政府建设主管部门不得颁发施工许可证。

(2) 建设单位义务

建设单位不得明示或者暗示设计单位、施工单位违反民用建筑节能强制性标准进行设计、施工,不得明示或者暗示施工单位使用不符合施工图设计文件要求的墙体材料、保温材料、门窗、采暖制冷系统和照明设备。

按照合同约定由建设单位采购墙体材料、保温材料、门窗、采暖制冷系统和照明设备的,建设单位应当保证其符合施工图设计文件要求。对具备可再生能源利用条件的建筑,建设单位应当选择合适的可再生能源,用于采暖、制冷、照明和热水供应等;设计单位应当按照有关可再生能源利用的标准进行设计。

建设单位组织竣工验收,应当对民用建筑是否符合民用建筑节能强制性标准进行查验;对不符合民用建筑节能强制性标准的,不得出具竣工验收合格报告。

房地产开发企业销售商品房,应当向购买人明示所售商品房的能源消耗指标、节能措施和保护要求、保温工程保修期等信息,并在商品房买卖合同和住宅质量保证书、住宅使用说明书中载明。

(3) 其他单位义务

设计单位、施工单位、工程监理单位及其注册执业人员,应当按照民用建筑节能强制性标准进行设计、施工、监理。

施工单位应当对进入施工现场的墙体材料、保温材料、门窗、采暖制冷系统和照明设备进行查验;不符合施工图设计文件要求的,不得使用。

工程监理单位发现施工单位不按照民用建筑节能强制性标准施工的,应当要求施工单位改正;施工单位拒不改正的,工程监理单位应当及时报告建设单位,并向有关主管部门报告。

墙体、屋面的保温工程施工时,监理工程师应当按照工程监理规范的要求,采取旁站、巡视和平行检验等形式实施监理。未经监理工程师签字,墙体材料、保温材料、门窗、采暖制冷系统和照明设备不得在建筑上使用或者安装,施工单位不得进行下一道工序的施工。

2) 既有建筑节能

既有建筑节能改造,是指对不符合民用建筑节能强制性标准的既有建筑的围护结构、供热系统、采暖制冷系统、照明设备和热水供应设施等实施节能改造的活动。

既有建筑节能改造应当根据当地经济、社会发展水平和地理气候条件等实际情况,有计划、分步骤地实施分类改造。实施既有建筑节能改造,应当符合民用建筑节能强制性标准,优先采用遮阳、改善通风等低成本改造措施。既有建筑围护结构和供热系统的改造应当同步进行。

9.2.4 节能法律责任

1)建设单位的法律责任

建设单位有下列行为之一的,由县级以上地方人民政府建设主管部门责令改正,处20万元以上50万元以下的罚款:①明示或者暗示设计单位、施工单位违反民用建筑节能强制性标准进行设计、施工的;②明示或者暗示施工单位使用不符合施工图设计文件要求的墙体材料、保温材料、门窗、采暖制冷系统和照明设备的;③采购不符合施工图设计文件要求的墙体材料、保温材料、门窗、采暖制冷系统和照明设备的;④使用列入禁止使用目录的技术、工艺、材料和设备的。

建设单位对不符合民用建筑节能强制性标准的民用建筑项目出具竣工验收合格报告的,由县级以上地方人民政府建设主管部门责令改正,处民用建筑项目合同价款2%以上4%以下的罚款;造成损失的,依法承担赔偿责任。

2)设计单位的法律责任

设计单位未按照民用建筑节能强制性标准进行设计,或者使用列入禁止使用目录的技术、工艺、材料和设备的,由县级以上地方人民政府建设主管部门责令改正,处10万元以上30万元以下的罚款;情节严重的,由颁发资质证书的部门责令停业整顿,降低资质等级或者吊销资质证书;造成损失的,依法承担赔偿责任。

3)施工单位的法律责任

施工单位未按照民用建筑节能强制性标准进行施工的,由县级以上地方人民政府建设主管部门责令改正,处民用建筑项目合同价款2%以上4%以下的罚款;情节严重的,由颁发资质证书的部门责令停业整顿,降低资质等级或者吊销资质证书;造成损失的,依法承担赔偿责任。

施工单位有下列行为之一的,由县级以上地方人民政府建设主管部门责令改正,处10万元以上20万元以下的罚款;情节严重的,由颁发资质证书的部门责令停业整顿,降低资质等级或者吊销资质证书;造成损失的,依法承担赔偿责任:①未对进入施工现场的墙体材料、保温材料、门窗、采暖制冷系统和照明设备进行查验的;②使用不符合施工图设计文件要求的墙体材料、保温材料、门窗、采暖制冷系统和照明设备的;③使用列入禁止使用目录的技术、工艺、材料和设备的。

4)监理单位的法律责任

工程监理单位有下列行为之一的,由县级以上地方人民政府建设主管部门责令限期改正;逾期未改正的,处10万元以上30万元以下的罚款;情节严重的,由颁发资质证书的部门责令停业整顿,降低资质等级或者吊销资质证书;造成损失的,依法承担赔偿责任:①未按照民用建筑节能强制性标准实施监理的;②墙体、屋面的保温工程施工时,未采取旁站、巡视和平行检验等形式实施监理的。

对不符合施工图设计文件要求的墙体材料、保温材料、门窗、采暖制冷系统和照明设备,按照符合施工图设计文件要求签字的,依照《建设工程质量管理条例》第六十七条的规定,将责令改正,并处以 50 万元以上 100 万元以下的罚款,降低资质等级或吊销资质证书;有违法所得的,予以没收;造成损失的,应承担连带赔偿责任。

9.3 工程建设文物保护法规

9.3.1 文物的概述

文物是人类在历史发展过程中遗留下来的遗物、遗迹。

根据《中华人民共和国文物保护法》的界定,按照文物大小、规模和可移动性分类,分为"不可移动文物"和"可移动文物"两大类;按照文物所有者划分,分为国有文物(公有文物)和私有文物。

古文化遗址、古墓葬、古建筑、石窟寺、石刻、壁画、近代现代重要史迹和代表性建筑等不可移动文物,根据它们的历史、艺术、科学价值,可以分别确定为全国重点文物保护单位,省级文物保护单位,市、县级文物保护单位。

历史上各时代重要实物、艺术品、文献、手稿、图书资料、代表性实物等可移动文物,分为珍贵文物和一般文物;珍贵文物分为一级文物、二级文物、三级文物。

基本建设活动必须遵守文物保护工作的方针,不得对文物造成损害。

9.3.2 工程建设文物保护的具体规定

1) 工程选址

建设工程选址,应当尽可能避开不可移动文物;因特殊情况不能避开的,对文物保护单位应当尽可能实施原址保护。

实施原址保护的,建设单位应当事先确定保护措施,根据文物保护单位的级别报相应的文物行政部门批准,并将保护措施列入可行性研究报告或者设计任务书。

无法实施原址保护,必须迁移异地保护或者拆除的,应当报省、自治区、直辖市人民政府批准;迁移或者拆除省级文物保护单位的,批准前须征得国务院文物行政部门同意。全国重点文物保护单位不得拆除;需要迁移的,须由省、自治区、直辖市人民政府报国务院批准。

2) 工程建设中文物保护费用由建设单位承担

依照规定拆除的国有不可移动文物中具有收藏价值的壁画、雕塑、建筑构件等,由文物行政部门指定的文物收藏单位收藏。原址保护、迁移、拆除所需费用,由建设单位列入建设工程预算。

凡因进行基本建设和生产建设需要的考古调查、勘探、发掘,所需费用由建设单位列入建设工程预算。

3）工程建设中文物必须由政府部门负责组织调查、挖掘

进行大型基本建设工程，建设单位应当事先报请省、自治区、直辖市人民政府文物行政部门组织从事考古发掘的单位在工程范围内有可能埋藏文物的地方进行考古调查、勘探。

确因建设工期紧迫或者有自然破坏危险，对古文化遗址、古墓葬急需进行抢救发掘的，由省、自治区、直辖市人民政府文物行政部门组织发掘，并同时补办审批手续。

4）工程建设发现文物报告和保护的程序

在进行建设工程中，任何单位或者个人发现文物，应当保护现场，立即报告当地文物行政部门，文物行政部门接到报告后，如无特殊情况，应当在 24 小时内赶赴现场，并在 7 日内提出处理意见。文物行政部门可以报请当地人民政府通知公安机关协助保护现场；发现重要文物的，应当立即上报国务院文物行政部门，国务院文物行政部门应当在接到报告后 15 日内提出处理意见。

发现的文物属于国家所有，任何单位或者个人不得哄抢、私分、藏匿。

5）工程规划设计、施工中的文物保护措施

根据保护文物的实际需要，经省、自治区、直辖市人民政府批准，可以在文物保护单位的周围划出一定的建设控制地带，并予以公布。在文物保护单位的建设控制地带内进行建设工程，不得破坏文物保护单位的历史风貌；工程设计方案应当根据文物保护单位的级别，经相应的文物行政部门同意后，报城乡建设规划部门批准。

在文物保护单位的保护范围和建设控制地带内，不得建设污染文物保护单位及其环境的设施，不得进行可能影响文物保护单位安全及其环境的活动。对已有的污染文物保护单位及其环境的设施，应当限期治理。

文物保护单位的保护范围内不得进行其他建设工程或者爆破、钻探、挖掘等作业。但是，因特殊情况需要在文物保护单位的保护范围内进行其他建设工程或者爆破、钻探、挖掘等作业的，必须保证文物保护单位的安全，并经核定公布该文物保护单位的人民政府批准，在批准前应当征得上一级人民政府文物行政部门同意；在全国重点文物保护单位的保护范围内进行其他建设工程或者爆破、钻探、挖掘等作业的，必须经省、自治区、直辖市人民政府批准，在批准前应当征得国务院文物行政部门同意。

9.3.3 工程建设文物保护的违法责任

在文物保护单位的保护范围内或者建设控制地带内建设污染文物保护单位及其环境的设施的，或者对已有的污染文物保护单位及其环境的设施未在规定的期限内完成治理的，由环境保护行政部门依照有关法律、法规的规定给予处罚。

有下列行为之一，尚不构成犯罪的，由县级以上人民政府文物主管部门责令改正，造成严重后果的，处 5 万元以上 50 万元以下的罚款；情节严重的，由原发证机关吊销资质证书：①擅自在文物保护单位的保护范围内进行建设工程或者爆破、钻探、挖掘等作业的；②在文物保护单位的建设控制地带内进行建设工程，其工程设计方案未经文物行政部门同意、报城乡建设规划部门批准，对文物保护单位的历史风貌造成破坏的；③擅自迁移、拆除不可移动文物的；④擅自修缮不可移动文物,明显改变文物原状的;⑤擅自在原址重建已全部毁坏的不可移动文物,造成文物破坏的;⑥施工单位未取得文物保护工程资质证书,擅自从事文物修缮、迁移、重建的。

9.4　工程环境、能源和文物保护案例

2013年年初,某高层住宅小区三期工程完成施工图设计,2013年年底开始施工。按照地方建筑节能有关规定,新建、扩建、改建的民用建筑项目,必须按照国家强制性标准进行设计、施工和监理。由于二期工程预售不太理想,房地产开发公司资金回笼速度太慢,公司财务陷入危机。为了降低工程成本,房地产公司项目负责人要求施工单位采用能耗过高的采暖制冷系统,选用不保温的墙体材料和密实性差的门窗。监理单位在验收时,对于不符合国家强制性标准的采暖制冷系统、墙体材料和门窗予以合格验收。在三期工程竣工验收时,当地质量监督管理部门发现项目在节能方面不达标,要求参与方作出相应的整改。

【问题】
(1) 建设单位、施工单位和监理单位的行为是否违法?
(2) 在案例中,相关违法单位应承担哪些法律责任?

【解答】
(1) 建设单位、施工单位和监理单位的行为都违法。建设单位明示施工单位使用不符合施工图设计要求的墙体材料、门窗和采暖制冷系统。施工单位使用不符合施工图设计要求的墙体材料、门窗和采暖制冷系统。监理单位对不符合施工图设计要求的墙体材料、门窗和采暖制冷系统予以验收合格。

(2) ① 建设单位的法律责任。建设单位有下列行为之一的,由县级以上地方人民政府建设主管部门责令改正,处20万元以上50万元以下的罚款:明示或者暗示设计单位、施工单位违反民用建筑节能强制性标准进行设计、施工的;明示或者暗示施工单位使用不符合施工图设计文件要求的墙体材料、保温材料、门窗、采暖制冷系统和照明设备的;采购不符合施工图设计文件要求的墙体材料、保温材料、门窗、采暖制冷系统和照明设备的;使用列入禁止使用目录的技术、工艺、材料和设备的。

② 施工单位的法律责任。施工单位有下列行为之一的,由县级以上地方人民政府建设主管部门责令改正,处10万元以上20万元以下的罚款;情节严重的,由颁发资质证书的部门责令停业整顿,降低资质等级或者吊销资质证书;造成损失的,依法承担赔偿责任:未对进入施工现场的墙体材料、保温材料、门窗、采暖制冷系统和照明设备进行查验的;使用不符合施工图设计文件要求的墙体材料、保温材料、门窗、采暖制冷系统和照明设备的;使用列入禁止使用目录的技术、工艺、材料和设备的。

③ 监理单位的法律责任。监理单位对不符合施工图设计文件要求的墙体材料、保温材料、门窗、采暖制冷系统和照明设备,按照符合施工图设计文件要求签字的,依照《建设工程质量管理条例》第六十七条的规定,将责令改正,并处以50万元以上100万元以下的罚款,降低资质等级或吊销资质证书;有违法所得的,予以没收;造成损失的,应承担连带赔偿责任。

习 题

一、名词解释

工程建设环境　　环境噪声　　固体废物　　节约能源　　三同时

二、选择题

1. 施工单位须在开工（　　）天以前向所在地县以上环境行政主管部门申报该工程采取的环境噪声污染防治情况。
   A. 15　　　　B. 20　　　　C. 30　　　　D. 45

2. 下列不属于噪声污染防治办法的是（　　）。
   A. 作业时尽量控制噪音影响，对噪声过大的设备尽可能不用或少用。在施工中采取防护等措施，把噪音降低到最低限度
   B. 对强噪声机械（如搅拌机、电锯、电刨、砂轮机等）设置封闭的操作棚，以减少噪声的扩散
   C. 在施工现场倡导文明施工，尽量减少人为的大声喧哗，不使用高音喇叭或怪音喇叭，增强全体施工人员防噪声扰民的自觉意识
   D. 禁止将有毒有害废弃物用作土方回填，以免污染地下水和环境

3. 下列不属于大气污染防治办法的是（　　）。
   A. 清理施工垃圾时使用容器吊运，严禁随意凌空抛撒造成扬尘。施工垃圾及时清运，清运时，适量洒水减少扬尘
   B. 施工道路采用硬化，并随时清扫洒水，减少道路扬尘
   C. 搅拌站搭设封闭的搅拌棚，在搅拌机上设置喷淋装置
   D. 尽量避免夜间施工，确有必要时及时向环保部门办理夜间施工许可证，并向周边居民告示

4. 下列关于建设工程节能的表述，正确的是（　　）。
   A. 只有节能重点工程项目的施工图设计文件审查时才需要进行节能审查，其他项目不需要进行节能审查
   B. 施工图设计文件审查时应当审查节能设计的内容，并在审查报告中单列节能章节
   C. 施工图设计文件审查时应当审查节能设计的内容，但不需要在审查报告中单列节能章节
   D. 对新建民用建筑应当执行建筑节能标准的要求，改建、扩建时可不用考虑建筑节能标准

5. 下列行为中不属于民用建筑节能的情形的是（　　）。
   A. 在规划、设计、建造和使用过程中，采用新型墙体材料
   B. 执行建筑节能标准，加强建筑物用能设备的运行管理
   C. 合理设计建筑维护结构的热工性能，提高采暖、制冷、给水排水和管道系统运行效率
   D. 采用新型能源取代传统燃料

6. 下列关于建筑节能设计要求的说法,正确的是( )。
A. 当施工难度大时,建设单位有权要求设计单位修改节能设计文件,降低节能标准
B. 对于民用建筑,建设单位可以要求设计单位不按照节能标准进行设计,但工业项目不行
C. 当工期较长时,建设单位有权要求设计单位修改节能设计文件,降低节能标准
D. 建设单位不得以任何理由要求设计单位修改节能设计文件以降低节能标准

7. 下列关于建筑节能的说法,正确的是( )。
A. 建筑节能必须遵守国家强制性节能标准
B. 新建民用建筑必须使用节能门窗、墙体材料和保温材料
C. 国家不提倡发展集中供热和热、电、冷联产联供技术
D. 建设单位可依据自己的要求,不需要设计单位进行节能设计

8. 某施工单位,在一建筑工地开挖地基时发现文物。下列做法中,符合法律规定的是( )。
A. 保护现场,并在第3天报告当地文物行政部门
B. 为赶进度,自行将文物发掘后私分
C. 保护现场,并立即报告当地文物行政部门
D. 保护现场,并在第5天报告当地文物行政部门

9. 墙体保温工程责任期为( )年。
A. 3 B. 4 C. 5 D. 9

10. 在全国重点文物保护单位的保护范围内进行爆破、钻探、挖掘作业的,必须经( )批准。
A. 县级以上人民政府   B. 省级人民政府
C. 国务院   D. 省级文物行政部门

11. 施工单位有下列行为之一的,由( )建设主管部门责令改正,处10万元以上20万元以下的罚款;情节严重的,由颁发资质证书的部门责令停业整顿,降低资质等级或者吊销资质证书;造成损失的,依法承担赔偿责任:未对进入施工现场的墙体材料、保温材料、门窗、采暖制冷系统和照明设备进行查验的;使用不符合施工图设计文件要求的墙体材料、保温材料、门窗、采暖制冷系统和照明设备的;使用列入禁止使用目录的技术、工艺、材料和设备的。
A. 县级以上地方人民政府   B. 市级以上地方人民政府
C. 省级以上地方人民政府   D. 国务院

三、简答题

1. 简述施工现场防治噪声污染的办法。
2. 在施工现场发现文物,如何报告和保护?

四、案例分析题

某建筑公司是一家施工总承包企业,2013年1月承揽了某住宅小区10栋楼的施工任务。在施工过程中,并没有按照审查合格的设计文件和建筑节能标准进行施工。2014年12月,轻松通过了监理单位和建设单位的验收。后来经群众举报,在有关部门的检查下被曝光。

(1) 对于此次事件,不应当承担法律责任的单位有哪些?
(2) 对于此次事件,违法单位应承担哪些法律责任?

10 工程建设劳动法规

学习目标

(1) 了解工程建设劳动法规体系。
(2) 掌握劳动合同订立、履行和变更、解除和终止。
(3) 熟悉劳动保护用品。
(4) 知晓劳动争议解决方式。

在工程项目建设中,既要保障建设单位、施工企业、勘察设计单位等法人或组织的经济效益,又要保护劳动者的合法权益,构建和发展和谐稳定的劳动关系,追求全社会的安定团结,实现社会和经济协调发展,坚持"以人为本"的科学发展观。

10.1 概述

10.1.1 工程建设劳动法规的概念

工程建设劳动法规是调整工程建设领域劳动关系、劳动保护和劳动争议的法律、行政法规、部门规章和地方法规、地方规章的总称。工程建设劳动法规属于社会法,侧重于调整政府与社会之间、组织与个人之间的法律关系。

10.1.2 工程建设劳动法规的适用范围

凡是中华人民共和国境内的企业、个体经济组织、民办非企业单位等组织(以下称用人单位)与劳动者建立劳动关系,订立、履行、变更、解除或者终止劳动合同,均适用于工程建设劳动法规。

国家机关、事业单位、社会团体和与其建立劳动关系的劳动者,订立、履行、变更、解除或者终止劳动合同,依照有关劳动法规执行。

10.1.3 工程建设劳动法体系

我国目前已经形成了一套比较完善的劳动法体系,促进建筑业就业,有利于从业者就业择业,保护劳动者合法权益,统筹兼顾国家、企业和个人多方利益。

1）法律

涉及《劳动法》《劳动保护法》《社会保险法》《劳动争议调解仲裁法》《职业病防治法》等等。

2）行政法规

包括《劳动合同法实施条例》《工伤保险条例》等等。

3）部门规章

包括《体力劳动强度等级》《关于建立和完善劳务分包制度 发展建筑劳务企业的意见》《房屋建筑和市政基础设施工程施工分包管理办法》等等。

4）地方法规和规章

如《重庆市高温天气劳动保护办法》《深圳市高温天气劳动保护暂行办法》等等。

10.2　劳动合同

劳动合同包括合同的订立、履行和变更、解除和终止。

10.2.1　劳动合同订立

1）劳动合同订立原则

订立劳动合同,应当遵循合法、公平、平等自愿、协商一致、诚实信用的原则。

劳动者和用人单位在法律上具有相等的地位,劳动者具有自主就业和择业的权利。用人单位不得要求劳动者提供担保或者以其他名义向劳动者索取财物,不得扣押劳动者的居民身份证或者其他有效证件,限制劳动者的流动。

依法订立的劳动合同具有约束力,用人单位与劳动者应当履行劳动合同约定的义务。

2）劳动合同订立时间

建立劳动关系,应当及时订立书面劳动合同。劳动合同由用人单位与劳动者协商一致,并经用人单位与劳动者在劳动合同文本上签字或者盖章生效。劳动合同文本由用人单位和劳动者各执一份。

已建立劳动关系,未同时订立书面劳动合同的,应当自用工之日起1个月内订立书面劳动合同。用人单位与劳动者在用工前订立劳动合同的,劳动关系自用工之日起建立。

3）劳动合同的分类

劳动合同分为固定期限劳动合同、无固定期限劳动合同和以完成一定工作任务为期限的劳动合同。

（1）固定期限劳动合同

固定期限劳动合同,是指用人单位与劳动者约定合同终止时间的劳动合同。用人单位与劳动者协商一致,可以订立固定期限劳动合同。合同期限可以是1年、2年、3年,也可以是5

年以上,一般可视企业规模、项目数量和劳动者技术水平而定。

(2) 无固定期限劳动合同

无固定期限劳动合同,是指用人单位与劳动者约定无确定终止时间的劳动合同。

用人单位与劳动者协商一致,可以订立无固定期限劳动合同。有下列情形之一,劳动者提出或者同意续订、订立劳动合同的,除劳动者提出订立固定期限劳动合同外,应当订立无固定期限劳动合同:①劳动者在该用人单位连续工作满10年的。②用人单位初次实行劳动合同制度或者国有企业改制重新订立劳动合同时,劳动者在该用人单位连续工作满10年且距法定退休年龄不足10年的。③连续订立2次固定期限劳动合同,且劳动者没有如下任一情况的,可续订劳动合同的:在试用期间被证明不符合录用条件的;严重违反用人单位的规章制度的;严重失职,营私舞弊,给用人单位造成重大损害的;劳动者同时与其他用人单位建立劳动关系,对完成本单位的工作任务造成严重影响,或者经用人单位提出,拒不改正的;被依法追究刑事责任的;等等。

凡是用人单位自用工之日起满1年不与劳动者订立书面劳动合同的,视为用人单位与劳动者已订立无固定期限劳动合同。

(3) 以完成一定工作任务为期限的劳动合同

以完成一定工作任务为期限的劳动合同,是指用人单位与劳动者约定以某项工作的完成为合同期限的劳动合同。用人单位与劳动者协商一致,可以订立以完成一定工作任务为期限的劳动合同,该类合同适用于规模小、难度大的工程。

4) 劳动合同具备的条款

(1) 用人单位的名称、住所和法定代表人或者主要负责人。

(2) 劳动者的姓名、住址和居民身份证或者其他有效身份证件号码。

(3) 劳动合同期限。

(4) 工作内容和工作地点。

(5) 工作时间和休息休假。

(6) 劳动报酬、社会保险、劳动保护、劳动条件和职业危害防护。

(7) 法律、法规规定应当纳入劳动合同的其他事项。

劳动合同除前款规定的必备条款外,用人单位与劳动者可以约定试用期、培训、保守秘密、补充保险和福利待遇等其他事项。

(1) 试用期时间和报酬是初级就业者所关注的重要因素。试用期长短一般和合同期限的长短有关,同一用人单位与同一劳动者只能约定一次试用期:劳动合同期限3个月以上不满1年的,试用期不得超过1个月;劳动合同期限1年以上不满3年的,试用期不得超过2个月;3年以上固定期限和无固定期限的劳动合同,试用期不得超过6个月;以完成一定工作任务为期限的劳动合同或者劳动合同期限不满3个月的,不得约定试用期;试用期包含在劳动合同期限内,劳动合同仅约定试用期的,试用期不成立,该期限为劳动合同期限。

劳动者在试用期的工资不得低于本单位相同岗位最低档工资或者劳动合同约定工资的80%,并不得低于用人单位所在地的最低工资标准。

(2) 劳动合同对劳动报酬和劳动条件等标准约定不明确。若引发争议的,用人单位与劳动者可以重新协商;协商不成的,适用集体合同规定;没有集体合同或者集体合同未规定劳动报酬的,实行同工同酬;没有集体合同或者集体合同未规定劳动条件等标准的,适用国家有关规定。

(3) 国家鼓励企业对员工进行职业教育再培训,提高工程建设领域人员的整体素质。从事技术工种的劳动者,上岗前必须经过培训。用人单位为劳动者提供专项培训费用,对其进行专业技术培训的,可以与该劳动者订立协议,约定服务期。劳动者违反服务期约定的,应当按照约定向用人单位支付违约金。违约金的数额不得超过用人单位提供的培训费用。用人单位要求劳动者支付的违约金不得超过服务期尚未履行部分所应分摊的培训费用。用人单位与劳动者约定服务期的,不影响按照正常的工资调整机制提高劳动者在服务期期间的劳动报酬。

(4) 保密和竞业事项。用人单位与劳动者可以在劳动合同中约定保守用人单位的商业秘密以及与知识产权相关的保密事项,如企业研发的新产品、新技术、新工艺、新方法等等。

对负有保密义务的劳动者,用人单位可以在劳动合同或者保密协议中与劳动者约定竞业限制条款,并约定在解除或者终止劳动合同后,在竞业限制期限内按月给予劳动者经济补偿。劳动者违反竞业限制约定的,应当按照约定向用人单位支付违约金。竞业限制的人员限于用人单位的高级管理人员、高级技术人员和其他负有保密义务的人员。竞业限制的范围、地域、期限由用人单位与劳动者约定,竞业限制的约定不得违反法律、法规的规定。在解除或者终止劳动合同后,竞业限制规定的人员到与本单位生产或者经营同类产品、从事同类业务的有竞争关系的其他用人单位,或者自己开业生产或者经营同类产品、从事同类业务的竞业限制期限,不得超过2年。

对于正当、合理的保密和竞业限制事项,国家给予支持;对于变相地限制企业员工再就业的保密和竞业限制事项,不受法律的保护。

5) 劳动合同的无效或部分无效

有下列情形之一的,劳动合同条款无效或部分无效:欺诈、胁迫的手段或者乘人之危,使对方在违背真实意思的情况下订立或者变更劳动合同的;用人单位免除自己的法定责任,排除劳动者权利的;违反法律、行政法规强制性规定的。

对劳动合同的无效或者部分无效有争议的,由劳动争议仲裁机构或者人民法院确认。

劳动合同部分无效,不影响其他部分效力的,其他部分仍然有效。

劳动合同被确认无效,劳动者已付出劳动的,用人单位应当向劳动者支付劳动报酬。劳动报酬的数额,参照本单位相同或者相近岗位劳动者的劳动报酬确定。

10.2.2 劳动合同的履行和变更

1) 合同的履行

工程建设用人单位与劳动者应当按照劳动合同的约定,全面履行各自的义务。用人单位应当按照劳动合同约定和国家规定,向劳动者及时足额支付劳动报酬。用人单位拖欠或者未足额支付劳动报酬的,劳动者可以依法向当地人民法院申请支付令,人民法院应当依法发出支付令。

工程总承包企业应对专业承包公司或劳务分包单位的用工情况和工资支付进行监督,并对分包工程发生的劳务纠纷承担连带责任。若专业承包公司或劳务分包单位拖欠农民工工资,工程总承包企业应当履行先行支付的义务。

劳动者拒绝用人单位管理人员违章指挥、强令冒险作业的，不视为违反劳动合同。劳动者对危害生命安全和身体健康的劳动条件，有权对用人单位提出批评、检举和控告。比如施工单位要求在暴风雨、风级六级以上的天气进行吊装作业，吊装人员有权拒绝该作业。

2）合同的变更

用人单位变更名称、法定代表人、主要负责人或者投资人等事项，不影响劳动合同的履行。用人单位发生合并或者分立等情况，原劳动合同继续有效，劳动合同由承继其权利和义务的用人单位继续履行，合同的实质性条款并未发生根本变化。

10.2.3 劳动合同的解除和终止

1）合同的解除

用人单位与劳动者协商一致，可以解除劳动合同。劳动者提前30日以书面形式通知用人单位，可以解除劳动合同，不需支付违约金。劳动者在试用期内提前3日通知用人单位，可以解除劳动合同，可不需支付违约金。

（1）劳动者提出解除合同

用人单位有下列情形之一的，劳动者可以解除劳动合同：

① 未按照劳动合同约定提供劳动保护或者劳动条件的。

② 未及时足额支付劳动报酬的。

③ 未依法为劳动者缴纳社会保险费的。

④ 用人单位的规章制度违反法律、法规的规定，损害劳动者权益的。

⑤ 法律、行政法规规定劳动者可以解除劳动合同的其他情形。

用人单位以暴力、威胁或者非法限制人身自由的手段强迫劳动者劳动的，或者用人单位违章指挥、强令冒险作业危及劳动者人身安全的，劳动者可以立即解除劳动合同，不需事先告知用人单位。

（2）用人单位提出解除合同

劳动者有下列情形之一的，用人单位可以解除劳动合同：

① 在试用期间被证明不符合录用条件的。

② 严重违反用人单位的规章制度的。

③ 严重失职，营私舞弊，给用人单位造成重大损害的。

④ 劳动者同时与其他用人单位建立劳动关系，对完成本单位的工作任务造成严重影响，或者经用人单位提出，拒不改正的。

⑤ 被依法追究刑事责任的。

⑥ 法律、行政法规规定用人单位可以解除劳动合同的其他情形。

2）合同的终止

有下列情形之一的，劳动合同终止：

（1）劳动合同期满的。

(2) 劳动者开始依法享受基本养老保险待遇的。
(3) 劳动者死亡,或者被人民法院宣告死亡或者宣告失踪的。
(4) 用人单位被依法宣告破产的。
(5) 用人单位被吊销营业执照、责令关闭、撤销或者用人单位决定提前解散的。
(6) 法律、行政法规规定的其他情形。

10.2.4 劳动合同的法律责任

1) 用人单位的违法责任

用人单位违反劳动合同法有关建立职工名册规定的,由劳动行政部门责令限期改正;逾期不改正的,由劳动行政部门处2 000元以上2万元以下的罚款。

用人单位依照劳动合同法的规定应当向劳动者每月支付2倍的工资或者应当向劳动者支付赔偿金而未支付的,劳动行政部门应当责令用人单位支付。

用工单位违反劳动合同法及其实施条例有关劳务派遣规定的,由劳动行政部门和其他有关主管部门责令改正;情节严重的,以每位被派遣劳动者1 000元以上5 000元以下的标准处以罚款;给被派遣劳动者造成损害的,劳务派遣单位和用工单位承担连带赔偿责任。

用人单位的劳动安全设施和劳动卫生条件不符合国家规定或者未向劳动者提供必要的劳动防护用品和劳动保护设施的,由劳动行政部门或者有关部门责令改正,可以处以罚款;情节严重的,提请县级以上人民政府决定责令停产整顿;对事故隐患不采取措施,致使发生重大事故,造成劳动者生命和财产损失的,对责任人员比照《刑法》第一百八十七条的规定追究刑事责任。用人单位强令劳动者违章冒险作业,发生重大伤亡事故,造成严重后果的,对责任人员依法追究刑事责任。

2) 劳动者的违法责任

劳动者违反规定解除劳动合同,或者违反劳动合同中约定的保密义务或者竞业限制,给用人单位造成损失的,应当承担赔偿责任。

3) 行政部门的违法责任

劳动行政部门和其他有关主管部门及其工作人员玩忽职守、不履行法定职责,或者违法行使职权,给劳动者或者用人单位造成损害的,应当承担赔偿责任;对直接负责的主管人员和其他直接责任人员,依法给予行政处分;构成犯罪的,依法追究刑事责任。

10.3 劳动保护

10.3.1 劳动保护的定义

劳动保护是国家和单位为保护劳动者在劳动生产过程中的安全和健康所采取的立法、组织和技术措施的总称。劳动保护的目的是为劳动者创造安全、卫生、舒适的劳动工作条件,消除和预防劳动生产过程中可能发生的伤亡、职业病和急性职业中毒,保障劳动者以健康的劳动力参加社会生产,促进劳动生产率的提高,保证经济持续发展。

10.3.2 女职工劳动保护

1) 妇女拥有就业权和培训权

凡适合妇女从事劳动的单位,不得拒绝招收女职工。用人单位应当加强女职工劳动保护,采取措施改善女职工劳动安全卫生条件,对女职工进行劳动安全卫生知识培训。

2) 女职工拥有特别保护权

(1) 用人单位应当遵守女职工禁忌从事的劳动范围的规定

用人单位应当将本单位属于女职工禁忌从事的劳动范围的岗位书面告知女职工,女职工禁忌从事的劳动范围如下:①矿山井下作业;②体力劳动强度分级标准中规定的第四级体力劳动强度的作业;③每小时负重 6 次以上、每次负重超过 20 kg 的作业,或者间断负重、每次负重超过 25 kg 的作业。

用人单位不得安排怀孕的女职工和未成年工在 35℃ 以上的高温天气露天工作及温度在 33℃ 以上的作业场所工作。

(2) 女职工拥有特殊假期权利

女职工在孕期不能适应原劳动的,用人单位应当根据医疗机构的证明,予以减轻劳动量或者安排其他能够适应的劳动。对怀孕 7 个月以上的女职工,用人单位不得延长劳动时间或者安排夜班劳动,并应当在劳动时间内安排一定的休息时间。怀孕女职工在劳动时间内进行产前检查,所需时间计入劳动时间。

女职工生育享受 98 天产假,其中产前可以休假 15 天;难产的,增加产假 15 天;生育多胞胎的,每多生育 1 个婴儿,增加产假 15 天。女职工怀孕未满 4 个月流产的,享受 15 天产假;怀孕满 4 个月流产的,享受 42 天产假。女职工产假期间的生育津贴,对已经参加生育保险的,按照用人单位上年度职工月平均工资的标准由生育保险基金支付;对未参加生育保险的,按照女职工产假前工资的标准由用人单位支付。对哺乳未满 1 周岁婴儿的女职工,用人单位不得延长劳动时间或者安排夜班劳动。用人单位应当在每天的劳动时间内为哺乳期女职工安排 1 小时哺乳时间;女职工生育多胞胎的,每多哺乳 1 个婴儿每天增加 1 小时哺乳时间。

女职工比较多的用人单位应当根据女职工的需要,建立女职工卫生室、孕妇休息室、哺乳室等设施,妥善解决女职工在生理卫生、哺乳方面的困难。在劳动场所,用人单位应当预防和制止对女职工的性骚扰。

(3) 用人单位的违法责任

用人单位违反规定,侵害女职工合法权益的,女职工可以依法投诉、举报、申诉,依法向劳动人事争议调解仲裁机构申请调解仲裁,对仲裁裁决不服的,依法向人民法院提起诉讼。用人单位违反规定,侵害女职工合法权益,造成女职工损害的,依法给予赔偿;用人单位及其直接负责的主管人员和其他直接责任人员构成犯罪的,依法追究刑事责任。

10.3.3 未成年劳动保护

不得安排未成年工从事矿山井下、有毒有害、国家规定的第四级体力劳动强度的劳动和其他禁忌从事的劳动。其中,第四级体力劳动就是在 8 小时工作日内,人体的平均能量耗费为 2 700 大卡,净劳动时间为 370 分钟,相当于"很重"强度劳动,比如煤厂的煤仓装煤工等。

用人单位应对未成年工定期进行安全检查,还需向所在地的县级以上劳动行政部门办理登记。未成年工上岗前用人单位应对其进行有关的职业安全卫生教育和培训,比如安全防护用品的使用等。

用人单位非法招用未满 16 周岁的未成年人的,由劳动行政部门责令改正,处以罚款;情节严重的,由工商行政管理部门吊销营业执照。

10.3.4 高温天气劳动保护

目前,涉及高温季节劳动保护的部级以上法规仅有 1960 年 7 月 1 日卫生部、劳动部、全国总工会联合公布的《防暑降温措施暂行办法》,法规级别低,颁布时间早,内容更新慢。而地方关于高温作业施工保护的办法比较完善,比如《重庆市高温天气劳动保护办法》《重庆市总工会关于做好高温天气职工劳动保护工作的通知》《深圳市高温天气劳动保护暂行办法》《广东省高温天气劳动保护办法》《上海市高温天气劳动保护办法》等等。高温季节劳动保护的地方法规具有很多共同点。

1) 高温天气的界定比较一致

高温天气是指地市级以上气象主管部门所属气象台站向公众发布的日最高气温 35℃ 以上的天气。高温天气分为一般、中度、强度高温天气。

日最高气温达到 35℃ 以上、37℃ 以下(不含 37℃)为一般高温天气,用人单位应当切实做好高温天气防暑降温工作,制定并落实防暑降温措施,确保防暑降温设备、器材正常运行。

日最高气温达到 37℃ 以上、40℃ 以下(不含 40℃)为中度高温天气,用人单位安排劳动者工作时间不得超过 6 小时,并暂停 12 时至 16 时高温时段工作。因生产工艺要求不能暂停 12 时至 16 时高温时段工作的,应当暂停高温时段露天工作。因生产工艺要求必须在高温时段露天工作的,用人单位应当合理调整作息时间。

日最高气温达到 40℃ 以上为强度高温天气,用人单位经采取降温措施不能使劳动者工作场所温度低于 37℃ 的(不含 37℃),应当停止工作。因生产工艺要求不能停止工作的,应当暂停 12 时至 16 时高温时段工作。因生产工艺要求不能暂停 12 时至 16 时高温时段工作的,应当暂停高温时段露天工作。因生产工艺要求必须在高温时段露天工作的,用人单位应当合理调整作息时间。

2) 发放高温补贴,提供降温饮料

在重庆,劳动者在高温天气下工作,用人单位应当向劳动者发放高温补贴,其中中度高温天气下按每人每天 5 元至 10 元标准发放,强度高温天气下按每人每天 10 元至 20 元标准发放。每年 5 月至 9 月期间,用人单位应当向从事露天工作和室内高温工作的劳动者免费提供足够的、符合卫生标准的清凉饮料。

在广东省,每年6月至10月期间,劳动者从事露天岗位工作以及用人单位不能采取有效措施将作业场所温度降低到33℃以下的(不含33℃),用人单位应当按月向劳动者发放高温津贴。所需费用在企业成本费用中列支。每年6月至10月的高温天气期间,用人单位应当向从事露天工作和室内高温工作的劳动者免费提供符合食品安全标准的清凉饮料,提供的清凉饮料不能充抵高温津贴。

3) 把中暑列为职业病

在重庆和广东省,劳动者因在高温天气下工作引起中暑,经市卫生行政部门批准的职业病诊断医疗卫生机构诊断为职业病的,可向有关劳动和社会保障行政部门申请工伤认定,认定为工伤的,享受工伤保险待遇。劳动者在工作时间和工作岗位上因中暑死亡或中暑后48小时内经抢救无效死亡的,视为工伤,享受工伤保险待遇。

4) 依法惩罚企业高温防暑违法行为

在重庆,用人单位违反规定,未向劳动者提供高温天气必需的劳动防护设施和用品,按照有关规定追究用人单位及其负责人相应责任。用人单位违反规定,未向劳动者发放或未按本办法规定标准向劳动者发放高温补贴,每年5月至9月期间未向从事露天工作和室内高温工作的劳动者免费提供清凉饮料的,由安全生产监督管理部门责令限期改正;逾期不改正的,对用人单位处1 000元以上30 000元以下罚款。

在广东省,用人单位违反规定,未向劳动者发放高温津贴的,由县级以上人力资源社会保障主管部门责令限期改正,给予补发;逾期未改正的,处2 000元以上10 000元以下罚款。

用人单位违反规定,未提供清凉饮料的,由县级以上人力资源社会保障主管部门责令改正;逾期未改正的,处500元以上2 000元以下罚款。

用人单位违反规定,企业工会或者所在地总工会有权向用人单位提出意见,用人单位应当及时改正。用人单位拒不改正的,有关工会组织应当提请政府及其有关部门依法处理,并对处理结果进行监督。

10.3.5 配备劳动防护用品

劳动防护用品,是指由工程项目生产经营单位为从业人员配备的,使其在劳动过程中免遭或者减轻事故伤害及职业危害的个人防护装备。

1) 劳动防护用品的分类

劳动防护用品分为特种劳动防护用品和一般劳动防护用品。特种劳动防护用品目录由国家安全生产监督管理总局确定并公布;未列入目录的劳动防护用品为一般劳动防护用品。

在工程建设过程中,经营单位必须对在特殊环境下作业的劳动者提供特殊劳动防护用品,种类繁多。比如头部护具类,安全帽;呼吸护具类,防尘口罩、过滤式防毒面具、自给式空气呼吸器、长管面具;眼(面)护具类,焊接眼面防护具、防冲击眼护具;防护服类,阻燃防护服、防酸工作服、防静电工作服;防护鞋类,保护足趾安全鞋、防静电鞋、导电鞋、防刺穿鞋、胶面防砸安全靴、耐酸碱胶靴、电绝缘耐酸碱皮鞋、耐酸碱塑料模压靴;防坠落护具类,安全带、安全网、密目式安全立网等等。

2）劳动防护用品的配备和使用

生产经营单位应当安排用于配备劳动防护用品的专项经费。在工程招投标中，建设单位不得把安全文明施工费列为竞争费用，不得暗示施工单位压低安全文明施工费。在工程项目实施中，施工单位不得将安全文明施工费挪为他用。

生产经营单位不得以货币或者其他物品替代应当按规定配备的劳动防护用品。生产经营单位为从业人员提供的劳动防护用品，必须符合国家标准或者行业标准，不得超过使用期限。

生产经营单位应当建立健全劳动防护用品的采购、验收、保管、发放、使用、报废等管理制度。生产经营单位不得采购和使用无安全标志的特种劳动防护用品；购买的特种劳动防护用品须经本单位的安全生产技术部门或者管理人员检查验收。

生产经营单位的从业人员有权依法向本单位提出配备所需劳动防护用品的要求；有权对本单位劳动防护用品管理的违法行为提出批评、检举、控告。从业人员在作业过程中，必须按照安全生产规章制度和劳动防护用品使用规则，正确佩戴和使用劳动防护用品；未按规定佩戴和使用劳动防护用品的，不得上岗作业。生产经营单位应当督促、教育从业人员正确佩戴和使用劳动防护用品。

3）劳动防护用品的监督检查

国家安全生产监督管理总局对全国劳动防护用品的生产、检验、经营和使用的情况实施综合监督管理。省级安全生产监督管理部门对本行政区域内劳动防护用品的生产、检验、经营和使用的情况实施综合监督管理。煤矿安全监察机构对监察区域内煤矿企业劳动防护用品使用情况实施监察。

特种劳动防护用品安全标志管理机构及其工作人员应当坚持公开、公平、公正的原则，严格审查、核发安全标志，并应接受安全生产监督管理部门、煤矿安全监察机构的监督。

4）劳动防护用品的违法责任

（1）行政工作人员的法律责任

特种劳动防护用品安全标志管理机构的工作人员滥用职权、玩忽职守、弄虚作假、徇私舞弊的，依照有关规定给予行政处分；构成犯罪的，依法追究刑事责任。

（2）用人单位的法律责任

生产经营单位未按国家有关规定为从业人员提供符合国家标准或者行业标准的劳动防护用品，有下列行为之一的：不配发劳动防护用品的，不按有关规定或者标准配发劳动防护用品的，配发无安全标志的特种劳动防护用品的，配发不合格的劳动防护用品的，配发超过使用期限的劳动防护用品的，劳动防护用品管理混乱，由此对从业人员造成事故伤害及职业危害等等，安全生产监督管理部门或者煤矿安全监察机构责令限期改正。若逾期未改正的，责令停产停业整顿，可以并处5万元以下的罚款；造成严重后果，构成犯罪的，依法追究刑事责任。

生产或者经营劳动防护用品的企业或者单位有下列行为之一的：生产或者经营假冒伪劣劳动防护用品和无安全标志的特种劳动防护用品的；其他违反劳动防护用品管理有关法律、法规、规章、标准的行为等等，安全生产监督管理部门或者煤矿安全监察机构责令停止违法行为，可以并处3万元以下的罚款。

生产经营单位应当接受工会的监督。工会对生产经营单位劳动防护用品管理的违法行为有权要求纠正，并对纠正情况进行监督。

10.4 劳动争议解决和工伤处理

10.4.1 劳动争议解决

劳动争议(又称劳动纠纷),是指劳动关系当事人之间因劳动的权利与义务发生分歧而引起的争议。

1) 劳动争议的范围

劳动争议的范围主要包括以下几种类型:因确认劳动关系发生的争议;因订立、履行、变更、解除和终止劳动合同发生的争议;因除名、辞退和辞职、离职发生的争议;因工作时间、休息休假、社会保险、福利、培训以及劳动保护发生的争议;因劳动报酬、工伤医疗费、经济补偿或者赔偿金等发生的争议;法律、法规规定的其他劳动争议。

凡是以下情况,均不属于劳动争议的范围:劳动者请求社会保险经办机构发放社会保险金的纠纷;劳动者与用人单位因住房制度改革产生的公有住房转让纠纷;劳动者对劳动能力鉴定委员会的伤残等级鉴定结论或者对职业病诊断鉴定委员会的职业病诊断鉴定结论的异议纠纷;家庭或者个人与家政服务人员之间的纠纷;个体工匠与帮工、学徒之间的纠纷;农村承包经营户与受雇人之间的纠纷。

2) 劳动争议的解决方式

解决劳动争议,应当根据事实,遵循合法、公正、及时、着重调解的原则,依法保护当事人的合法权益。争议的解决方式主要有调解、仲裁和诉讼。

(1) 调解

① 调解组织

发生劳动争议,当事人可以到下列调解组织申请调解:企业劳动争议调解委员会;依法设立的基层人民调解组织;在乡镇、街道设立的具有劳动争议调解职能的组织。其中,企业劳动争议调解委员会由职工代表和企业代表组成。职工代表由工会成员担任或者由全体职工推举产生,企业代表由企业负责人指定;企业劳动争议调解委员会主任由工会成员或者双方推举的人员担任。

② 调解形式

当事人申请劳动争议调解可以书面申请,也可以口头申请。口头申请的,调解组织应当当场记录申请人基本情况、申请调解的争议事项、理由和时间。

经调解达成协议的,应当制作调解协议书。调解协议书由双方当事人签名或者盖章,经调解员签名并加盖调解组织印章后生效,对双方当事人具有约束力,当事人应当履行。

调解不成的,可以申请仲裁或者诉讼:自劳动争议调解组织收到调解申请之日起15日内未达成调解协议的,当事人可以依法申请仲裁;达成调解协议后,一方当事人在协议约定期限内不履行调解协议的,另一方当事人可以依法申请仲裁;因支付拖欠劳动报酬、工伤医疗费、经济补偿或者赔偿金事项达成调解协议,用人单位在协议约定期限内不履行的,劳动者可以持调解协议书依法向人民法院申请支付令,人民法院应当依法发出支付令。

(2) 仲裁

① 仲裁组织

劳动争议仲裁委员会按照统筹规划、合理布局和适应实际需要的原则设立。省、自治区人民政府可以决定在市、县设立;直辖市人民政府可以决定在区、县设立。直辖市、设区的市也可以设立一个或者若干个劳动争议仲裁委员会。劳动争议仲裁委员会不按行政区划层层设立。

劳动争议仲裁委员会由劳动行政部门代表、工会代表和企业方面代表组成。劳动争议仲裁委员会组成人员应当是单数,依法履行下列职责:聘任、解聘专职或者兼职仲裁员;受理劳动争议案件;讨论重大或者疑难的劳动争议案件;对仲裁活动进行监督。

劳动争议仲裁公开进行,但当事人协议不公开进行或者涉及国家秘密、商业秘密和个人隐私的除外。

② 仲裁期限

劳动争议申请仲裁的时效期间为1年。仲裁时效期间从当事人知道或者应当知道其权利被侵害之日起计算。仲裁时效,因当事人一方向对方当事人主张权利,或者向有关部门请求权利救济,或者对方当事人同意履行义务而中断。从中断时起,仲裁时效期间重新计算。

因不可抗力或者有其他正当理由,当事人不能在规定的仲裁时效期间申请仲裁的,仲裁时效中止。从中止时效的原因消除之日起,仲裁时效期间继续计算。

劳动关系存续期间因拖欠劳动报酬发生争议的,劳动者申请仲裁不受不可抗力仲裁时效期间的限制;但是,劳动关系终止的,应当自劳动关系终止之日起1年内提出。

③ 仲裁申请书

申请人申请仲裁应当提交书面仲裁申请,并按照被申请人人数提交副本。

仲裁申请书应当载明下列事项:劳动者的姓名、性别、年龄、职业、工作单位和住所,用人单位的名称、住所和法定代表人或者主要负责人的姓名、职务;仲裁请求和所根据的事实、理由;证据和证据来源、证人姓名和住所。书写仲裁申请确有困难的,可以口头申请,由劳动争议仲裁委员会记入笔录,并告知对方当事人。

(3) 诉讼

当事人对仲裁裁决不服的,可以自收到仲裁裁决书之日起15日内向人民法院提起诉讼。

当事人对发生法律效力的调解书、裁决书,应当依照规定的期限履行。一方当事人逾期不履行的,另一方当事人可以依照民事诉讼法的有关规定向人民法院申请执行。受理申请的人民法院应当依法执行。

10.4.2 工伤处理

1) 工伤的认定情形

职工有下列情形之一的,应当认定为工伤:

(1) 在工作时间和工作场所内,因工作原因受到事故伤害的。

(2) 工作时间前后在工作场所内,从事与工作有关预备性或者收尾性工作受到事故伤害的。

(3) 在工作时间和工作场所内,因履行工作职责受到暴力等意外伤害的。

(4) 患职业病的。
(5) 因工外出期间,由于工作原因受到伤害或者发生事故下落不明的。
(6) 在上下班途中,受到非本人主要责任的交通事故或者城市轨道交通、客运轮渡、火车事故伤害的。
(7) 法律、行政法规规定应当认定为工伤的其他情形。
职工有下列情形之一的,视同工伤:
(1) 在工作时间和工作岗位,突发疾病死亡或者在 48 小时之内经抢救无效死亡的。
(2) 在抢险救灾等维护国家利益、公共利益活动中受到伤害的。
(3) 职工原在军队服役,因战、因公负伤致残,已取得革命伤残军人证,到用人单位后旧伤复发的。

2) 工伤认定时间

职工发生事故伤害或者按照职业病防治法规定被诊断、鉴定为职业病,所在单位应当自事故伤害发生之日或者被诊断、鉴定为职业病之日起 30 日内,向统筹地区社会保险行政部门提出工伤认定申请。遇有特殊情况,经报社会保险行政部门同意,申请时限可以适当延长。

用人单位未在规定的时限内提交工伤认定申请,在此期间发生符合规定的工伤待遇等有关费用由该用人单位负担。

用人单位未按前款规定提出工伤认定申请的,工伤职工或者其近亲属、工会组织在事故伤害发生之日或者被诊断、鉴定为职业病之日起 1 年内,可以直接向用人单位所在地统筹地区社会保险行政部门提出工伤认定申请。

3) 工伤认定申请材料

(1) 工伤认定申请表。
(2) 与用人单位存在劳动关系(包括事实劳动关系)的证明材料。
(3) 医疗诊断证明或者职业病诊断证明书(或者职业病诊断鉴定书)。

工伤认定申请表应当包括事故发生的时间、地点、原因以及职工伤害程度等基本情况。

工伤认定申请人提供材料不完整的,社会保险行政部门应当一次性书面告知工伤认定申请人需要补正的全部材料。申请人按照书面告知要求补正材料后,社会保险行政部门应当受理。

4) 工伤认定的受理

社会保险行政部门受理工伤认定申请后,根据审核需要可以对事故伤害进行调查核实,用人单位、职工、工会组织、医疗机构以及有关部门应当予以协助。职业病诊断和诊断争议的鉴定,依照职业病防治法的有关规定执行。对依法取得职业病诊断证明书或者职业病诊断鉴定书的,社会保险行政部门不再进行调查核实。

社会保险行政部门应当自受理工伤认定申请之日起 60 日内作出工伤认定的决定,并书面通知申请工伤认定的职工或者其近亲属和该职工所在单位。对受理的事实清楚、权利义务明确的工伤认定申请,应当在 15 日内作出工伤认定的决定。社会保险行政部门工作人员与工伤认定申请人有利害关系的,应当回避。职工或者其近亲属认为是工伤,用人单位不认为是工伤的,由用人单位承担举证责任。

作出工伤认定决定需要以司法机关或者有关行政主管部门的结论为依据的,在司法机关或者有关行政主管部门尚未作出结论期间,作出工伤认定决定的时限中止。

5）工伤保险待遇

(1) 工伤治疗费

职工因工作遭受事故伤害或者患职业病进行治疗,享受工伤医疗待遇。职工治疗工伤应当在签订服务协议的医疗机构就医,情况紧急时可以先到就近的医疗机构急救。治疗工伤所需费用符合工伤保险诊疗项目目录、工伤保险药品目录、工伤保险住院服务标准的,从工伤保险基金支付。工伤保险诊疗项目目录、工伤保险药品目录、工伤保险住院服务标准,由国务院社会保险行政部门会同国务院卫生行政部门、食品药品监督管理部门等规定。

(2) 工伤伙食补助费

职工住院治疗工伤的伙食补助费,以及经医疗机构出具证明,报经办机构同意,工伤职工到统筹地区以外就医所需的交通、食宿费用从工伤保险基金支付,基金支付的具体标准由统筹地区人民政府规定。

(3) 工伤停工留薪

职工因工作遭受事故伤害或者患职业病需要暂停工作接受工伤医疗的,在停工留薪期内,原工资福利待遇不变,由所在单位按月支付。停工留薪期一般不超过12个月。伤情严重或者情况特殊,经设区的市级劳动能力鉴定委员会确认,可以适当延长,但延长不得超过12个月。工伤职工评定伤残等级后,停发原待遇,按照有关规定享受伤残待遇。工伤职工在停工留薪期满后仍需治疗的,继续享受工伤医疗待遇。生活不能自理的工伤职工在停工留薪期需要护理的,由所在单位负责。工伤职工已经评定伤残等级并经劳动能力鉴定委员会确认需要生活护理的,从工伤保险基金按月支付生活护理费。

10.5 工程建设劳动案例

2014年3月,中南地区某私人建筑公司有10名50岁以上的员工在该企业工作满15年,需要续签新的劳动合同。但该公司以年龄太大为由不打算再与其续签劳动合同。该公司的人事经理依据原先当地关于无固定期限劳动合同的做法与规定,向10位老员工下发了到期不再续签劳动合同的书面通知。10位老员工不服,认为自己为公司奉献了很多年,公司不应该这样做,他们要求签订无固定期限劳动合同。

【问题】

(1) 该10位老员工要求是否合理?

(2) 劳动合同的基本条款包括哪些内容?

【解答】

(1) 要求合理。根据《劳动合同法》有关规定,有下列情形之一,劳动者提出或者同意续订、订立劳动合同的,除劳动者提出订立固定期限劳动合同外,应当订立无固定期限劳动合同:①劳动者在该用人单位连续工作满10年的。②用人单位初次实行劳动合同制度或者国有企业改制重新订立劳动合同时,劳动者在该用人单位连续工作满10年且距法定退休年龄不足10年的。③连续订立2次固定期限劳动合同,且劳动者没有如下任一情况的,可续订劳动合同;在试用期间被证明不符合录用条件的;严重违反用人单位的规章制度的;严重失职,营私舞弊,给用人单位造成重大损害的;劳动者同时与其他用人单位建立劳动关系,对完成本单位的工作任务造成严重影响,或者经用人单位提出,拒不改正的;被依法追究刑事责任的等等。

(2)劳动合同基本条款内容如下:用人单位的名称、住所和法定代表人或者主要负责人;劳动者的姓名、住址和居民身份证或者其他有效身份证件号码;劳动合同期限;工作内容和工作地点;工作时间和休息休假;劳动报酬、社会保险、劳动保护、劳动条件和职业危害防护;法律、法规规定应当纳入劳动合同的其他事项。劳动合同除前款规定的必备条款外,用人单位与劳动者可以约定试用期、培训、保守秘密、补充保险和福利待遇等其他事项。

习 题

一、名词解释

劳动合同　劳动保护用品　　特殊劳动保护用品

二、选择题

1. 劳动合同是指劳动者与所在企业确立劳动关系,明确双方权利和义务的(　　)。
   A. 书面协议　　　　B. 口头协议　　　　C. 书面或者口头协议　D. 合同
2. 订立和变更劳动合同不应当遵循(　　)的原则。
   A. 平等自愿　　　　B. 互惠互利　　　　C. 用人单位为主　　　D. 协商一致
3. 劳动合同应当以书面形式订立,不具备以下条款(　　)。
   A. 假期　　　　　　B. 劳动合同期限　　C. 工作内容　　　　　D. 劳动报酬
4. 3年期限劳动合同可以约定试用期,试用期最长不得超过(　　)。
   A. 3个月　　　　　B. 12个月　　　　　C. 18个月　　　　　　D. 6个月
5. 劳动者解除劳动合同,应当提前(　　)日以书面形式通知用人单位。
   A. 15　　　　　　　B. 20　　　　　　　C. 30　　　　　　　　D. 40
6. 有下列情形之一的,劳动者可以随时通知用人单位解除劳动合同(　　)。
   A. 劳动报酬高于国家规定标准
   B. 用人单位停业整顿
   C. 过了试用期
   D. 用人单位以暴力、威胁或者非法限制人身自由的手段强迫劳动
7. 下列情形,用人单位可以解除劳动合同的是(　　)。
   A. 患职业病或者因工负伤并被确认丧失或者部分丧失劳动能力
   B. 患病或者负伤,在规定的医疗期内
   C. 女职工在孕期、产假、哺乳期内
   D. 劳动合同未到期限
8. 女职工的产假不低于(　　)天。
   A. 45　　　　　　　B. 80　　　　　　　C. 90　　　　　　　　D. 98
9. 因履行集体合同发生争议,当事人协商解决不成的,可以向劳动争议仲裁委员会申请

仲裁;对仲裁裁决不服的,可以自收到仲裁裁决书之日起(　　)日内向人民法院提起诉讼。
　　A. 15　　　　　　B. 30　　　　　　C. 45　　　　　　D. 60
10. 下列不属于全体公民放假的节日是(　　)。
　　A. 春节　　　　　B. 国庆节　　　　C. 中秋节　　　　D. 儿童节
11. 下列符合《劳动法》关于休息休假规定的是(　　)。
　A. 休息日安排劳动者工作又不能安排补休的,支付不低于工资的50%的工资报酬
　B. 法定休假日安排劳动者工作的,支付不低于300%的工资报酬
　C. 用人单位由于生产经营需要,经与工会和劳动者协商可以延长工作时间,一般每日不得超过2小时
　D. 因特殊原因需要延长工作时间的,在保障劳动者身体健康的条件下延长工作时间每日不得超过5小时,但是每月不得超过20小时

三、简答题

1. 简述劳动合同基本条款。
2. 特殊劳动防护用品包括哪些?
3. 解决劳动争议的方式有哪些?
4. 劳动争议调解委员会的组织形式有哪些?

四、案例分析题

　　某家施工总承包企业于2014年年初在市区承包了一栋32层高档写字楼的土建工程,由于业主设计变更增加了大量的工程量,涉及焊接、吊装等多个作业。为了不影响写字楼的招租,业主要求施工单位按照原合同工期完工,并且不支付赶工费。为了抢进度,施工单位要求本单位人员每天加班4小时,取消周末休息日和国家法定节假日;考虑到业主未增加工程结算款,该土建工程的项目组成员工资不作任何增加。同时,通过包工头李某招聘了20名未满16周岁的未成年人,从事钢筋绑扎、混凝土浇筑、钢筋焊接等作业,以降低工程建筑成本。试分析:

　　(1) 施工总承包企业以业主未支付赶工费为由,不增加项目组成员工资,是否合理?
　　(2) 施工总承包企业招聘大量未满16周岁的未成年人,是否合理?

11 工程建设其他法规

学习目标

(1) 了解房地产管理法的概念和立法现状。
(2) 熟悉房地产管理法的基本原则和立法目的。
(3) 知晓城市管理拆迁条例的概念。
(4) 了解工程建设其他法律案例。

建设活动是涉及面最为广泛的人类活动之一。许多法规都与建设活动有所关联。学习建设法规,应当了解这些相关法规。本章要求学生了解城市房地产管理法,特别是有关城市房地产管理法的原则;了解城市管理拆迁条例的法律制度;了解有关担保法和消防法的基本情况。

11.1 城市房地产管理法

11.1.1 城市房地产管理法的概念

城市房地产管理法,是指调整在城市房地产开发、经营、管理和服务活动中所形成的一定的社会关系的法律规范的总称。它是国家管理城市房地产市场、保障房地产权利人合法权益、促进房地产业健康发展的重要法律。城市房地产管理法有狭义和广义之分。狭义的城市房地产管理法,仅指 1994 年 7 月 5 日由第八届全国人大常委会第八次会议通过的,于 1995 年 1 月 1 日起施行(2007 年修订)的《中华人民共和国城市房地产管理法》(以下简称《城市房地产管理法》)。广义的城市房地产管理法,包括《城市房地产管理法》及其之外的所有调整城市房地产关系的法律规范。

因为农村要切实贯彻保护耕地的基本国策,农村集体土地一般不准开发经营房地产,所以《城市房地产管理法》的调整范围主要是在城市规划区范围内。城市房地产管理法所调整的法律关系既包括民事法律关系,又包括行政法律关系。城市房地产行政法律关系主要包括土地利用管理及土地利用规划关系、房屋产权产籍管理关系、房屋交易管理关系、房屋拆迁改造管理关系、房屋维修管理关系、房地产市场管理关系等。城市房地产民事法律关系主要包括:房屋拆迁中拆迁人与被拆迁人之间的关系,房地产开发过程中委托设计、工程发包等关系,房地产转让、租赁关系。

11.1.2 城市房地产管理法的基本原则

城市房地产管理法的基本原则，是指在贯彻实施城市房地产管理法时应遵循的普通准则。它是城市房地产管理法本质和内在规律的集中体现，是房地产立法、司法、守法全过程的基本指导思想和行动准则。我国城市房地产管理法的基本原则如下：

1）节约用地，保护耕地原则

土地是人类最珍贵的自然资源，是人们赖以生产、生活、繁衍生息、发展开拓的根基，是国家最宝贵的物质财富，是一切财富的源泉之一。土地由于面积的有限性、不可再生性等属性，要使人类永续生存，必须节约、合理用地。我国宪法规定："一切使用土地的组织和个人必须合理利用土地。"我国是人均耕地数量少、耕地总体质量差、耕地退化严重、耕地资源贫乏的国家，耕地是关系到13亿人民生计的根本问题。因此，合理利用土地、切实保护耕地是我国的一项基本国策，也是房地产开发的一项基本原则。

2）促进房地产商品化原则

市场经济是价值经济，重在对物的利用，实现物的最大价值，增加社会财富。房地产作为社会生产生活中重要的不动产，促进其商品化、实现其价值是首要的原则。对此，《城市房地产管理法》明确规定了国家实行国有土地有偿、有期限的使用制度。改革开放以来，国家通过推进投资主体多元化、实行住房商品化和逐步引入市场机制，形成了一个以市场评价住宅价值、分配住宅资源、实现住宅权益的新体系。但法律规定，在特定用途下，国家无偿划拨使用建设用地。

3）保护房地产权利人合法权益原则

根据《城市房地产管理法》的规定，房地产权利人的合法权益受法律保护，任何单位和个人不得侵犯。随着我国市场经济的发展，房地产市场日益活跃。由于房地产本身是一个高投入、高利润的产业，先天具备高风险性，房地产市场出现了一些不规范的情形，如土地市场价格混乱、炒地皮、商品房销售欺诈等，直接影响到房地产开发、房地产交易等活动能否正常、有序、健康地进行。因此，国家必须保护房地产权利人的合法权益，建立规范的房地产市场。

4）扶持发展居民住宅建设，逐步改善居民居住条件原则

住宅是城市居民的基本生活资料。发展居民的住宅建设，逐步改善居民的居住条件，对于促进城市经济发展，维护社会安定，具有重要意义。国家采取税收、贷款、住宅建设用地优惠措施及房改政策等扶持发展居民住宅建设，逐步改善居民的居住条件。在税收上，《土地增值税暂行条例》第八条规定，对于建设普通标准住宅，增值额未超过扣除项目金额的20%的，免征土地增值税。在用地方式上，对于居民居住的福利用地、危旧房改造用地、安居工程用地、经济适用房用地可以按照有关规定采取划拨方式取得土地。在贷款方式上，国家允许房地产开发企业以依法取得的土地使用权抵押贷款，对购房者实行按揭贷款，以解决房地产开发过程中的资金问题。

11.1.3 房地产管理法的立法目的

1）加强对房地产的管理

房地产业,是指从事房地产开发、经营、管理和服务活动的产业,它不仅是经济发展的基础性、先导性产业,而且也是国家财富的重要组成部分。现代西方国家将之与汽车、钢铁相并而称,共同构成国民经济的三大支柱产业。房地产业的发展,不仅为城市经济发展提供了基本物质基础和前提,改善了城市居民的生活条件,而且为国家提供了一项重要财源。由于房地产业在国民经济和社会发展中的重要地位和作用,客观上要求用法律对其加以规范、引导、推动和保障。因此,制定《城市房地产管理法》的首要目的就是要加强对房地产的管理。

2）维护房地产市场秩序

房地产市场秩序,是指人们在从事房地产市场活动中应当遵循的准则。近几年来,随着房地产业的迅猛发展,同时也出现了一些亟待解决的问题。如建设用地供应总量失控、国家土地资源流失、房地产开发投资结构不合理及房地产市场行为不规范等。要解决这些问题,国家可以通过行政手段、经济手段、法律手段来加强管理和维护房地产市场秩序。而法律手段较之于行政手段、经济手段,更具有严肃性、稳定性和权威性。而且国家采用行政手段和经济手段维护房地产市场秩序,都必须依法行政、依法管理。所以,只有加强房地产立法,才能更为有效地维护房地产市场秩序。

3）保障房地产权利人的合法利益

房地产权利人,是指在房地产法律关系中,依法享受权利并承担相应义务的自然人、法人及其他社会组织和国家。一般情况下,国家作为一个政治实体,不能成为房地产权利人,只有在特定情况下才能成为房地产权利人。国家不允许任何组织和个人任意侵犯他人合法房地产,凡不合法的房地产权益不受国家法律的保护。房地产权利人对他人侵犯房地产权益的行为,可要求得到国家法律的保护,追究侵权行为人的法律责任,对其实行法律制裁。

4）促进房地产业的健康发展

促进房地产业的健康发展,是房地产立法的根本目的,也是国家加强对房地产的管理,维护房地产市场秩序,保障房地产权利人的合法权益的必然结果。促进房地产业的健康发展,就是要在国家宏观调控治理之下,使我国房地产业持续、快速、稳定、有序地向前发展,使其真正成为我国经济发展的基础性、先导性产业。

11.2 城市房屋拆迁管理条例

11.2.1 城市房屋拆迁概述

城市房屋拆迁,是指因国家建设、城市改造、整顿市容和保护环境等需要,根据城镇规划和国家专项工程的迁建计划以及当地政府的用地文件,由取得房屋拆迁许可证的单位依法对城市建设用地范围内的房屋予以拆除,并对被拆迁房屋的所有人进行补偿和安置的行为。其中,取得房屋拆迁许可证的单位为拆迁人,被拆迁房屋的所有人为被拆迁人。

城市房屋拆迁是一项综合性的行为。从拆迁人通过对被拆迁人进行拆迁补偿安置,进而取得拆除被拆迁人的房屋及附属物的权利这个角度看,城市房屋拆迁应该是拆迁当事人之间的民事法律关系。但是从我国城市房屋拆迁的实践看,政府的行为在整个拆迁过程中起主导作用,如房屋拆迁管理部门发放房屋拆迁许可证、发布拆迁公告、办理延长拆迁期限的审批、对拆迁单位的资格审查、拆迁裁决、强制拆迁等行政行为。因此,在房屋拆迁活动中,民事法律关系和行政法律关系互相交织在一起的特征使得拆迁争议具有复杂性。

为了加强对城市房屋拆迁的管理,维护拆迁当事人的合法权益,保障建设项目顺利进行,满足经济体制变革和社会主义法制体系完善的需要,国务院在总结全国各地在城市房屋拆迁方面的新情况、新经验和新需要的基础上,对1991年颁布的《城市房屋拆迁管理条例》(以下简称《拆迁条例》)进行了修订,于2001年6月公布,同年11月1日起施行。

城市房屋拆迁,是指因国家建设、城市改造、市容整顿和环境保护等需要,根据城镇规划和国家专项工程的迁建计划以及当地政府的用地文件,由取得房屋拆迁许可证的单位依法对城市建设用地范围内的房屋予以拆除,并对被拆迁房屋的所有人进行补偿和安置的行为。其中,取得房屋拆迁许可证的单位为拆迁人,被拆迁房屋的所有人为被拆迁人。

根据《拆迁条例》的规定,房屋拆迁的地域范围,主要指城市规划区内的国有土地。所谓城市规划区,是指城市市区、近郊及城市行政区域内。城市建设和发展需要实行规划控制的区域。城市规划区内的土地,既有国有土地,又有集体土地。根据法律规定,需要在集体土地上开发建设的,应当先行征收土地,将集体土地国有化,然后再进行房屋拆迁。因此,不存在集体土地上房屋拆迁的问题。但须明确的是,法律所调整的并非所有在城市规划区国有土地范围内的房屋拆迁行为,而只是那些需要对被拆迁人进行补偿、安置的房屋拆迁行为。

11.2.2 城市房屋拆迁的基本原则

城市房屋拆迁,涉及城市的建设与发展以及广大人民群众的安居乐业,尤其是涉及拆迁人、被拆迁人的切身利益,矛盾比较突出,处理不好势必会影响社会安定。因此,城市房屋拆迁应当遵循一定的原则。

1) 符合城市规划的原则

城市规划是建设城市和管理城市的基本依据,也是城市各项建设的法律依据。城市房屋拆迁是建设项目实施的前期准备,拆迁活动遵循城市规划,拆迁的审批依据城市规划,是拆迁行政管理的必要条件。在城市房屋拆迁中,要严格依据城市总体规划和近期建设规划,合理确定拆迁规模。如根据《拆迁条例》的规定,拆迁人在取得建设用地规划许可证后,方可申请领取房屋拆迁许可证;拆迁人应当按照城市规划的要求,重建公益事业用房,都是这一原则的体现。

2) 有利于城市旧区改造原则

城市房屋拆迁与城市旧区改造密切相关。城市在不断地更新、发展,城市旧区改造,是城市建设不可或缺的一环。而城市房屋拆迁，又往往是城市旧区改造的重要手段。城市旧区土地区位较好，但一般都有人口密度大、配套条件差等特点，对旧区进行改造既可以改善城市基础设施状况和城市面貌，也可以改善人民群众的居住环境和居住质量。因而，城市房屋拆迁应当有利于城市旧区改造，应当坚持旧区改造和新区建设相结合，注重开发基础设施薄弱、交通拥挤、环境污染严重及危房集中的区域。

3）有利于生态环境改善原则

生态环境是人类生存和发展的基本条件，是经济、社会发展的基础。保护生态环境是城市建设必须始终坚持的基本方针，因而，进行城市房屋拆迁和项目建设应当充分考虑对周围生态环境的影响，并切实采取措施改善生态环境。

4）保护文物古迹原则

文物古迹，是指具有历史、艺术、科学价值的文化遗迹，如革命遗址、古墓群、古建筑等。文物古迹对于开展科学研究、继承优秀历史文化遗产、进行爱国主义教育等均有着重要意义。由于近年来在拆迁实践中出现了拆毁古建筑、毁坏古文化遗址、损坏文物保护区环境风貌的现象，因此《拆迁条例》明确规定城市房屋拆迁必须在保护文物古迹的基础上进行。

5）保护当事人合法利益原则

拆迁当事人是拆迁活动的参与者，包括拆迁人、被拆迁人与被拆迁房屋的承租人。如果拆迁人的利益得不到保护，那么会影响拆迁人参与城市建设的积极性；如果被拆迁人的利益得不到保护，被拆迁人可能产生抵触情绪，从而导致拆迁活动无法进行，还可能造成严重的社会问题。因为对于被拆迁人来说，房屋是安身立命之本。因此，《拆迁条例》将保护拆迁当事人的合法权益作为重要的立法宗旨。由于拆迁人属于经济上的强势群体，因此保护拆迁当事人的利益，应当侧重保护被拆迁人与被拆迁房屋承租人的合法权益。

6）谁拆迁、谁安置补偿原则

根据《拆迁条例》第5条的规定，拆迁人必须对被拆迁人给予补偿和安置。因此，拆迁人在建设活动中拆除他人房屋后，应当对被拆迁人的安置补偿负全面责任，而不能把责任推卸给国家。

11.3 工程建设其他法律案例

【案例11-1】 工程不遵守基本建设程序，还未动工就被索赔40万。

甲方：M通用机械厂

乙方：N集团第十分公司

甲方为使本厂的自筹招待所尽快发挥效益，2014年3月，在施工图还没有完成的情况下就和乙方签订了施工合同，并拨付了工程备料款，意在早做准备，加快速度，减少物价上涨的影响。乙方按照甲方的要求进场做准备，搭设临时设施，租赁了机械工具，并购进了大批建筑材料等待开工。当甲方拿到设计单位的施工图及设计概算时，出现了问题：甲方原计划自筹项目总投资150万元,设计单位按甲方提出的标准和要求设计完成后,设计概算达到215万元。一旦开工,很可能造成中途停建。但不开工,施工队伍已进场做了大量工作。经各方面研究决定"方案另议,缓期施工"。甲方将决定通知乙方后,乙方很快送来了索赔报告。

M通用机械厂基建科:

我方按照贵厂招待所工程的施工合同要求准时进场(2014年3月20日)并做了大量准备工作。鉴于贵方做出"缓期施工"的时间难以确定,我方必须考虑各种可能以减少双方更大的损失。现将自进场以来所发生的费用报告如下:

临时材料库及工棚搭设费;工人住宿、食堂、厕所搭建费;办公室、传达室、新改建大门费;已购运进场材料费;已为施工办理各种手续费用;上交有关税费。共计10项,合计40.5万元。

甲方认真核实了乙方费用证据及实物,同意乙方退场决定,并给予了实际发生的损失补偿。

【案例11-2】 施工建房无资质,酿成事故被判刑。

2014年3月,被告人顾某(杭州市余杭区运河镇个体建筑工匠)在没有资质承建工业厂房的情况下,超越承建范围,与桐乡某搪瓷制品有限公司法定代表人胡某签订协议,承建该公司的球磨车间。在施工过程中,被告人顾某违反规章制度,没有按照规定要求的施工图施工,且没有采取有效的安全防范措施,冒险作业,留下事故隐患。2014年4月16日15时许,施工人员砌筑完球磨车间西墙后,在墙身顶部浇天沟时,由于墙身全部采用五斗一盖砌筑,且中间没有立柱或砖墩加固,天沟模板没有落地支撑,致使墙身失稳倒塌,造成高某被墙体压住而死亡、沈某等3人轻伤、韩某轻微伤的重大伤亡事故。

桐乡法院审理认为,被告人顾某在无建筑资质的情况下承建工业厂房,超越承建范围,且在施工过程中违章作业,造成一起1人死亡、4人受伤的重大伤亡事故,其行为已构成重大责任事故罪。法院同时考虑到被告人顾某在案发后认罪态度较好,且已对各受害人的经济损失作了赔偿,确有悔罪表现等情节,依法作出如下判决:被告人顾某犯重大责任事故罪,判处有期徒刑1年,缓刑1年。

【案例评析】 我国《刑法》第134条规定:"工厂、矿山、林场、建筑企业或者其他企业、事业单位的职工,由于不服管理、违反规章制度,或者强令工人违章冒险作业,因而发生重大伤亡事故或者造成其他严重后果的,处3年以下有期徒刑或者拘役;情节特别恶劣的,处3年以上7年以下有期徒刑。"重大责任事故罪的成立以行为人在生产、作业过程中违反规章制度或者强令工人违章冒险作业,发生了"重大伤亡事故"或者造成了"其他严重后果"为必备条件。本案中,被告人顾某在无建筑资质的情况下承建工业厂房,超越承建范围,且在施工过程中违章作业,造成一起1人死亡、4人受伤的重大伤亡事故,其行为已构成重大责任事故罪,依法应受到刑事追究。

同时,本案也警示人们,在农村个人建房以及个体工商业主建厂房时,无资质、超越承建范围、违章施工建房的现象仍时有发生,但愿本案血的教训能够引起建房户的关注,杜绝和远离无资质建房,避免因一时贪图小利而造成无可挽回的损失。同时,有关部门要重视安全生产,加大对这方面的管理力度,从源头上遏制这类事故的发生。

习 题

1. 简述城市房地产管理法的概念。
2. 试述我国城市房地产管理法的基本原则。
3. 什么是城市房屋拆迁?
4. 简述城市房屋拆迁的基本原则。

附 录

中华人民共和国合同法

(中华人民共和国主席令第十五号,1999年3月15日
第九届全国人民代表大会第二次会议通过)

总则

第一章　一般规定

第二章　合同的订立

第三章　合同的效力

第四章　合同的履行

第五章　合同的变更和转让

第六章　合同的权利义务终止

第七章　违约责任

第八章　其他规定

分则

第九章　买卖合同

第十章　供用电、水、气、热力合同

第十一章　赠与合同

第十二章　借款合同

第十三章　租赁合同

第十四章　融资租赁合同

第十五章　承揽合同

第十六章　建设工程合同

第十七章　运输合同

　第一节　一般规定

　第二节　客运合同

　第三节　货运合同

　第四节　多式联运合同

第十八章　技术合同
　　第一节　一般规定
　　第二节　技术开发合同
　　第三节　技术转让合同
　　第四节　技术咨询合同和技术服务合同
第十九章　保管合同
第二十章　仓储合同
第二十一章　委托合同
第二十二章　行纪合同
第二十三章　居间合同
附则

总　则

第一章　一般规定

第一条　为了保护合同当事人的合法权益，维护社会经济秩序，促进社会主义现代化建设，制定本法。

第二条　本法所称合同是平等主体的自然人、法人、其他组织之间设立、变更、终止民事权利义务关系的协议。婚姻、收养、监护等有关身份关系的协议，适用其他法律的规定。

第三条　合同当事人的法律地位平等，一方不得将自己的意志强加给另一方。

第四条　当事人依法享有自愿订立合同的权利，任何单位和个人不得非法干预。

第五条　当事人应当遵循公平原则确定各方的权利和义务。

第六条　当事人行使权利、履行义务应当遵循诚实信用原则。

第七条　当事人订立、履行合同，应当遵守法律、行政法规，尊重社会公德，不得扰乱社会经济秩序，损害社会公共利益。

第八条　依法成立的合同，对当事人具有法律约束力。当事人应当按照约定履行自己的义务，不得擅自变更或者解除合同。依法成立的合同，受法律保护。

第二章　合同的订立

第九条　当事人订立合同，应当具有相应的民事权利能力和民事行为能力。当事人依法可以委托代理人订立合同。

第十条　当事人订立合同，有书面形式、口头形式和其他形式。法律、行政法规规定采用书面形式的，应当采用书面形式。当事人约定采用书面形式的，应当采用书面形式。

第十一条　书面形式是指合同书、信件和数据电文（包括电报、电传、传真、电子数据交换和电子邮件）等可以有形地表现所载内容的形式。

第十二条　合同的内容由当事人约定，一般包括以下条款：

（一）当事人的名称或者姓名和住所；

（二）标的；

（三）数量；
（四）质量；
（五）价款或者报酬；
（六）履行期限、地点和方式；
（七）违约责任；
（八）解决争议的方法。
当事人可以参照各类合同的示范文本订立合同。

第十三条　当事人订立合同，采取要约、承诺方式。

第十四条　要约是希望和他人订立合同的意思表示，该意思表示应当符合下列规定：
（一）内容具体确定；
（二）表明经受要约人承诺，要约人即受该意思表示约束。

第十五条　要约邀请是希望他人向自己发出要约的意思表示。寄送的价目表、拍卖公告、招标公告、招股说明书、商业广告等为要约邀请。商业广告的内容符合要约规定的，视为要约。

第十六条　要约到达受要约人时生效。采用数据电文形式订立合同，收件人指定特定系统接收数据电文的，该数据电文进入该特定系统的时间，视为到达时间；未指定特定系统的，该数据电文进入收件人的任何系统的首次时间，视为到达时间。

第十七条　要约可以撤回。撤回要约的通知应当在要约到达受要约人之前或者与要约同时到达受要约人。

第十八条　要约可以撤销。撤销要约的通知应当在受要约人发出承诺通知之前到达受要约人。

第十九条　有下列情形之一的，要约不得撤销：
（一）要约人确定了承诺期限或者以其他形式明示要约不可撤销；
（二）受要约人有理由认为要约是不可撤销的，并已经为履行合同做了准备工作。

第二十条　有下列情形之一的，要约失效：
（一）拒绝要约的通知到达要约人；
（二）要约人依法撤销要约；
（三）承诺期限届满，受要约人未作出承诺；
（四）受要约人对要约的内容作出实质性变更。

第二十一条　承诺是受要约人同意要约的意思表示。

第二十二条　承诺应当以通知的方式作出，但根据交易习惯或者要约表明可以通过行为作出承诺的除外。

第二十三条　承诺应当在要约确定的期限内到达要约人。要约没有确定承诺期限的，承诺应当依照下列规定到达：
（一）要约以对话方式作出的，应当即时作出承诺，但当事人另有约定的除外；
（二）要约以非对话方式作出的，承诺应当在合理期限内到达。

第二十四条　要约以信件或者电报作出的，承诺期限自信件载明的日期或者电报交发之日开始计算。信件未载明日期的，自投寄该信件的邮戳日期开始计算。要约以电话、传真等快速通讯方式作出的，承诺期限自要约到达受要约人时开始计算。

第二十五条　承诺生效时合同成立。

第二十六条　承诺通知到达要约人时生效。承诺不需要通知的,根据交易习惯或者要约的要求作出承诺的行为时生效。采用数据电文形式订立合同的,承诺到达的时间适用本法第十六条第二款的规定。

第二十七条　承诺可以撤回。撤回承诺的通知应当在承诺通知到达要约人之前或者与承诺通知同时到达要约人。

第二十八条　受要约人超过承诺期限发出承诺的,除要约人及时通知受要约人该承诺有效的以外,为新要约。

第二十九条　受要约人在承诺期限内发出承诺,按照通常情形能够及时到达要约人,但因其他原因承诺到达要约人时超过承诺期限的,除要约人及时通知受要约人因承诺超过期限不接受该承诺的以外,该承诺有效。

第三十条　承诺的内容应当与要约的内容一致。受要约人对要约的内容作出实质性变更的,为新要约。有关合同标的、数量、质量、价款或者报酬、履行期限、履行地点和方式、违约责任和解决争议方法等的变更,是对要约内容的实质性变更。

第三十一条　承诺对要约的内容作出非实质性变更的,除要约人及时表示反对或者要约表明承诺不得对要约的内容作出任何变更的以外,该承诺有效,合同的内容以承诺的内容为准。

第三十二条　当事人采用合同书形式订立合同的,自双方当事人签字或者盖章时合同成立。

第三十三条　当事人采用信件、数据电文等形式订立合同的,可以在合同成立之前要求签订确认书。签订确认书时合同成立。

第三十四条　承诺生效的地点为合同成立的地点。采用数据电文形式订立合同的,收件人的主营业地为合同成立的地点;没有主营业地的,其经常居住地为合同成立的地点。当事人另有约定的,按照其约定。

第三十五条　当事人采用合同书形式订立合同的,双方当事人签字或者盖章的地点为合同成立的地点。

第三十六条　法律、行政法规规定或者当事人约定采用书面形式订立合同,当事人未采用书面形式但一方已经履行主要义务,对方接受的,该合同成立。

第三十七条　采用合同书形式订立合同,在签字或者盖章之前,当事人一方已经履行主要义务,对方接受的,该合同成立。

第三十八条　国家根据需要下达指令性任务或者国家订货任务的,有关法人、其他组织之间应当依照有关法律、行政法规规定的权利和义务订立合同。

第三十九条　采用格式条款订立合同的,提供格式条款的一方应当遵循公平原则确定当事人之间的权利和义务,并采取合理的方式提请对方注意免除或者限制其责任的条款,按照对方的要求,对该条款予以说明。格式条款是当事人为了重复使用而预先拟定,并在订立合同时未与对方协商的条款。

第四十条　格式条款具有本法第五十二条和第五十三条规定情形的,或者提供格式条款一方免除其责任、加重对方责任、排除对方主要权利的,该条款无效。

第四十一条　对格式条款的理解发生争议的,应当按照通常理解予以解释。对格式条款有两种以上解释的,应当作出不利于提供格式条款一方的解释。格式条款和非格式条款不一致的,应当采用非格式条款。

第四十二条　当事人在订立合同过程中有下列情形之一,给对方造成损失的,应当承担损害赔偿责任:

(一) 假借订立合同,恶意进行磋商;

(二) 故意隐瞒与订立合同有关的重要事实或者提供虚假情况;

(三) 有其他违背诚实信用原则的行为。

第四十三条　当事人在订立合同过程中知悉的商业秘密,无论合同是否成立,不得泄露或者不正当地使用。泄露或者不正当地使用该商业秘密给对方造成损失的,应当承担损害赔偿责任。

第三章　合同的效力

第四十四条　依法成立的合同,自成立时生效。法律、行政法规规定应当办理批准、登记等手续生效的,依照其规定。

第四十五条　当事人对合同的效力可以约定附条件。附生效条件的合同,自条件成就时生效。附解除条件的合同,自条件成就时失效。当事人为自己的利益不正当地阻止条件成就的,视为条件已成就;不正当地促成条件成就的,视为条件不成就。

第四十六条　当事人对合同的效力可以约定附期限。附生效期限的合同,自期限届至时生效。附终止期限的合同,自期限届满时失效。

第四十七条　限制民事行为能力人订立的合同,经法定代理人追认后,该合同有效,但纯获利益的合同或者与其年龄、智力、精神健康状况相适应而订立的合同,不必经法定代理人追认。相对人可以催告法定代理人在1个月内予以追认。法定代理人未作表示的,视为拒绝追认。合同被追认之前,善意相对人有撤销的权利。撤销应当以通知的方式作出。

第四十八条　行为人没有代理权、超越代理权或者代理权终止后以被代理人名义订立的合同,未经被代理人追认,对被代理人不发生效力,由行为人承担责任。相对人可以催告被代理人在1个月内予以追认。被代理人未作表示的,视为拒绝追认。合同被追认之前,善意相对人有撤销的权利。撤销应当以通知的方式作出。

第四十九条　行为人没有代理权、超越代理权或者代理权终止后以被代理人名义订立合同,相对人有理由相信行为人有代理权的,该代理行为有效。

第五十条　法人或者其他组织的法定代表人、负责人超越权限订立的合同,除相对人知道或者应当知道其超越权限的以外,该代表行为有效。

第五十一条　无处分权的人处分他人财产,经权利人追认或者无处分权的人订立合同后取得处分权的,该合同有效。

第五十二条　有下列情形之一的,合同无效:

(一) 一方以欺诈、胁迫的手段订立合同,损害国家利益;

(二) 恶意串通,损害国家、集体或者第三人利益;

(三) 以合法形式掩盖非法目的;

(四) 损害社会公共利益;

(五) 违反法律、行政法规的强制性规定。

第五十三条　合同中的下列免责条款无效:

（一）造成对方人身伤害的；
（二）因故意或者重大过失造成对方财产损失的。
第五十四条　下列合同，当事人一方有权请求人民法院或者仲裁机构变更或者撤销：
（一）因重大误解订立的；
（二）在订立合同时显失公平的。
一方以欺诈、胁迫的手段或者乘人之危，使对方在违背真实意思的情况下订立的合同，受损害方有权请求人民法院或者仲裁机构变更或者撤销。
当事人请求变更的，人民法院或者仲裁机构不得撤销。
第五十五条　有下列情形之一的，撤销权消灭：
（一）具有撤销权的当事人自知道或者应当知道撤销事由之日起1年内没有行使撤销权的；
（二）具有撤销权的当事人知道撤销事由后明确表示或者以自己的行为放弃撤销权。
第五十六条　无效的合同或者被撤销的合同自始没有法律约束力。合同部分无效，不影响其他部分效力的，其他部分仍然有效。
第五十七条　合同无效、被撤销或者终止的，不影响合同中独立存在的有关解决争议方法的条款的效力。
第五十八条　合同无效或者被撤销后，因该合同取得的财产，应当予以返还；不能返还或者没有必要返还的，应当折价补偿。有过错的一方应当赔偿对方因此所受到的损失，双方都有过错的，应当各自承担相应的责任。
第五十九条　当事人恶意串通，损害国家、集体或者第三人利益的，因此取得的财产收归国家所有或者返还集体、第三人。

第四章　合同的履行

第六十条　当事人应当按照约定全面履行自己的义务。当事人应当遵循诚实信用原则，根据合同的性质、目的和交易习惯履行通知、协助、保密等义务。
第六十一条　合同生效后，当事人就质量、价款或者报酬、履行地点等内容没有约定或者约定不明确的，可以协议补充；不能达成补充协议的，按照合同有关条款或者交易习惯确定。
第六十二条　当事人就有关合同内容约定不明确，依照本法第六十一条的规定仍不能确定的，适用下列规定：
（一）质量要求不明确的，按照国家标准、行业标准履行；没有国家标准、行业标准的，按照通常标准或者符合合同目的的特定标准履行。
（二）价款或者报酬不明确的，按照订立合同时履行地的市场价格履行；依法应当执行政府定价或者政府指导价的，按照规定履行。
（三）履行地点不明确，给付货币的，在接受货币一方所在地履行；交付不动产的，在不动产所在地履行；其他标的，在履行义务一方所在地履行。
（四）履行期限不明确的，债务人可以随时履行，债权人也可以随时要求履行，但应当给对方必要的准备时间。
（五）履行方式不明确的，按照有利于实现合同目的的方式履行。
（六）履行费用的负担不明确的，由履行义务一方负担。
第六十三条　执行政府定价或者政府指导价的，在合同约定的交付期限内政府价格调整时,按照交付时的价格计价。逾期交付标的物的,遇价格上涨时,按照原价格执行;价格下降时,按照新价格执行。逾期提取标的物或者逾期付款的,遇价格上涨时,按照新价格执行;价格下降时,按照原价格执行。

第六十四条　当事人约定由债务人向第三人履行债务的,债务人未向第三人履行债务或者履行债务不符合约定,应当向债权人承担违约责任。

第六十五条　当事人约定由第三人向债权人履行债务的,第三人不履行债务或者履行债务不符合约定,债务人应当向债权人承担违约责任。

第六十六条　当事人互负债务,没有先后履行顺序的,应当同时履行。一方在对方履行之前有权拒绝其履行要求。一方在对方履行债务不符合约定时,有权拒绝其相应的履行要求。

第六十七条　当事人互负债务,有先后履行顺序,先履行一方未履行的,后履行一方有权拒绝其履行要求。先履行一方履行债务不符合约定的,后履行一方有权拒绝其相应的履行要求。

第六十八条　应当先履行债务的当事人,有确切证据证明对方有下列情形之一的,可以中止履行:

(一) 经营状况严重恶化;
(二) 转移财产、抽逃资金,以逃避债务;
(三) 丧失商业信誉;
(四) 有丧失或者可能丧失履行债务能力的其他情形。

当事人没有确切证据中止履行的,应当承担违约责任。

第六十九条　当事人依照本法第六十八条的规定中止履行的,应当及时通知对方。对方提供适当担保时,应当恢复履行。中止履行后,对方在合理期限内未恢复履行能力并且未提供适当担保的,中止履行的一方可以解除合同。

第七十条　债权人分立、合并或者变更住所没有通知债务人,致使履行债务发生困难的,债务人可以中止履行或者将标的物提存。

第七十一条　债权人可以拒绝债务人提前履行债务,但提前履行不损害债权人利益的除外。债务人提前履行债务给债权人增加的费用,由债务人负担。

第七十二条　债权人可以拒绝债务人部分履行债务,但部分履行不损害债权人利益的除外。债务人部分履行债务给债权人增加的费用,由债务人负担。

第七十三条　因债务人怠于行使其到期债权,对债权人造成损害的,债权人可以向人民法院请求以自己的名义代位行使债务人的债权,但该债权专属于债务人自身的除外。代位权的行使范围以债权人的债权为限。债权人行使代位权的必要费用,由债务人负担。

第七十四条　因债务人放弃其到期债权或者无偿转让财产,对债权人造成损害的,债权人可以请求人民法院撤销债务人的行为。债务人以明显不合理的低价转让财产,对债权人造成损害,并且受让人知道该情形的,债权人也可以请求人民法院撤销债务人的行为。撤销权的行使范围以债权人的债权为限。债权人行使撤销权的必要费用,由债务人负担。

第七十五条　撤销权自债权人知道或者应当知道撤销事由之日起1年内行使。自债务人的行为发生之日起5年内没有行使撤销权的,该撤销权消灭。

第七十六条　合同生效后,当事人不得因姓名、名称的变更或者法定代表人、负责人、承办人的变动而不履行合同义务。

第五章　合同的变更和转让

第七十七条　当事人协商一致，可以变更合同。法律、行政法规规定变更合同应当办理批准、登记等手续的，依照其规定。

第七十八条　当事人对合同变更的内容约定不明确的，推定为未变更。

第七十九条　债权人可以将合同的权利全部或者部分转让给第三人，但有下列情形之一的除外：

（一）根据合同性质不得转让；

（二）按照当事人约定不得转让；

（三）依照法律规定不得转让。

第八十条　债权人转让权利的，应当通知债务人。未经通知，该转让对债务人不发生效力。债权人转让权利的通知不得撤销，但经受让人同意的除外。

第八十一条　债权人转让权利的，受让人取得与债权有关的从权利，但该从权利专属于债权人自身的除外。

第八十二条　债务人接到债权转让通知后，债务人对让与人的抗辩，可以向受让人主张。

第八十三条　债务人接到债权转让通知时，债务人对让与人享有债权，并且债务人的债权先于转让的债权到期或者同时到期的，债务人可以向受让人主张抵消。

第八十四条　债务人将合同的义务全部或者部分转移给第三人的，应当经债权人同意。

第八十五条　债务人转移义务的，新债务人可以主张原债务人对债权人的抗辩。

第八十六条　债务人转移义务的，新债务人应当承担与主债务有关的从债务，但该从债务专属于原债务人自身的除外。

第八十七条　法律、行政法规规定转让权利或者转移义务应当办理批准、登记等手续的，依照其规定。

第八十八条　当事人一方经对方同意，可以将自己在合同中的权利和义务一并转让给第三人。

第八十九条　权利和义务一并转让的，适用本法第七十九条、第八十一条至第八十三条、第八十五条至第八十七条的规定。

第九十条　当事人订立合同后合并的，由合并后的法人或者其他组织行使合同权利，履行合同义务。当事人订立合同后分立的，除债权人和债务人另有约定的以外，由分立的法人或者其他组织对合同的权利和义务享有连带债权，承担连带债务。

第六章　合同的权利义务终止

第九十一条　有下列情形之一的，合同的权利义务终止：

（一）债务已经按照约定履行；

（二）合同解除；

（三）债务相互抵消；

（四）债务人依法将标的物提存；

（五）债权人免除债务；

（六）债权债务同归于一人；

（七）法律规定或者当事人约定终止的其他情形。

第九十二条　合同的权利义务终止后,当事人应当遵循诚实信用原则,根据交易习惯履行通知、协助、保密等义务。

第九十三条　当事人协商一致,可以解除合同。当事人可以约定一方解除合同的条件。解除合同的条件成就时,解除权人可以解除合同。

第九十四条　有下列情形之一的,当事人可以解除合同：

（一）因不可抗力致使不能实现合同目的；

（二）在履行期限届满之前,当事人一方明确表示或者以自己的行为表明不履行主要债务；

（三）当事人一方迟延履行主要债务,经催告后在合理期限内仍未履行；

（四）当事人一方迟延履行债务或者有其他违约行为致使不能实现合同目的；

（五）法律规定的其他情形。

第九十五条　法律规定或者当事人约定解除权行使期限,期限届满当事人不行使的,该权利消灭。法律没有规定或者当事人没有约定解除权行使期限,经对方催告后在合理期限内不行使的,该权利消灭。

第九十六条　当事人一方依照本法第九十三条第二款、第九十四条的规定主张解除合同的,应当通知对方。合同自通知到达对方时解除。对方有异议的,可以请求人民法院或者仲裁机构确认解除合同的效力。法律、行政法规规定解除合同应当办理批准、登记等手续的,依照其规定。

第九十七条　合同解除后,尚未履行的,终止履行；已经履行的,根据履行情况和合同性质,当事人可以要求恢复原状、采取其他补救措施,并有权要求赔偿损失。

第九十八条　合同的权利义务终止,不影响合同中结算和清理条款的效力。

第九十九条　当事人互负到期债务,该债务的标的物种类、品质相同的,任何一方可以将自己的债务与对方的债务抵消,但依照法律规定或者按照合同性质不得抵消的除外。当事人主张抵消的,应当通知对方。通知自到达对方时生效。抵消不得附条件或者附期限。

第一百条　当事人互负债务,标的物种类、品质不相同的,经双方协商一致,也可以抵消。

第一百零一条　有下列情形之一,难以履行债务的,债务人可以将标的物提存：

（一）债权人无正当理由拒绝受领；

（二）债权人下落不明；

（三）债权人死亡,未确定继承人或者丧失民事行为能力未确定监护人；

（四）法律规定的其他情形。

标的物不适于提存或者提存费用过高的,债务人依法可以拍卖或者变卖标的物,提存所得的价款。

第一百零二条　标的物提存后,除债权人下落不明的以外,债务人应当及时通知债权人或者债权人的继承人、监护人。

第一百零三条　标的物提存后,毁损、灭失的风险由债权人承担。提存期间,标的物的孳息归债权人所有。提存费用由债权人负担。

第一百零四条　债权人可以随时领取提存物,但债权人对债务人负有到期债务的,在债权人未履行债务或者提供担保之前,提存部门根据债务人的要求应当拒绝其领取提存物。债权人领取提存物的权利,自提存之日起5年内不行使而消灭,提存物扣除提存费用后归国家所有。

第一百零五条　债权人免除债务人部分或者全部债务的,合同的权利义务部分或者全部终止。

第一百零六条　债权和债务同归于一人的,合同的权利义务终止,但涉及第三人利益的除外。

第七章　违约责任

第一百零七条　当事人一方不履行合同义务或者履行合同义务不符合约定的,应当承担继续履行、采取补救措施或者赔偿损失等违约责任。

第一百零八条　当事人一方明确表示或者以自己的行为表明不履行合同义务的,对方可以在履行期限届满之前要求其承担违约责任。

第一百零九条　当事人一方未支付价款或者报酬的,对方可以要求其支付价款或者报酬。

第一百一十条　当事人一方不履行非金钱债务或者履行非金钱债务不符合约定的,对方可以要求履行,但有下列情形之一的除外:

(一)法律上或者事实上不能履行;

(二)债务的标的不适于强制履行或者履行费用过高;

(三)债权人在合理期限内未要求履行。

第一百一十一条　质量不符合约定的,应当按照当事人的约定承担违约责任。对违约责任没有约定或者约定不明确,依照本法第六十一条的规定仍不能确定的,受损害方根据标的的性质以及损失的大小,可以合理选择要求对方承担修理、更换、重做、退货、减少价款或者报酬等违约责任。

第一百一十二条　当事人一方不履行合同义务或者履行合同义务不符合约定的,在履行义务或者采取补救措施后,对方还有其他损失的,应当赔偿损失。

第一百一十三条　当事人一方不履行合同义务或者履行合同义务不符合约定,给对方造成损失的,损失赔偿额应当相当于因违约所造成的损失,包括合同履行后可以获得的利益,但不得超过违反合同一方订立合同时预见到或者应当预见到的因违反合同可能造成的损失。经营者对消费者提供商品或者服务有欺诈行为的,依照《中华人民共和国消费者权益保护法》的规定承担损害赔偿责任。

第一百一十四条　当事人可以约定一方违约时应当根据违约情况向对方支付一定数额的违约金,也可以约定因违约产生的损失赔偿额的计算方法。约定的违约金低于造成的损失的,当事人可以请求人民法院或者仲裁机构予以增加;约定的违约金过分高于造成的损失的,当事人可以请求人民法院或者仲裁机构予以适当减少。当事人就迟延履行约定违约金的,违约方支付违约金后,还应当履行债务。

第一百一十五条　当事人可以依照《中华人民共和国担保法》约定一方向对方给付定金作为债权的担保。债务人履行债务后,定金应当抵作价款或者收回。给付定金的一方不履行约定的债务的,无权要求返还定金;收受定金的一方不履行约定的债务的,应当双倍返还定金。

第一百一十六条　当事人既约定违约金,又约定定金的,一方违约时,对方可以选择适用违约金或者定金条款。

第一百一十七条　因不可抗力不能履行合同的,根据不可抗力的影响,部分或者全部免除责任,但法律另有规定的除外。当事人迟延履行后发生不可抗力的,不能免除责任。本法所称不可抗力,是指不能预见、不能避免并不能克服的客观情况。

第一百一十八条　当事人一方因不可抗力不能履行合同的,应当及时通知对方,以减轻可能给对方造成的损失,并应当在合理期限内提供证明。

第一百一十九条　当事人一方违约后,对方应当采取适当措施防止损失的扩大;没有采取适当措施致使损失扩大的,不得就扩大的损失要求赔偿。当事人因防止损失扩大而支出的合理费用,由违约方承担。

第一百二十条　当事人双方都违反合同的,应当各自承担相应的责任。

第一百二十一条　当事人一方因第三人的原因造成违约的,应当向对方承担违约责任。当事人一方和第三人之间的纠纷,依照法律规定或者按照约定解决。

第一百二十二条　因当事人一方的违约行为,侵害对方人身、财产权益的,受损害方有权选择依照本法要求其承担违约责任或者依照其他法律要求其承担侵权责任。

第八章　其他规定

第一百二十三条　其他法律对合同另有规定的,依照其规定。

第一百二十四条　本法分则或者其他法律没有明文规定的合同,适用本法总则的规定,并可以参照本法分则或者其他法律最相类似的规定。

第一百二十五条　当事人对合同条款的理解有争议的,应当按照合同所使用的词句、合同的有关条款、合同的目的、交易习惯以及诚实信用原则,确定该条款的真实意思。合同文本采用两种以上文字订立并约定具有同等效力的,对各文本使用的词句推定具有相同含义。各文本使用的词句不一致的,应当根据合同的目的予以解释。

第一百二十六条　涉外合同的当事人可以选择处理合同争议所适用的法律,但法律另有规定的除外。涉外合同的当事人没有选择的,适用与合同有最密切联系的国家的法律。在中华人民共和国境内履行的中外合资经营企业合同、中外合作经营企业合同、中外合作勘探开发自然资源合同,适用中华人民共和国法律。

第一百二十七条　工商行政管理部门和其他有关行政主管部门在各自的职权范围内,依照法律、行政法规的规定,对利用合同危害国家利益、社会公共利益的违法行为,负责监督处理;构成犯罪的,依法追究刑事责任。

第一百二十八条　当事人可以通过和解或者调解解决合同争议。当事人不愿和解、调解或者和解、调解不成的,可以根据仲裁协议向仲裁机构申请仲裁。涉外合同的当事人可以根据仲裁协议向中国仲裁机构或者其他仲裁机构申请仲裁。当事人没有订立仲裁协议或者仲裁协议无效的,可以向人民法院起诉。当事人应当履行发生法律效力的判决、仲裁裁决、调解书;拒不履行的,对方可以请求人民法院执行。

第一百二十九条　因国际货物买卖合同和技术进出口合同争议提起诉讼或者申请仲裁的期限为4年,自当事人知道或者应当知道其权利受到侵害之日起计算。因其他合同争议提起诉讼或者申请仲裁的期限,依照有关法律的规定。

分 则

第九章 买卖合同

第一百三十条 买卖合同是出卖人转移标的物的所有权于买受人，买受人支付价款的合同。

第一百三十一条 买卖合同的内容除依照本法第十二条的规定以外，还可以包括包装方式、检验标准和方法、结算方式、合同使用的文字及其效力等条款。

第一百三十二条 出卖的标的物，应当属于出卖人所有或者出卖人有权处分。法律、行政法规禁止或者限制转让的标的物，依照其规定。

第一百三十三条 标的物的所有权自标的物交付时起转移，但法律另有规定或者当事人另有约定的除外。

第一百三十四条 当事人可以在买卖合同中约定买受人未履行支付价款或者其他义务的，标的物的所有权属于出卖人。

第一百三十五条 出卖人应当履行向买受人交付标的物或者交付提取标的物的单证，并转移标的物所有权的义务。

第一百三十六条 出卖人应当按照约定或者交易习惯向买受人交付提取标的物单证以外的有关单证和资料。

第一百三十七条 出卖具有知识产权的计算机软件等标的物的，除法律另有规定或者当事人另有约定的以外，该标的物的知识产权不属于买受人。

第一百三十八条 出卖人应当按照约定的期限交付标的物。约定交付期间的，出卖人可以在该交付期间内的任何时间交付。

第一百三十九条 当事人没有约定标的物的交付期限或者约定不明确的，适用本法第六十一条、第六十二条第四项的规定。

第一百四十条 标的物在订立合同之前已为买受人占有的，合同生效的时间为交付时间。

第一百四十一条 出卖人应当按照约定的地点交付标的物。当事人没有约定交付地点或者约定不明确，依照本法第六十一条的规定仍不能确定的，适用下列规定：

（一）标的物需要运输的，出卖人应当将标的物交付给第一承运人以运交给买受人；

（二）标的物不需要运输，出卖人和买受人订立合同时知道标的物在某一地点的，出卖人应当在该地点交付标的物；不知道标的物在某一地点的，应当在出卖人订立合同时的营业地交付标的物。

第一百四十二条 标的物毁损、灭失的风险，在标的物交付之前由出卖人承担，交付之后由买受人承担，但法律另有规定或者当事人另有约定的除外。

第一百四十三条 因买受人的原因致使标的物不能按照约定的期限交付的，买受人应当自违反约定之日起承担标的物毁损、灭失的风险。

第一百四十四条 出卖人出卖交由承运人运输的在途标的物，除当事人另有约定的以外，毁损、灭失的风险自合同成立时起由买受人承担。

第一百四十五条 当事人没有约定交付地点或者约定不明确，依照本法第一百四十一条第二款第一项的规定。标的物需要运输的，出卖人将标的物交付给第一承运人后，标的物毁损、灭失的风险由买受人承担。

第一百四十六条 出卖人按照约定或者依照本法第一百四十一条第二款第二项的规定将标的物置于交付地点,买受人违反约定没有收取的,标的物毁损、灭失的风险自违反约定之日起由买受人承担。

第一百四十七条 出卖人按照约定未交付有关标的物的单证和资料的,不影响标的物毁损、灭失风险的转移。

第一百四十八条 因标的物质量不符合质量要求,致使不能实现合同目的的,买受人可以拒绝接受标的物或者解除合同。买受人拒绝接受标的物或者解除合同的,标的物毁损、灭失的风险由出卖人承担。

第一百四十九条 标的物毁损、灭失的风险由买受人承担的,不影响因出卖人履行债务不符合约定,买受人要求其承担违约责任的权利。

第一百五十条 出卖人就交付的标的物,负有保证第三人不得向买受人主张任何权利的义务,但法律另有规定的除外。

第一百五十一条 买受人订立合同时知道或者应当知道第三人对买卖的标的物享有权利的,出卖人不承担本法第一百五十条规定的义务。

第一百五十二条 买受人有确切证据证明第三人可能就标的物主张权利的,可以中止支付相应的价款,但出卖人提供适当担保的除外。

第一百五十三条 出卖人应当按照约定的质量要求交付标的物。出卖人提供有关标的物质量说明的,交付的标的物应当符合该说明的质量要求。

第一百五十四条 当事人对标的物的质量要求没有约定或者约定不明确,依照本法第六十一条的规定仍不能确定的,适用本法第六十二条第一项的规定。

第一百五十五条 出卖人交付的标的物不符合质量要求的,买受人可以依照本法第一百一十一条的规定要求承担违约责任。

第一百五十六条 出卖人应当按照约定的包装方式交付标的物。对包装方式没有约定或者约定不明确,依照本法第六十一条的规定仍不能确定的,应当按照通用的方式包装。没有通用方式的,应当采取足以保护标的物的包装方式。

第一百五十七条 买受人收到标的物时应当在约定的检验期间内检验。没有约定检验期间的,应当及时检验。

第一百五十八条 当事人约定检验期间的,买受人应当在检验期间内将标的物的数量或者质量不符合约定的情形通知出卖人。买受人怠于通知的,视为标的物的数量或者质量符合约定。当事人没有约定检验期间的,买受人应当在发现或者应当发现标的物的数量或者质量不符合约定的合理期间内通知出卖人。买受人在合理期间内未通知或者自标的物收到之日起2年内未通知出卖人的,视为标的物的数量或者质量符合约定,但对标的物有质量保证期的,适用质量保证期,不适用该2年的规定。出卖人知道或者应当知道提供的标的物不符合约定的,买受人不受前两款规定的通知时间的限制。

第一百五十九条 买受人应当按照约定的数额支付价款。对价款没有约定或者约定不明确的,适用本法第六十一条、第六十二条第二项的规定。

第一百六十条 买受人应当按照约定的地点支付价款。对支付地点没有约定或者约定不明确,依照本法第六十一条的规定仍不能确定的,买受人应当在出卖人的营业地支付,但约定支付价款以交付标的物或者交付提取标的物单证为条件的,在交付标的物或者交付提取标的物单证的所在地支付。

第一百六十一条　买受人应当按照约定的时间支付价款。对支付时间没有约定或者约定不明确,依照本法第六十一条的规定仍不能确定的,买受人应当在收到标的物或者提取标的物单证的同时支付。

第一百六十二条　出卖人多交标的物的,买受人可以接收或者拒绝接收多交的部分。买受人接收多交部分的,按照合同的价格支付价款;买受人拒绝接收多交部分的,应当及时通知出卖人。

第一百六十三条　标的物在交付之前产生的孳息,归出卖人所有,交付之后产生的孳息,归买受人所有。

第一百六十四条　因标的物的主物不符合约定而解除合同的,解除合同的效力及于从物。因标的物的从物不符合约定被解除的,解除的效力不及于主物。

第一百六十五条　标的物为数物,其中一物不符合约定的,买受人可以就该物解除,但该物与他物分离使标的物的价值显受损害的,当事人可以就数物解除合同。

第一百六十六条　出卖人分批交付标的物的,出卖人对其中一批标的物不交付或者交付不符合约定,致使该批标的物不能实现合同目的的,买受人可以就该批标的物解除。出卖人不交付其中一批标的物或者交付不符合约定,致使今后其他各批标的物的交付不能实现合同目的的,买受人可以就该批以及今后其他各批标的物解除。买受人如果就其中一批标的物解除,该批标的物与其他各批标的物相互依存的,可以就已经交付和未交付的各批标的物解除。

第一百六十七条　分期付款的买受人未支付到期价款的金额达到全部价款的五分之一的,出卖人可以要求买受人支付全部价款或者解除合同。出卖人解除合同的,可以向买受人要求支付该标的物的使用费。

第一百六十八条　凭样品买卖的当事人应当封存样品,并可以对样品质量予以说明。出卖人交付的标的物应当与样品及其说明的质量相同。

第一百六十九条　凭样品买卖的买受人不知道样品有隐蔽瑕疵的,即使交付的标的物与样品相同,出卖人交付的标的物的质量仍然应当符合同种物的通常标准。

第一百七十条　试用买卖的当事人可以约定标的物的试用期间。对试用期间没有约定或者约定不明确,依照本法第六十一条的规定仍不能确定的,由出卖人确定。

第一百七十一条　试用买卖的买受人在试用期内可以购买标的物,也可以拒绝购买。试用期间届满,买受人对是否购买标的物未作表示的,视为购买。

第一百七十二条　招标投标买卖的当事人的权利和义务以及招标投标程序等,依照有关法律、行政法规的规定。

第一百七十三条　拍卖的当事人的权利和义务以及拍卖程序等,依照有关法律、行政法规的规定。

第一百七十四条　法律对其他有偿合同有规定的,依照其规定;没有规定的,参照买卖合同的有关规定。

第一百七十五条　当事人约定易货交易,转移标的物的所有权的,参照买卖合同的有关规定。

第十章　供用电、水、气、热力合同

第一百七十六条　供用电合同是供电人向用电人供电,用电人支付电费的合同。

第一百七十七条　供用电合同的内容包括供电的方式、质量、时间,用电容量、地址、性质,计量方式,电价、电费的结算方式,供用电设施的维护责任等条款。

第一百七十八条　供用电合同的履行地点,按照当事人约定;当事人没有约定或者约定不明确的,供电设施的产权分界处为履行地点。

第一百七十九条　供电人应当按照国家规定的供电质量标准和约定安全供电。供电人未按照国家规定的供电质量标准和约定安全供电,造成用电人损失的,应当承担损害赔偿责任。

第一百八十条　供电人因供电设施计划检修、临时检修、依法限电或者用电人违法用电等原因,需要中断供电时,应当按照国家有关规定事先通知用电人。未事先通知用电人中断供电,造成用电人损失的,应当承担损害赔偿责任。

第一百八十一条　因自然灾害等原因断电,供电人应当按照国家有关规定及时抢修。未及时抢修,造成用电人损失的,应当承担损害赔偿责任。

第一百八十二条　用电人应当按照国家有关规定和当事人的约定及时交付电费。用电人逾期不交付电费的,应当按照约定支付违约金。经催告用电人在合理期限内仍不交付电费和违约金的,供电人可以按照国家规定的程序中止供电。

第一百八十三条　用电人应当按照国家有关规定和当事人的约定安全用电。用电人未按照国家有关规定和当事人的约定安全用电,造成供电人损失的,应当承担损害赔偿责任。

第一百八十四条　供用水、供用气、供用热力合同,参照供用电合同的有关规定。

第十一章　赠与合同

第一百八十五条　赠与合同是赠与人将自己的财产无偿给予受赠人,受赠人表示接受赠与的合同。

第一百八十六条　赠与人在赠与财产的权利转移之前可以撤销赠与。具有救灾、扶贫等社会公益、道德义务性质的赠与合同或者经过公证的赠与合同,不适用前款规定。

第一百八十七条　赠与的财产依法需要办理登记等手续的,应当办理有关手续。

第一百八十八条　具有救灾、扶贫等社会公益、道德义务性质的赠与合同或者经过公证的赠与合同,赠与人不交付赠与的财产的,受赠人可以要求交付。

第一百八十九条　因赠与人故意或者重大过失致使赠与的财产毁损、灭失的,赠与人应当承担损害赔偿责任。

第一百九十条　赠与可以附义务。赠与附义务的,受赠人应当按照约定履行义务。

第一百九十一条　赠与的财产有瑕疵的,赠与人不承担责任。附义务的赠与,赠与的财产有瑕疵的,赠与人在附义务的限度内承担与出卖人相同的责任。赠与人故意不告知瑕疵或者保证无瑕疵,造成受赠人损失的,应当承担损害赔偿责任。

第一百九十二条　受赠人有下列情形之一的,赠与人可以撤销赠与:

(一) 严重侵害赠与人或者赠与人的近亲属;

(二) 对赠与人有扶养义务而不履行;

(三) 不履行赠与合同约定的义务。

赠与人的撤销权,自知道或者应当知道撤销原因之日起1年内行使。

第一百九十三条　因受赠人的违法行为致使赠与人死亡或者丧失民事行为能力的,赠与人的继承人或者法定代理人可以撤销赠与。赠与人的继承人或者法定代理人的撤销权,自知道或者应当知道撤销原因之日起6个月内行使。

第一百九十四条　撤销权人撤销赠与的,可以向受赠人要求返还赠与的财产。

第一百九十五条　赠与人的经济状况显著恶化,严重影响其生产经营或者家庭生活的,可以不再履行赠与义务。

第十二章　借款合同

第一百九十六条　借款合同是借款人向贷款人借款,到期返还借款并支付利息的合同。

第一百九十七条　借款合同采用书面形式,但自然人之间借款另有约定的除外。借款合同的内容包括借款种类、币种、用途、数额、利率、期限和还款方式等条款。

第一百九十八条　订立借款合同,贷款人可以要求借款人提供担保。担保依照《中华人民共和国担保法》的规定。

第一百九十九条　订立借款合同,借款人应当按照贷款人的要求提供与借款有关的业务活动和财务状况的真实情况。

第二百条　借款的利息不得预先在本金中扣除。利息预先在本金中扣除的,应当按照实际借款数额返还借款并计算利息。

第二百零一条　贷款人未按照约定的日期、数额提供借款,造成借款人损失的,应当赔偿损失。借款人未按照约定的日期、数额收取借款的,应当按照约定的日期、数额支付利息。

第二百零二条　贷款人按照约定可以检查、监督借款的使用情况。借款人应当按照约定向贷款人定期提供有关财务会计报表等资料。

第二百零三条　借款人未按照约定的借款用途使用借款的,贷款人可以停止发放借款、提前收回借款或者解除合同。

第二百零四条　办理贷款业务的金融机构贷款的利率,应当按照中国人民银行规定的贷款利率的上下限确定。

第二百零五条　借款人应当按照约定的期限支付利息。对支付利息的期限没有约定或者约定不明确,依照本法第六十一条的规定仍不能确定,借款期间不满1年的,应当在返还借款时一并支付;借款期间1年以上的,应当在每届满1年时支付,剩余期间不满1年的,应当在返还借款时一并支付。

第二百零六条　借款人应当按照约定的期限返还借款。对借款期限没有约定或者约定不明确,依照本法第六十一条的规定仍不能确定的,借款人可以随时返还;贷款人可以催告借款人在合理期限内返还。

第二百零七条　借款人未按照约定的期限返还借款的,应当按照约定或者国家有关规定支付逾期利息。

第二百零八条　借款人提前偿还借款的,除当事人另有约定的以外,应当按照实际借款的期间计算利息。

第二百零九条　借款人可以在还款期限届满之前向贷款人申请展期。贷款人同意的,可以展期。

第二百一十条　自然人之间的借款合同,自贷款人提供借款时生效。

第二百一十一条　自然人之间的借款合同对支付利息没有约定或者约定不明确的,视为不支付利息。自然人之间的借款合同约定支付利息的,借款的利率不得违反国家有关限制借款利率的规定。

第十三章　租赁合同

第二百一十二条　租赁合同是出租人将租赁物交付承租人使用、收益,承租人支付租金的合同。

第二百一十三条　租赁合同的内容包括租赁物的名称、数量、用途、租赁期限、租金及其支付期限和方式、租赁物维修等条款。

第二百一十四条　租赁期限不得超过 20 年。超过 20 年的,超过部分无效。租赁期间届满,当事人可以续订租赁合同,但约定的租赁期限自续订之日起不得超过 20 年。

第二百一十五条　租赁期限 6 个月以上的,应当采用书面形式。当事人未采用书面形式的,视为不定期租赁。

第二百一十六条　出租人应当按照约定将租赁物交付承租人,并在租赁期间保持租赁物符合约定的用途。

第二百一十七条　承租人应当按照约定的方法使用租赁物。对租赁物的使用方法没有约定或者约定不明确,依照本法第六十一条的规定仍不能确定的,应当按照租赁物的性质使用。

第二百一十八条　承租人按照约定的方法或者租赁物的性质使用租赁物,致使租赁物受到损耗的,不承担损害赔偿责任。

第二百一十九条　承租人未按照约定的方法或者租赁物的性质使用租赁物,致使租赁物受到损失的,出租人可以解除合同并要求赔偿损失。

第二百二十条　出租人应当履行租赁物的维修义务,但当事人另有约定的除外。

第二百二十一条　承租人在租赁物需要维修时可以要求出租人在合理期限内维修。出租人未履行维修义务的,承租人可以自行维修,维修费用由出租人负担。因维修租赁物影响承租人使用的,应当相应减少租金或者延长租期。

第二百二十二条　承租人应当妥善保管租赁物,因保管不善造成租赁物毁损、灭失的,应当承担损害赔偿责任。

第二百二十三条　承租人经出租人同意,可以对租赁物进行改善或者增设他物。承租人未经出租人同意,对租赁物进行改善或者增设他物的,出租人可以要求承租人恢复原状或者赔偿损失。

第二百二十四条　承租人经出租人同意,可以将租赁物转租给第三人。承租人转租的,承租人与出租人之间的租赁合同继续有效,第三人对租赁物造成损失的,承租人应当赔偿损失。承租人未经出租人同意转租的,出租人可以解除合同。

第二百二十五条　在租赁期间因占有、使用租赁物获得的收益,归承租人所有,但当事人另有约定的除外。

第二百二十六条　承租人应当按照约定的期限支付租金。对支付期限没有约定或者约定不明确,依照本法第六十一条的规定仍不能确定,租赁期间不满 1 年的,应当在租赁期间届满时支付;租赁期间 1 年以上的,应当在每届满 1 年时支付,剩余期间不满 1 年的,应当在租赁期间届满时支付。

第二百二十七条 承租人无正当理由未支付或者迟延支付租金的,出租人可以要求承租人在合理期限内支付。承租人逾期不支付的,出租人可以解除合同。

第二百二十八条 因第三人主张权利,致使承租人不能对租赁物使用、收益的,承租人可以要求减少租金或者不支付租金。第三人主张权利的,承租人应当及时通知出租人。

第二百二十九条 租赁物在租赁期间发生所有权变动的,不影响租赁合同的效力。

第二百三十条 出租人出卖租赁房屋的,应当在出卖之前的合理期限内通知承租人,承租人享有以同等条件优先购买的权利。

第二百三十一条 因不可归责于承租人的事由,致使租赁物部分或者全部毁损、灭失的,承租人可以要求减少租金或者不支付租金;因租赁物部分或者全部毁损、灭失,致使不能实现合同目的的,承租人可以解除合同。

第二百三十二条 当事人对租赁期限没有约定或者约定不明确,依照本法第六十一条的规定仍不能确定的,视为不定期租赁。当事人可以随时解除合同,但出租人解除合同应当在合理期限之前通知承租人。

第二百三十三条 租赁物危及承租人的安全或者健康的,即使承租人订立合同时明知该租赁物质量不合格,承租人仍然可以随时解除合同。

第二百三十四条 承租人在房屋租赁期间死亡的,与其生前共同居住的人可以按照原租赁合同租赁该房屋。

第二百三十五条 租赁期间届满,承租人应当返还租赁物。返还的租赁物应当符合按照约定或者租赁物的性质使用后的状态。

第二百三十六条 租赁期间届满,承租人继续使用租赁物,出租人没有提出异议的,原租赁合同继续有效,但租赁期限为不定期。

第十四章 融资租赁合同

第二百三十七条 融资租赁合同是出租人根据承租人对出卖人、租赁物的选择,向出卖人购买租赁物,提供给承租人使用,承租人支付租金的合同。

第二百三十八条 融资租赁合同的内容包括租赁物名称、数量、规格、技术性能、检验方法、租赁期限、租金构成及其支付期限和方式、币种、租赁期间届满租赁物的归属等条款。融资租赁合同应当采用书面形式。

第二百三十九条 出租人根据承租人对出卖人、租赁物的选择订立的买卖合同,出卖人应当按照约定向承租人交付标的物,承租人享有与受领标的物有关的买受人的权利。

第二百四十条 出租人、出卖人、承租人可以约定,出卖人不履行买卖合同义务的,由承租人行使索赔的权利。承租人行使索赔权利的,出租人应当协助。

第二百四十一条 出租人根据承租人对出卖人、租赁物的选择订立的买卖合同,未经承租人同意,出租人不得变更与承租人有关的合同内容。

第二百四十二条 出租人享有租赁物的所有权。承租人破产的,租赁物不属于破产财产。

第二百四十三条 融资租赁合同的租金,除当事人另有约定的以外,应当根据购买租赁物的大部分或者全部成本以及出租人的合理利润确定。

第二百四十四条 租赁物不符合约定或者不符合使用目的的,出租人不承担责任,但承租人依赖出租人的技能确定租赁物或者出租人干预选择租赁物的除外。

第二百四十五条　出租人应当保证承租人对租赁物的占有和使用。

第二百四十六条　承租人占有租赁物期间,租赁物造成第三人的人身伤害或者财产损害的,出租人不承担责任。

第二百四十七条　承租人应当妥善保管、使用租赁物。承租人应当履行占有租赁物期间的维修义务。

第二百四十八条　承租人应当按照约定支付租金。承租人经催告后在合理期限内仍不支付租金的,出租人可以要求支付全部租金;也可以解除合同,收回租赁物。

第二百四十九条　当事人约定租赁期间届满租赁物归承租人所有,承租人已经支付大部分租金,但无力支付剩余租金,出租人因此解除合同收回租赁物的,收回的租赁物的价值超过承租人欠付的租金以及其他费用的,承租人可以要求部分返还。

第二百五十条　出租人和承租人可以约定租赁期间届满租赁物的归属。对租赁物的归属没有约定或者约定不明确,依照本法第六十一条的规定仍不能确定的,租赁物的所有权归出租人。

第十五章　承揽合同

第二百五十一条　承揽合同是承揽人按照定作人的要求完成工作,交付工作成果,定作人给付报酬的合同。承揽包括加工、定作、修理、复制、测试、检验等工作。

第二百五十二条　承揽合同的内容包括承揽的标的、数量、质量、报酬、承揽方式、材料的提供、履行期限、验收标准和方法等条款。

第二百五十三条　承揽人应当以自己的设备、技术和劳力,完成主要工作,但当事人另有约定的除外。承揽人将其承揽的主要工作交由第三人完成的,应当就该第三人完成的工作成果向定作人负责;未经定作人同意的,定作人也可以解除合同。

第二百五十四条　承揽人可以将其承揽的辅助工作交由第三人完成。承揽人将其承揽的辅助工作交由第三人完成的,应当就该第三人完成的工作成果向定作人负责。

第二百五十五条　承揽人提供材料的,承揽人应当按照约定选用材料,并接受定作人检验。

第二百五十六条　定作人提供材料的,定作人应当按照约定提供材料。承揽人对定作人提供的材料,应当及时检验,发现不符合约定时,应当及时通知定作人更换、补齐或者采取其他补救措施。承揽人不得擅自更换定作人提供的材料,不得更换不需要修理的零部件。

第二百五十七条　承揽人发现定作人提供的图纸或者技术要求不合理的,应当及时通知定作人。因定作人怠于答复等原因造成承揽人损失的,应当赔偿损失。

第二百五十八条　定作人中途变更承揽工作的要求,造成承揽人损失的,应当赔偿损失。

第二百五十九条　承揽工作需要定作人协助的,定作人有协助的义务。定作人不履行协助义务致使承揽工作不能完成的,承揽人可以催告定作人在合理期限内履行义务,并且可以顺延履行期限;定作人逾期不履行的,承揽人可以解除合同。

第二百六十条　承揽人在工作期间,应当接受定作人必要的监督检验。定作人不得因监督检验妨碍承揽人的正常工作。

第二百六十一条　承揽人完成工作的,应当向定作人交付工作成果,并提交必要的技术资料和有关质量证明。定作人应当验收该工作成果。

第二百六十二条 承揽人交付的工作成果不符合质量要求的,定作人可以要求承揽人承担修理、重作、减少报酬、赔偿损失等违约责任。

第二百六十三条 定作人应当按照约定的期限支付报酬。对支付报酬的期限没有约定或者约定不明确,依照本法第六十一条的规定仍不能确定的,定作人应当在承揽人交付工作成果时支付;工作成果部分交付的,定作人应当相应支付。

第二百六十四条 定作人未向承揽人支付报酬或者材料费等价款的,承揽人对完成的工作成果享有留置权,但当事人另有约定的除外。

第二百六十五条 承揽人应当妥善保管定作人提供的材料以及完成的工作成果,因保管不善造成毁损、灭失的,承揽人应当承担损害赔偿责任。

第二百六十六条 承揽人应当按照定作人的要求保守秘密,未经定作人许可,不得留存复制品或者技术资料。

第二百六十七条 共同承揽人对定作人承担连带责任,但当事人另有约定的除外。

第二百六十八条 定作人可以随时解除承揽合同,造成承揽人损失的,应当赔偿损失。

第十六章 建设工程合同

第二百六十九条 建设工程合同是承包人进行工程建设,发包人支付价款的合同。建设工程合同包括工程勘察、设计、施工合同。

第二百七十条 建设工程合同应当采用书面形式。

第二百七十一条 建设工程的招标投标活动,应当依照有关法律的规定公开、公平、公正进行。

第二百七十二条 发包人可以与总承包人订立建设工程合同,也可以分别与勘察人、设计人、施工人订立勘察、设计、施工承包合同。发包人不得将应当由一个承包人完成的建设工程肢解成若干部分发包给几个承包人。总承包人或者勘察、设计、施工承包人经发包人同意,可以将自己承包的部分工作交由第三人完成。第三人就其完成的工作成果与总承包人或者勘察、设计、施工承包人向发包人承担连带责任。承包人不得将其承包的全部建设工程转包给第三人或者将其承包的全部建设工程肢解以后以分包的名义分别转包给第三人。禁止承包人将工程分包给不具备相应资质条件的单位。禁止分包单位将其承包的工程再分包。建设工程主体结构的施工必须由承包人自行完成。

第二百七十三条 国家重大建设工程合同,应当按照国家规定的程序和国家批准的投资计划、可行性研究报告等文件订立。

第二百七十四条 勘察、设计合同的内容包括提交有关基础资料和文件(包括概预算)的期限、质量要求、费用以及其他协作条件等条款。

第二百七十五条 施工合同的内容包括工程范围、建设工期、中间交工工程的开工和竣工时间、工程质量、工程造价、技术资料交付时间、材料和设备供应责任、拨款和结算、竣工验收、质量保修范围和质量保证期、双方相互协作等条款。

第二百七十六条 建设工程实行监理的,发包人应当与监理人采用书面形式订立委托监理合同。发包人与监理人的权利和义务以及法律责任,应当依照本法委托合同以及其他有关法律、行政法规的规定。

第二百七十七条　发包人在不妨碍承包人正常作业的情况下,可以随时对作业进度、质量进行检查。

第二百七十八条　隐蔽工程在隐蔽以前,承包人应当通知发包人检查。发包人没有及时检查的,承包人可以顺延工程日期,并有权要求赔偿停工、窝工等损失。

第二百七十九条　建设工程竣工后,发包人应当根据施工图纸及说明书、国家颁发的施工验收规范和质量检验标准及时进行验收。验收合格的,发包人应当按照约定支付价款,并接收该建设工程。建设工程竣工经验收合格后,方可交付使用;未经验收或者验收不合格的,不得交付使用。

第二百八十条　勘察、设计的质量不符合要求或者未按照期限提交勘察、设计文件拖延工期给发包人造成损失的,勘察人、设计人应当继续完善勘察、设计,减收或者免收勘察、设计费并赔偿损失。

第二百八十一条　因施工人的原因致使建设工程质量不符合约定的,发包人有权要求施工人在合理期限内无偿修理或者返工、改建。经过修理或者返工、改建后,造成逾期交付的,施工人应当承担违约责任。

第二百八十二条　因承包人的原因致使建设工程在合理使用期限内造成人身和财产损害的,承包人应当承担损害赔偿责任。

第二百八十三条　发包人未按照约定的时间和要求提供原材料、设备、场地、资金、技术资料的,承包人可以顺延工程日期,并有权要求赔偿停工、窝工等损失。

第二百八十四条　因发包人的原因致使工程中途停建、缓建的,发包人应当采取措施弥补或者减少损失,赔偿承包人因此造成的停工、窝工、倒运、机械设备调迁、材料和构件积压等损失和实际费用。

第二百八十五条　因发包人变更计划,提供的资料不准确,或者未按照期限提供必需的勘察、设计工作条件而造成勘察、设计的返工、停工或者修改设计,发包人应当按照勘察人、设计人实际消耗的工作量增付费用。

第二百八十六条　发包人未按照约定支付价款的,承包人可以催告发包人在合理期限内支付价款。发包人逾期不支付的,除按照建设工程的性质不宜折价、拍卖的以外,承包人可以与发包人协议将该工程折价,也可以申请人民法院将该工程依法拍卖。建设工程的价款就该工程折价或者拍卖的价款优先受偿。

第二百八十七条　本章没有规定的,适用承揽合同的有关规定。

第十七章　运输合同

第一节　一般规定

第二百八十八条　运输合同是承运人将旅客或者货物从起运地点运输到约定地点,旅客、托运人或者收货人支付票款或者运输费用的合同。

第二百八十九条　从事公共运输的承运人不得拒绝旅客、托运人通常、合理的运输要求。

第二百九十条　承运人应当在约定期间或者合理期间内将旅客、货物安全运输到约定地点。

第二百九十一条　承运人应当按照约定的或者通常的运输路线将旅客、货物运输到约定地点。

第二百九十二条　旅客、托运人或者收货人应当支付票款或者运输费用。承运人未按照约定路线或者通常路线运输增加票款或者运输费用的,旅客、托运人或者收货人可以拒绝支付增加部分的票款或者运输费用。

第二节　客运合同

第二百九十三条　客运合同自承运人向旅客交付客票时成立,但当事人另有约定或者另有交易习惯的除外。

第二百九十四条　旅客应当持有效客票乘运。旅客无票乘运、超程乘运、越级乘运或者持失效客票乘运的,应当补交票款,承运人可以按照规定加收票款。旅客不交付票款的,承运人可以拒绝运输。

第二百九十五条　旅客因自己的原因不能按照客票记载的时间乘坐的,应当在约定的时间内办理退票或者变更手续。逾期办理的,承运人可以不退票款,并不再承担运输义务。

第二百九十六条　旅客在运输中应当按照约定的限量携带行李。超过限量携带行李的,应当办理托运手续。

第二百九十七条　旅客不得随身携带或者在行李中夹带易燃、易爆、有毒、有腐蚀性、有放射性以及有可能危及运输工具上人身和财产安全的危险物品或者其他违禁物品。旅客违反前款规定的,承运人可以将违禁物品卸下、销毁或者送交有关部门。旅客坚持携带或者夹带违禁物品的,承运人应当拒绝运输。

第二百九十八条　承运人应当向旅客及时告知有关不能正常运输的重要事由和安全运输应当注意的事项。

第二百九十九条　承运人应当按照客票载明的时间和班次运输旅客。承运人迟延运输的,应当根据旅客的要求安排改乘其他班次或者退票。

第三百条　承运人擅自变更运输工具而降低服务标准的,应当根据旅客的要求退票或者减收票款;提高服务标准的,不应当加收票款。

第三百零一条　承运人在运输过程中,应当尽力救助患有急病、分娩、遇险的旅客。

第三百零二条　承运人应当对运输过程中旅客的伤亡承担损害赔偿责任,但伤亡是旅客自身健康原因造成的或者承运人证明伤亡是旅客故意、重大过失造成的除外。前款规定适用于按照规定免票、持优待票或者经承运人许可搭乘的无票旅客。

第三百零三条　在运输过程中旅客自带物品毁损、灭失,承运人有过错的,应当承担损害赔偿责任。旅客托运的行李毁损、灭失的,适用货物运输的有关规定。

第三节　货运合同

第三百零四条　托运人办理货物运输,应当向承运人准确表明收货人的名称或者姓名或者凭指示的收货人,货物的名称、性质、重量、数量,收货地点等有关货物运输的必要情况。因托运人申报不实或者遗漏重要情况,造成承运人损失的,托运人应当承担损害赔偿责任。

第三百零五条　货物运输需要办理审批、检验等手续的,托运人应当将办理完有关手续的文件提交承运人。

第三百零六条　托运人应当按照约定的方式包装货物。对包装方式没有约定或者约定不明确的,适用本法第一百五十六条的规定。托运人违反前款规定的,承运人可以拒绝运输。

第三百零七条　托运人托运易燃、易爆、有毒、有腐蚀性、有放射性等危险物品的,应当按照国家有关危险物品运输的规定对危险物品妥善包装,作出危险物标志和标签,并将有关危险物品的名称、性质和防范措施的书面材料提交承运人。托运人违反前款规定的,承运人可以拒绝运输,也可以采取相应措施以避免损失的发生,因此产生的费用由托运人承担。

第三百零八条　在承运人将货物交付收货人之前,托运人可以要求承运人中止运输、返还货物、变更到达地或者将货物交给其他收货人,但应当赔偿承运人因此受到的损失。

第三百零九条　货物运输到达后,承运人知道收货人的,应当及时通知收货人,收货人应当及时提货。收货人逾期提货的,应当向承运人支付保管费等费用。

第三百一十条　收货人提货时应当按照约定的期限检验货物。对检验货物的期限没有约定或者约定不明确,依照本法第六十一条的规定仍不能确定的,应当在合理期限内检验货物。收货人在约定的期限或者合理期限内对货物的数量、毁损等未提出异议的,视为承运人已经按照运输单证的记载交付的初步证据。

第三百一十一条　承运人对运输过程中货物的毁损、灭失承担损害赔偿责任,但承运人证明货物的毁损、灭失是因不可抗力、货物本身的自然性质或者合理损耗以及托运人、收货人的过错造成的,不承担损害赔偿责任。

第三百一十二条　货物的毁损、灭失的赔偿额,当事人有约定的,按照其约定;没有约定或者约定不明确,依照本法第六十一条的规定仍不能确定的,按照交付或者应当交付时货物到达地的市场价格计算。法律、行政法规对赔偿额的计算方法和赔偿限额另有规定的,依照其规定。

第三百一十三条　2个以上承运人以同一运输方式联运的,与托运人订立合同的承运人应当对全程运输承担责任。损失发生在某一运输区段的,与托运人订立合同的承运人和该区段的承运人承担连带责任。

第三百一十四条　货物在运输过程中因不可抗力灭失,未收取运费的,承运人不得要求支付运费;已收取运费的,托运人可以要求返还。

第三百一十五条　托运人或者收货人不支付运费、保管费以及其他运输费用的,承运人对相应的运输货物享有留置权,但当事人另有约定的除外。

第三百一十六条　收货人不明或者收货人无正当理由拒绝受领货物的,依照本法第一百零一条的规定,承运人可以提存货物。

第四节　多式联运合同

第三百一十七条　多式联运经营人负责履行或者组织履行多式联运合同,对全程运输享有承运人的权利,承担承运人的义务。

第三百一十八条　多式联运经营人可以与参加多式联运的各区段承运人就多式联运合同的各区段运输约定相互之间的责任,但该约定不影响多式联运经营人对全程运输承担的义务。

第三百一十九条　多式联运经营人收到托运人交付的货物时,应当签发多式联运单据。按照托运人的要求,多式联运单据可以是可转让单据,也可以是不可转让单据。

第三百二十条　因托运人托运货物时的过错造成多式联运经营人损失的,即使托运人已经转让多式联运单据,托运人仍然应当承担损害赔偿责任。

第三百二十一条　货物的毁损、灭失发生于多式联运的某一运输区段的,多式联运经营人的赔偿责任和责任限额,适用调整该区段运输方式的有关法律规定。货物毁损、灭失发生的运输区段不能确定的,依照本章规定承担损害赔偿责任。

第十八章 技术合同

第一节 一般规定

第三百二十二条 技术合同是当事人就技术开发、转让、咨询或者服务订立的确立相互之间权利和义务的合同。

第三百二十三条 订立技术合同,应当有利于科学技术的进步,加速科学技术成果的转化、应用和推广。

第三百二十四条 技术合同的内容由当事人约定,一般包括以下条款:

(一)项目名称;
(二)标的的内容、范围和要求;
(三)履行的计划、进度、期限、地点、地域和方式;
(四)技术情报和资料的保密;
(五)风险责任的承担;
(六)技术成果的归属和收益的分成办法;
(七)验收标准和方法;
(八)价款、报酬或者使用费及其支付方式;
(九)违约金或者损失赔偿的计算方法;
(十)解决争议的方法;
(十一)名词和术语的解释。

与履行合同有关的技术背景资料、可行性论证和技术评价报告、项目任务书和计划书、技术标准、技术规范、原始设计和工艺文件,以及其他技术文档,按照当事人的约定可以作为合同的组成部分。技术合同涉及专利的,应当注明发明创造的名称、专利申请人和专利权人、申请日期、申请号、专利号以及专利权的有效期限。

第三百二十五条 技术合同价款、报酬或者使用费的支付方式由当事人约定,可以采取一次总算、一次总付或者一次总算、分期支付,也可以采取提成支付或者提成支付附加预付入门费的方式。约定提成支付的,可以按照产品价格、实施专利和使用技术秘密后新增的产值、利润或者产品销售额的一定比例提成,也可以按照约定的其他方式计算。提成支付的比例可以采取固定比例、逐年递增比例或者逐年递减比例。约定提成支付的,当事人应当在合同中约定查阅有关会计账目的办法。

第三百二十六条 职务技术成果的使用权、转让权属于法人或者其他组织的,法人或者其他组织可以就该项职务技术成果订立技术合同。法人或者其他组织应当从使用和转让该项职务技术成果所取得的收益中提取一定比例,对完成该项职务技术成果的个人给予奖励或者报酬。法人或者其他组织订立技术合同转让职务技术成果时,职务技术成果的完成人享有以同等条件优先受让的权利。职务技术成果是执行法人或者其他组织的工作任务,或者主要是利用法人或者其他组织的物质技术条件所完成的技术成果。

第三百二十七条 非职务技术成果的使用权、转让权属于完成技术成果的个人,完成技术成果的个人可以就该项非职务技术成果订立技术合同。

第三百二十八条 完成技术成果的个人有在有关技术成果文件上写明自己是技术成果完成者的权利和取得荣誉证书、奖励的权利。

第三百二十九条 非法垄断技术、妨碍技术进步或者侵害他人技术成果的技术合同无效。

第二节 技术开发合同

第三百三十条 技术开发合同是指当事人之间就新技术、新产品、新工艺或者新材料及其系统的研究开发所订立的合同。技术开发合同包括委托开发合同和合作开发合同。技术开发合同应当采用书面形式。当事人之间就具有产业应用价值的科技成果实施转化订立的合同，参照技术开发合同的规定。

第三百三十一条 委托开发合同的委托人应当按照约定支付研究开发经费和报酬；提供技术资料、原始数据；完成协作事项；接受研究开发成果。

第三百三十二条 委托开发合同的研究开发人应当按照约定制定和实施研究开发计划；合理使用研究开发经费；按期完成研究开发工作，交付研究开发成果，提供有关的技术资料和必要的技术指导，帮助委托人掌握研究开发成果。

第三百三十三条 委托人违反约定造成研究开发工作停滞、延误或者失败的，应当承担违约责任。

第三百三十四条 研究开发人违反约定造成研究开发工作停滞、延误或者失败的，应当承担违约责任。

第三百三十五条 合作开发合同的当事人应当按照约定进行投资，包括以技术进行投资，分工参与研究开发工作，协作配合研究开发工作。

第三百三十六条 合作开发合同的当事人违反约定造成研究开发工作停滞、延误或者失败的，应当承担违约责任。

第三百三十七条 因作为技术开发合同标的的技术已经由他人公开，致使技术开发合同的履行没有意义的，当事人可以解除合同。

第三百三十八条 技术开发合同履行过程中，因出现无法克服的技术困难，致使研究开发失败或者部分失败的，该风险责任由当事人约定。没有约定或者约定不明确，依照本法第六十一条的规定仍不能确定的，风险责任由当事人合理分担。当事人一方发现前款规定的可能致使研究开发失败或者部分失败的情形时，应当及时通知另一方并采取适当措施减少损失。没有及时通知并采取适当措施，致使损失扩大的，应当就扩大的损失承担责任。

第三百三十九条 委托开发完成的发明创造，除当事人另有约定的以外，申请专利的权利属于研究开发人。研究开发人取得专利权的，委托人可以免费实施该专利。研究开发人转让专利申请权的，委托人享有以同等条件优先受让的权利。

第三百四十条 合作开发完成的发明创造，除当事人另有约定的以外，申请专利的权利属于合作开发的当事人共有。当事人一方转让其共有的专利申请权的，其他各方享有以同等条件优先受让的权利。合作开发的当事人一方声明放弃其共有的专利申请权的，可以由另一方单独申请或者由其他各方共同申请。申请人取得专利权的，放弃专利申请权的一方可以免费实施该专利。合作开发的当事人一方不同意申请专利的，另一方或者其他各方不得申请专利。

第三百四十一条 委托开发或者合作开发完成的技术秘密成果的使用权、转让权以及利益的分配办法，由当事人约定。没有约定或者约定不明确，依照本法第六十一条的规定仍不能确定的，当事人均有使用和转让的权利，但委托开发的研究开发人不得在向委托人交付研究开发成果之前，将研究开发成果转让给第三人。

第三节 技术转让合同

第三百四十二条 技术转让合同包括专利权转让、专利申请权转让、技术秘密转让、专利实施许可合同。技术转让合同应当采用书面形式。

第三百四十三条 技术转让合同可以约定让与人和受让人实施专利或者使用技术秘密的范围，但不得限制技术竞争和技术发展。

第三百四十四条 专利实施许可合同只在该专利权的存续期间内有效。专利权有效期限届满或者专利权被宣布无效的，专利权人不得就该专利与他人订立专利实施许可合同。

第三百四十五条 专利实施许可合同的让与人应当按照约定许可受让人实施专利，交付实施专利有关的技术资料，提供必要的技术指导。

第三百四十六条 专利实施许可合同的受让人应当按照约定实施专利，不得许可约定以外的第三人实施该专利；并按照约定支付使用费。

第三百四十七条 技术秘密转让合同的让与人应当按照约定提供技术资料，进行技术指导，保证技术的实用性、可靠性，承担保密义务。

第三百四十八条 技术秘密转让合同的受让人应当按照约定使用技术，支付使用费，承担保密义务。

第三百四十九条 技术转让合同的让与人应当保证自己是所提供的技术的合法拥有者，并保证所提供的技术完整、无误、有效，能够达到约定的目标。

第三百五十条 技术转让合同的受让人应当按照约定的范围和期限，对让与人提供的技术中尚未公开的秘密部分，承担保密义务。

第三百五十一条 让与人未按照约定转让技术的，应当返还部分或者全部使用费，并应当承担违约责任；实施专利或者使用技术秘密超越约定的范围的，违反约定擅自许可第三人实施该项专利或者使用该项技术秘密的，应当停止违约行为，承担违约责任；违反约定的保密义务的，应当承担违约责任。

第三百五十二条 受让人未按照约定支付使用费的，应当补交使用费并按照约定支付违约金；不补交使用费或者支付违约金的，应当停止实施专利或者使用技术秘密，交还技术资料，承担违约责任；实施专利或者使用技术秘密超越约定的范围的，未经让与人同意擅自许可第三人实施该专利或者使用该技术秘密的，应当停止违约行为，承担违约责任；违反约定的保密义务的，应当承担违约责任。

第三百五十三条 受让人按照约定实施专利、使用技术秘密侵害他人合法权益的，由让与人承担责任，但当事人另有约定的除外。

第三百五十四条 当事人可以按照互利的原则，在技术转让合同中约定实施专利、使用技术秘密后续改进的技术成果的分享办法。没有约定或者约定不明确，依照本法第六十一条的规定仍不能确定的，一方后续改进的技术成果，其他各方无权分享。

第三百五十五条 法律、行政法规对技术进出口合同或者专利、专利申请合同另有规定的，依照其规定。

第四节 技术咨询合同和技术服务合同

第三百五十六条 技术咨询合同包括就特定技术项目提供可行性论证、技术预测、专题技术调查、分析评价报告等合同。技术服务合同是指当事人一方以技术知识为另一方解决特定技术问题所订立的合同，不包括建设工程合同和承揽合同。

第三百五十七条 技术咨询合同的委托人应当按照约定阐明咨询的问题,提供技术背景材料及有关技术资料、数据;接受受托人的工作成果,支付报酬。

第三百五十八条 技术咨询合同的受托人应当按照约定的期限完成咨询报告或者解答问题;提出的咨询报告应当达到约定的要求。

第三百五十九条 技术咨询合同的委托人未按照约定提供必要的资料和数据,影响工作进度和质量,不接受或者逾期接受工作成果的,支付的报酬不得追回,未支付的报酬应当支付。技术咨询合同的受托人未按期提出咨询报告或者提出的咨询报告不符合约定的,应当承担减收或者免收报酬等违约责任。技术咨询合同的委托人按照受托人符合约定要求的咨询报告和意见作出决策所造成的损失,由委托人承担,但当事人另有约定的除外。

第三百六十条 技术服务合同的委托人应当按照约定提供工作条件,完成配合事项;接受工作成果并支付报酬。

第三百六十一条 技术服务合同的受托人应当按照约定完成服务项目,解决技术问题,保证工作质量,并传授解决技术问题的知识。

第三百六十二条 技术服务合同的委托人不履行合同义务或者履行合同义务不符合约定,影响工作进度和质量,不接受或者逾期接受工作成果的,支付的报酬不得追回,未支付的报酬应当支付。技术服务合同的受托人未按照合同约定完成服务工作的,应当承担免收报酬等违约责任。

第三百六十三条 技术咨询合同、技术服务合同履行过程中,受托人利用委托人提供的技术资料和工作条件完成的新的技术成果,属于受托人。委托人利用受托人的工作成果完成的新的技术成果,属于委托人。当事人另有约定的,按照其约定。

第三百六十四条 法律、行政法规对技术中介合同、技术培训合同另有规定的,依照其规定。

第十九章 保管合同

第三百六十五条 保管合同是保管人保管寄存人交付的保管物,并返还该物的合同。

第三百六十六条 寄存人应当按照约定向保管人支付保管费。当事人对保管费没有约定或者约定不明确,依照本法第六十一条的规定仍不能确定的,保管是无偿的。

第三百六十七条 保管合同自保管物交付时成立,但当事人另有约定的除外。

第三百六十八条 寄存人向保管人交付保管物的,保管人应当给付保管凭证,但另有交易习惯的除外。

第三百六十九条 保管人应当妥善保管保管物。当事人可以约定保管场所或者方法。除紧急情况或者为了维护寄存人利益的以外,不得擅自改变保管场所或者方法。

第三百七十条 寄存人交付的保管物有瑕疵或者按照保管物的性质需要采取特殊保管措施的,寄存人应当将有关情况告知保管人。寄存人未告知,致使保管物受损失的,保管人不承担损害赔偿责任;保管人因此受损失的,除保管人知道或者应当知道并且未采取补救措施的以外,寄存人应当承担损害赔偿责任。

第三百七十一条 保管人不得将保管物转交第三人保管,但当事人另有约定的除外。保管人违反前款规定,将保管物转交第三人保管,对保管物造成损失的,应当承担损害赔偿责任。

第三百七十二条 保管人不得使用或者许可第三人使用保管物,但当事人另有约定的除外。

第三百七十三条 第三人对保管物主张权利的,除依法对保管物采取保全或者执行的以外,保管人应当履行向寄存人返还保管物的义务。第三人对保管人提起诉讼或者对保管物申请扣押的,保管人应当及时通知寄存人。

第三百七十四条 保管期间,因保管人保管不善造成保管物毁损、灭失的,保管人应当承担损害赔偿责任,但保管是无偿的,保管人证明自己没有重大过失的,不承担损害赔偿责任。

第三百七十五条 寄存人寄存货币、有价证券或者其他贵重物品的,应当向保管人声明,由保管人验收或者封存。寄存人未声明的,该物品毁损、灭失后,保管人可以按照一般物品予以赔偿。

第三百七十六条 寄存人可以随时领取保管物。当事人对保管期间没有约定或者约定不明确的,保管人可以随时要求寄存人领取保管物;约定保管期间的,保管人无特别事由,不得要求寄存人提前领取保管物。

第三百七十七条 保管期间届满或者寄存人提前领取保管物的,保管人应当将原物及其孳息归还寄存人。

第三百七十八条 保管人保管货币的,可以返还相同种类、数量的货币。保管其他可替代物的,可以按照约定返还相同种类、品质、数量的物品。

第三百七十九条 有偿的保管合同,寄存人应当按照约定的期限向保管人支付保管费。当事人对支付期限没有约定或者约定不明确,依照本法第六十一条的规定仍不能确定的,应当在领取保管物的同时支付。

第三百八十条 寄存人未按照约定支付保管费以及其他费用的,保管人对保管物享有留置权,但当事人另有约定的除外。

第二十章 仓储合同

第三百八十一条 仓储合同是保管人储存存货人交付的仓储物,存货人支付仓储费的合同。

第三百八十二条 仓储合同自成立时起生效。

第三百八十三条 储存易燃、易爆、有毒、有腐蚀性、有放射性等危险物品或者易变质物品,存货人应当说明该物品的性质,提供有关资料。存货人违反前款规定的,保管人可以拒收仓储物,也可以采取相应措施以避免损失的发生,因此产生的费用由存货人承担。保管人储存易燃、易爆、有毒、有腐蚀性、有放射性等危险物品的,应当具备相应的保管条件。

第三百八十四条 保管人应当按照约定对入库仓储物进行验收。保管人验收时发现入库仓储物与约定不符合的,应当及时通知存货人。保管人验收后,发生仓储物的品种、数量、质量不符约定的,保管人应当承担损害赔偿责任。

第三百八十五条 存货人交付仓储物的,保管人应当给付仓单。

第三百八十六条 保管人应当在仓单上签字或者盖章。仓单包括下列事项:

(一)存货人的名称或者姓名和住所;

(二)仓储物的品种、数量、质量、包装、件数和标记;

(三)仓储物的损耗标准;

(四)储存场所;

(五)储存期间;

（六）仓储费；

（七）仓储物已经办理保险的，其保险金额、期间以及保险人的名称；

（八）填发人、填发地和填发日期。

第三百八十七条　仓单是提取仓储物的凭证。存货人或者仓单持有人在仓单上背书并经保管人签字或者盖章的，可以转让提取仓储物的权利。

第三百八十八条　保管人根据存货人或者仓单持有人的要求，应当同意其检查仓储物或者提取样品。

第三百八十九条　保管人对入库仓储物发现有变质或者其他损坏的，应当及时通知存货人或者仓单持有人。

第三百九十条　保管人对入库仓储物发现有变质或者其他损坏，危及其他仓储物的安全和正常保管的，应当催告存货人或者仓单持有人作出必要的处置。因情况紧急，保管人可以作出必要的处置，但事后应当将该情况及时通知存货人或者仓单持有人。

第三百九十一条　当事人对储存期间没有约定或者约定不明确的，存货人或者仓单持有人可以随时提取仓储物，保管人也可以随时要求存货人或者仓单持有人提取仓储物，但应当给予必要的准备时间。

第三百九十二条　储存期间届满，存货人或者仓单持有人应当凭仓单提取仓储物。存货人或者仓单持有人逾期提取的，应当加收仓储费；提前提取的，不减收仓储费。

第三百九十三条　储存期间届满，存货人或者仓单持有人不提取仓储物的，保管人可以催告其在合理期限内提取，逾期不提取的，保管人可以提存该物。

第三百九十四条　储存期间，因保管人保管不善造成仓储物毁损、灭失的，保管人应当承担损害赔偿责任。因仓储物的性质、包装不符合约定或者超过有效储存期造成仓储物变质、损坏的，保管人不承担损害赔偿责任。

第三百九十五条　本章没有规定的，适用保管合同的有关规定。

第二十一章　委托合同

第三百九十六条　委托合同是委托人和受托人约定，由受托人处理委托人事务的合同。

第三百九十七条　委托人可以特别委托受托人处理一项或者数项事务，也可以委托受托人处理一切事务。

第三百九十八条　委托人应当预付处理委托事务的费用。受托人为处理委托事务垫付的必要费用，委托人应当偿还该费用及其利息。

第三百九十九条　受托人应当按照委托人的指示处理委托事务。需要变更委托人指示的，应当经委托人同意；因情况紧急，难以和委托人取得联系的，受托人应当妥善处理委托事务，但事后应当将该情况及时报告委托人。

第四百条　受托人应当亲自处理委托事务。经委托人同意，受托人可以转委托。转委托经同意的，委托人可以就委托事务直接指示转委托的第三人，受托人仅就第三人的选任及其对第三人的指示承担责任。转委托未经同意的，受托人应当对转委托的第三人的行为承担责任，但在紧急情况下受托人为维护委托人的利益需要转委托的除外。

第四百零一条　受托人应当按照委托人的要求，报告委托事务的处理情况。委托合同终止时，受托人应当报告委托事务的结果。

第四百零二条　受托人以自己的名义,在委托人的授权范围内与第三人订立的合同,第三人在订立合同时知道受托人与委托人之间的代理关系的,该合同直接约束委托人和第三人,但有确切证据证明该合同只约束受托人和第三人的除外。

第四百零三条　受托人以自己的名义与第三人订立合同时,第三人不知道受托人与委托人之间的代理关系的,受托人因第三人的原因对委托人不履行义务,受托人应当向委托人披露第三人,委托人因此可以行使受托人对第三人的权利,但第三人与受托人订立合同时如果知道该委托人就不会订立合同的除外。受托人因委托人的原因对第三人不履行义务,受托人应当向第三人披露委托人,第三人因此可以选择受托人或者委托人作为相对人主张其权利,但第三人不得变更选定的相对人。委托人行使受托人对第三人的权利的,第三人可以向委托人主张其对受托人的抗辩。第三人选定委托人作为其相对人的,委托人可以向第三人主张其对受托人的抗辩以及受托人对第三人的抗辩。

第四百零四条　受托人处理委托事务取得的财产,应当转交给委托人。

第四百零五条　受托人完成委托事务的,委托人应当向其支付报酬。因不可归责于受托人的事由,委托合同解除或者委托事务不能完成的,委托人应当向受托人支付相应的报酬。当事人另有约定的,按照其约定。

第四百零六条　有偿的委托合同,因受托人的过错给委托人造成损失的,委托人可以要求赔偿损失。无偿的委托合同,因受托人的故意或者重大过失给委托人造成损失的,委托人可以要求赔偿损失。

第四百零七条　受托人处理委托事务时,因不可归责于自己的事由受到损失的,可以向委托人要求赔偿损失。

第四百零八条　委托人经受托人同意,可以在受托人之外委托第三人处理委托事务。因此给受托人造成损失的,受托人可以向委托人要求赔偿损失。

第四百零九条　两个以上的受托人共同处理委托事务的,对委托人承担连带责任。

第四百一十条　委托人或者受托人可以随时解除委托合同。因解除合同给对方造成损失的,除不可归责于该当事人的事由以外,应当赔偿损失。

第四百一十一条　委托人或者受托人死亡、丧失民事行为能力或者破产的,委托合同终止,但当事人另有约定或者根据委托事务的性质不宜终止的除外。

第四百一十二条　因委托人死亡、丧失民事行为能力或者破产,致使委托合同终止将损害委托人利益的,在委托人的继承人、法定代理人或者清算组织承受委托事务之前,受托人应当继续处理委托事务。

第四百一十三条　因受托人死亡、丧失民事行为能力或者破产,致使委托合同终止的,受托人的继承人、法定代理人或者清算组织应当及时通知委托人。因委托合同终止将损害委托人利益的,在委托人作出善后处理之前,受托人的继承人、法定代理人或者清算组织应当采取必要措施。

第二十二章　行纪合同

第四百一十四条　行纪合同是行纪人以自己的名义为委托人从事贸易活动,委托人支付报酬的合同。

第四百一十五条　行纪人处理委托事务支出的费用,由行纪人负担,但当事人另有约定的除外。

第四百一十六条　行纪人占有委托物的,应当妥善保管委托物。

第四百一十七条　委托物交付给行纪人时有瑕疵或者容易腐烂、变质的,经委托人同意,行纪人可以处分该物;和委托人不能及时取得联系的,行纪人可以合理处分。

第四百一十八条　行纪人低于委托人指定的价格卖出或者高于委托人指定的价格买入的,应当经委托人同意。未经委托人同意,行纪人补偿其差额的,该买卖对委托人发生效力。行纪人高于委托人指定的价格卖出或者低于委托人指定的价格买入的,可以按照约定增加报酬。没有约定或者约定不明确,依照本法第六十一条的规定仍不能确定的,该利益属于委托人。委托人对价格有特别指示的,行纪人不得违背该指示卖出或者买入。

第四百一十九条　行纪人卖出或者买入具有市场定价的商品,除委托人有相反的意思表示的以外,行纪人自己可以作为买受人或者出卖人。行纪人有前款规定情形的,仍然可以要求委托人支付报酬。

第四百二十条　行纪人按照约定买入委托物,委托人应当及时受领。经行纪人催告,委托人无正当理由拒绝受领的,行纪人依照本法第一百零一条的规定可以提存委托物。委托物不能卖出或者委托人撤回出卖,经行纪人催告,委托人不取回或者不处分该物的,行纪人依照本法第一百零一条的规定可以提存委托物。

第四百二十一条　行纪人与第三人订立合同的,行纪人对该合同直接享有权利、承担义务。第三人不履行义务致使委托人受到损害的,行纪人应当承担损害赔偿责任,但行纪人与委托人另有约定的除外。

第四百二十二条　行纪人完成或者部分完成委托事务的,委托人应当向其支付相应的报酬。委托人逾期不支付报酬的,行纪人对委托物享有留置权,但当事人另有约定的除外。

第四百二十三条　本章没有规定的,适用委托合同的有关规定。

第二十三章　居间合同

第四百二十四条　居间合同是居间人向委托人报告订立合同的机会或者提供订立合同的媒介服务,委托人支付报酬的合同。

第四百二十五条　居间人应当就有关订立合同的事项向委托人如实报告。居间人故意隐瞒与订立合同有关的重要事实或者提供虚假情况,损害委托人利益的,不得要求支付报酬并应当承担损害赔偿责任。

第四百二十六条　居间人促成合同成立的,委托人应当按照约定支付报酬。对居间人的报酬没有约定或者约定不明确,依照本法第六十一条的规定仍不能确定的,根据居间人的劳务合理确定。因居间人提供订立合同的媒介服务而促成合同成立的,由该合同的当事人平均负担居间人的报酬。居间人促成合同成立的,居间活动的费用,由居间人负担。

第四百二十七条　居间人未促成合同成立的,不得要求支付报酬,但可以要求委托人支付从事居间活动支出的必要费用。

附　则

第四百二十八条　本法自1999年10月1日起施行,《中华人民共和国经济合同法》《中华人民共和国涉外经济合同法》《中华人民共和国技术合同法》同时废止。

中华人民共和国招标投标法

(1999年8月30日第九届全国人民代表大会常务委员会第十一次会议通过,1999年8月30日中华人民共和国主席令第二十一号公布,自2000年1月1日起施行)

第一章 总 则

第一条 为了规范招标投标活动,保护国家利益、社会公共利益和招标投标活动当事人的合法权益,提高经济效益,保证项目质量,制定本法。

第二条 在中华人民共和国境内进行招标投标活动,适用本法。

第三条 在中华人民共和国境内进行下列工程建设项目,包括项目的勘察、设计、施工、监理以及与工程建设有关的重要设备、材料等的采购,必须进行招标:

(一)大型基础设施、公用事业等关系社会公共利益、公众安全的项目;

(二)全部或者部分使用国有资金投资或者国家融资的项目;

(三)使用国际组织或者外国政府贷款、援助资金的项目。

前款所列项目的具体范围和规模标准,由国务院发展计划部门会同国务院有关部门制定,报国务院批准。

法律或者国务院对必须进行招标的其他项目的范围有规定的,依照其规定。

第四条 任何单位和个人不得将依法必须进行招标的项目化整为零或者以其他任何方式规避招标。

第五条 招标投标活动应当遵循公开、公平、公正和诚实信用的原则。

第六条 依法必须进行招标的项目,其招标投标活动不受地区或者部门的限制。任何单位和个人不得违法限制或者排斥本地区、本系统以外的法人或者其他组织参加投标,不得以任何方式非法干涉招标投标活动。

第七条 招标投标活动及其当事人应当接受依法实施的监督。

有关行政监督部门依法对招标投标活动实施监督,依法查处招标投标活动中的违法行为。

对招标投标活动的行政监督及有关部门的具体职权划分,由国务院规定。

第二章 招 标

第八条 招标人是依照本法规定提出招标项目、进行招标的法人或者其他组织。

第九条 招标项目按照国家有关规定需要履行项目审批手续的,应当先履行审批手续,取得批准。

招标人应当有进行招标项目的相应资金或者资金来源已经落实,并应当在招标文件中如实载明。

第十条 招标分为公开招标和邀请招标。

公开招标,是指招标人以招标公告的方式邀请不特定的法人或者其他组织投标。

邀请招标,是指招标人以投标邀请书的方式邀请特定的法人或者其他组织投标。

第十一条　国务院发展计划部门确定的国家重点项目和省、自治区、直辖市人民政府确定的地方重点项目不适宜公开招标的,经国务院发展计划部门或者省、自治区、直辖市人民政府批准,可以进行邀请招标。

第十二条　招标人有权自行选择招标代理机构,委托其办理招标事宜。任何单位和个人不得以任何方式为招标人指定招标代理机构。

招标人具有编制招标文件和组织评标能力的,可以自行办理招标事宜。任何单位和个人不得强制其委托招标代理机构办理招标事宜。

依法必须进行招标的项目,招标人自行办理招标事宜的,应当向有关行政监督部门备案。

第十三条　招标代理机构是依法设立、从事招标代理业务并提供相关服务的社会中介组织。

招标代理机构应当具备下列条件:

(一)有从事招标代理业务的营业场所和相应资金;

(二)有能够编制招标文件和组织评标的相应专业力量;

(三)有符合本法第三十七条第三款规定条件、可以作为评标委员会成员人选的技术、经济等方面的专家库。

第十四条　从事工程建设项目招标代理业务的招标代理机构,其资格由国务院或者省、自治区、直辖市人民政府的建设行政主管部门认定。具体办法由国务院建设行政主管部门会同国务院有关部门制定。从事其他招标代理业务的招标代理机构,其资格认定的主管部门由国务院规定。

招标代理机构与行政机关和其他国家机关不得存在隶属关系或者其他利益关系。

第十五条　招标代理机构应当在招标人委托的范围内办理招标事宜,并遵守本法关于招标人的规定。

第十六条　招标人采用公开招标方式的,应当发布招标公告。依法必须进行招标的项目的招标公告,应当通过国家指定的报刊、信息网络或者其他媒介发布。

招标公告应当载明招标人的名称和地址、招标项目的性质、数量、实施地点和时间以及获取招标文件的办法等事项。

第十七条　招标人采用邀请招标方式的,应当向三个以上具备承担招标项目的能力、资信良好的特定的法人或者其他组织发出投标邀请书。

投标邀请书应当载明本法第十六条第二款规定的事项。

第十八条　招标人可以根据招标项目本身的要求,在招标公告或者投标邀请书中,要求潜在投标人提供有关资质证明文件和业绩情况,并对潜在投标人进行资格审查;国家对投标人的资格条件有规定的,依照其规定。

招标人不得以不合理的条件限制或者排斥潜在投标人,不得对潜在投标人实行歧视待遇。

第十九条　招标人应当根据招标项目的特点和需要编制招标文件。招标文件应当包括招标项目的技术要求、对投标人资格审查的标准、投标报价要求和评标标准等所有实质性要求和条件以及拟签订合同的主要条款。

国家对招标项目的技术、标准有规定的,招标人应当按照其规定在招标文件中提出相应要求。

招标项目需要划分标段、确定工期的,招标人应当合理划分标段、确定工期,并在招标文件中载明。

第二十条 招标文件不得要求或者标明特定的生产供应者以及含有倾向或者排斥潜在投标人的其他内容。

第二十一条 招标人根据招标项目的具体情况,可以组织潜在投标人踏勘项目现场。

第二十二条 招标人不得向他人透露已获取招标文件的潜在投标人的名称、数量以及可能影响公平竞争的有关招标投标的其他情况。

招标人设有标底的,标底必须保密。

第二十三条 招标人对已发出的招标文件进行必要的澄清或者修改的,应当在招标文件要求提交投标文件截止时间至少十五日前,以书面形式通知所有招标文件收受人。该澄清或者修改的内容为招标文件的组成部分。

第二十四条 招标人应当确定投标人编制投标文件所需要的合理时间;但是,依法必须进行招标的项目,自招标文件开始发出之日起至投标人提交投标文件截止之日止,最短不得少于二十日。

第三章 投 标

第二十五条 投标人是响应招标、参加投标竞争的法人或者其他组织。

依法招标的科研项目允许个人参加投标的,投标的个人适用本法有关投标人的规定。

第二十六条 投标人应当具备承担招标项目的能力;国家有关规定对投标人资格条件或者招标文件对投标人资格条件有规定的,投标人应当具备规定的资格条件。

第二十七条 投标人应当按照招标文件的要求编制投标文件。投标文件应当对招标文件提出的实质性要求和条件作出响应。

招标项目属于建设施工的,投标文件的内容应当包括拟派出的项目负责人与主要技术人员的简历、业绩和拟用于完成招标项目的机械设备等。

第二十八条 投标人应当在招标文件要求提交投标文件的截止时间前,将投标文件送达投标地点。招标人收到投标文件后,应当签收保存,不得开启。投标人少于三个的,招标人应当依照本法重新招标。

在招标文件要求提交投标文件的截止时间后送达的投标文件,招标人应当拒收。

第二十九条 投标人在招标文件要求提交投标文件的截止时间前,可以补充、修改或者撤回已提交的投标文件,并书面通知招标人。补充、修改的内容为投标文件的组成部分。

第三十条 投标人根据招标文件载明的项目实际情况,拟在中标后将中标项目的部分非主体、非关键性工作进行分包的,应当在投标文件中载明。

第三十一条 两个以上法人或者其他组织可以组成一个联合体,以一个投标人的身份共同投标。

联合体各方均应当具备承担招标项目的相应能力;国家有关规定或者招标文件对投标人资格条件有规定的,联合体各方均应当具备规定的相应资格条件。由同一专业的单位组成的联合体,按照资质等级较低的单位确定资质等级。

联合体各方应当签订共同投标协议,明确约定各方拟承担的工作和责任,并将共同投标协议连同投标文件一并提交招标人。联合体中标的,联合体各方应当共同与招标人签订合同,就中标项目向招标人承担连带责任。

招标人不得强制投标人组成联合体共同投标,不得限制投标人之间的竞争。

第三十二条　投标人不得相互串通投标报价,不得排挤其他投标人的公平竞争,损害招标人或者其他投标人的合法权益。

投标人不得与招标人串通投标,损害国家利益、社会公共利益或者他人的合法权益。

禁止投标人以向招标人或者评标委员会成员行贿的手段谋取中标。

第三十三条　投标人不得以低于成本的报价竞标,也不得以他人名义投标或者以其他方式弄虚作假,骗取中标。

第四章　开标、评标和中标

第三十四条　开标应当在招标文件确定的提交投标文件截止时间的同一时间公开进行;开标地点应当为招标文件中预先确定的地点。

第三十五条　开标由招标人主持,邀请所有投标人参加。

第三十六条　开标时,由投标人或者其推选的代表检查投标文件的密封情况,也可以由招标人委托的公证机构检查并公证;经确认无误后,由工作人员当众拆封,宣读投标人名称、投标价格和投标文件的其他主要内容。

招标人在招标文件要求提交投标文件的截止时间前收到的所有投标文件,开标时都应当当众予以拆封、宣读。

开标过程应当记录,并存档备查。

第三十七条　评标由招标人依法组建的评标委员会负责。

依法必须进行招标的项目,其评标委员会由招标人的代表和有关技术、经济等方面的专家组成,成员人数为五人以上单数,其中技术、经济等方面的专家不得少于成员总数的三分之二。

前款专家应当从事相关领域工作满八年并具有高级职称或者具有同等专业水平,由招标人从国务院有关部门或者省、自治区、直辖市人民政府有关部门提供的专家名册或者招标代理机构的专家库内相关专业的专家名单中确定;一般招标项目可以采取随机抽取方式,特殊招标项目可以由招标人直接确定。

与投标人有利害关系的人不得进入相关项目的评标委员会;已经进入的应当更换。

评标委员会成员的名单在中标结果确定前应当保密。

第三十八条　招标人应当采取必要的措施,保证评标在严格保密的情况下进行。任何单位和个人不得非法干预、影响评标的过程和结果。

第三十九条　评标委员会可以要求投标人对投标文件中含义不明确的内容作必要的澄清或者说明,但是澄清或者说明不得超出投标文件的范围或者改变投标文件的实质性内容。

第四十条　评标委员会应当按照招标文件确定的评标标准和方法,对投标文件进行评审和比较;设有标底的,应当参考标底。评标委员会完成评标后,应当向招标人提出书面评标报告,并推荐合格的中标候选人。

招标人根据评标委员会提出的书面评标报告和推荐的中标候选人确定中标人。招标人也可以授权评标委员会直接确定中标人。

国务院对特定招标项目的评标有特别规定的,从其规定。

第四十一条　中标人的投标应当符合下列条件之一:

（一）能够最大限度地满足招标文件中规定的各项综合评价标准；

（二）能够满足招标文件的实质性要求，并且经评审的投标价格最低；但是投标价格低于成本的除外。

第四十二条　评标委员会经评审，认为所有投标都不符合招标文件要求的，可以否决所有投标。

依法必须进行招标的项目的所有投标被否决的，招标人应当依照本法重新招标。

第四十三条　在确定中标人前，招标人不得与投标人就投标价格、投标方案等实质性内容进行谈判。

第四十四条　评标委员会成员应当客观、公正地履行职务，遵守职业道德，对所提出的评审意见承担个人责任。

评标委员会成员不得私下接触投标人，不得收受投标人的财物或者其他好处。

评标委员会成员和参与评标的有关工作人员不得透露对投标文件的评审和比较、中标候选人的推荐情况以及与评标有关的其他情况。

第四十五条　中标人确定后，招标人应当向中标人发出中标通知书，并同时将中标结果通知所有未中标的投标人。

中标通知书对招标人和中标人具有法律效力。中标通知书发出后，招标人改变中标结果的，或者中标人放弃中标项目的，应当依法承担法律责任。

第四十六条　招标人和中标人应当自中标通知书发出之日起三十日内，按照招标文件和中标人的投标文件订立书面合同。招标人和中标人不得再行订立背离合同实质性内容的其他协议。

招标文件要求中标人提交履约保证金的，中标人应当提交。

第四十七条　依法必须进行招标的项目，招标人应当自确定中标人之日起十五日内，向有关行政监督部门提交招标投标情况的书面报告。

第四十八条　中标人应当按照合同约定履行义务，完成中标项目。中标人不得向他人转让中标项目，也不得将中标项目肢解后分别向他人转让。

中标人按照合同约定或者经招标人同意，可以将中标项目的部分非主体、非关键性工作分包给他人完成。接受分包的人应当具备相应的资格条件，并不得再次分包。

中标人应当就分包项目向招标人负责，接受分包的人就分包项目承担连带责任。

第五章　法律责任

第四十九条　违反本法规定，必须进行招标的项目而不招标的，将必须进行招标的项目化整为零或者以其他任何方式规避招标的，责令限期改正，可以处项目合同金额千分之五以上千分之十以下的罚款；对全部或者部分使用国有资金的项目，可以暂停项目执行或者暂停资金拨付；对单位直接负责的主管人员和其他直接责任人员依法给予处分。

第五十条　招标代理机构违反本法规定，泄露应当保密的与招标投标活动有关的情况和资料的，或者与招标人、投标人串通损害国家利益、社会公共利益或者他人合法权益的，处五万元以上二十五万元以下的罚款，对单位直接负责的主管人员和其他直接责任人员处单位罚款数额百分之五以上百分之十以下的罚款；有违法所得的，并处没收违法所得；情节严重的，暂停直至取消招标代理资格；构成犯罪的，依法追究刑事责任。给他人造成损失的，依法承担赔偿责任。

前款所列行为影响中标结果的,中标无效。

第五十一条　招标人以不合理的条件限制或者排斥潜在投标人的,对潜在投标人实行歧视待遇的,强制要求投标人组成联合体共同投标的,或者限制投标人之间竞争的,责令改正,可以处一万元以上五万元以下的罚款。

第五十二条　依法必须进行招标的项目的招标人向他人透露已获取招标文件的潜在投标人的名称、数量或者可能影响公平竞争的有关招标投标的其他情况的,或者泄露标底的,给予警告,可以并处一万元以上十万元以下的罚款;对单位直接负责的主管人员和其他直接责任人员依法给予处分;构成犯罪的,依法追究刑事责任。

前款所列行为影响中标结果的,中标无效。

第五十三条　投标人相互串通投标或者与招标人串通投标的,投标人以向招标人或者评标委员会成员行贿的手段谋取中标的,中标无效,处中标项目金额千分之五以上千分之十以下的罚款,对单位直接负责的主管人员和其他直接责任人员处单位罚款数额百分之五以上百分之十以下的罚款;有违法所得的,并处没收违法所得;情节严重的,取消其一年至两年内参加依法必须进行招标的项目的投标资格并予以公告,直至由工商行政管理机关吊销营业执照;构成犯罪的,依法追究刑事责任。给他人造成损失的,依法承担赔偿责任。

第五十四条　投标人以他人名义投标或者以其他方式弄虚作假,骗取中标的,中标无效,给招标人造成损失的,依法承担赔偿责任;构成犯罪的,依法追究刑事责任。

依法必须进行招标的项目的投标人有前款所列行为尚未构成犯罪的,处中标项目金额千分之五以上千分之十以下的罚款,对单位直接负责的主管人员和其他直接责任人员处单位罚款数额百分之五以上百分之十以下的罚款;有违法所得的,并处没收违法所得;情节严重的,取消其一年至三年内参加依法必须进行招标的项目的投标资格并予以公告,直至由工商行政管理机关吊销营业执照。

第五十五条　依法必须进行招标的项目,招标人违反本法规定,与投标人就投标价格、投标方案等实质性内容进行谈判的,给予警告,对单位直接负责的主管人员和其他直接责任人员依法给予处分。

前款所列行为影响中标结果的,中标无效。

第五十六条　评标委员会成员收受投标人的财物或者其他好处的,评标委员会成员或者参加评标的有关工作人员向他人透露对投标文件的评审和比较、中标候选人的推荐以及与评标有关的其他情况的,给予警告,没收收受的财物,可以并处三千元以上五万元以下的罚款,对有所列违法行为的评标委员会成员取消担任评标委员会成员的资格,不得再参加任何依法必须进行招标的项目的评标;构成犯罪的,依法追究刑事责任。

第五十七条　招标人在评标委员会依法推荐的中标候选人以外确定中标人的,依法必须进行招标的项目在所有投标被评标委员会否决后自行确定中标人的,中标无效,责令改正,可以处中标项目金额千分之五以上千分之十以下的罚款;对单位直接负责的主管人员和其他直接责任人员依法给予处分。

第五十八条　中标人将中标项目转让给他人的,将中标项目肢解后分别转让给他人的,违反本法规定将中标项目的部分主体、关键性工作分包给他人的,或者分包人再次分包的,转让、分包无效,处转让、分包项目金额千分之五以上千分之十以下的罚款;有违法所得的,并处没收违法所得;可以责令停业整顿;情节严重的,由工商行政管理机关吊销营业执照。

第五十九条 招标人与中标人不按照招标文件和中标人的投标文件订立合同的,或者招标人、中标人订立背离合同实质性内容的协议的,责令改正;可以处中标项目金额千分之五以上千分之十以下的罚款。

第六十条 中标人不履行与招标人订立的合同的,履约保证金不予退还,给招标人造成的损失超过履约保证金数额的,还应当对超过部分予以赔偿;没有提交履约保证金的,应当对招标人的损失承担赔偿责任。

中标人不按照与招标人订立的合同履行义务,情节严重的,取消其二年至五年内参加依法必须进行招标的项目的投标资格并予以公告,直至由工商行政管理机关吊销营业执照。

因不可抗力不能履行合同的,不适用前两款规定。

第六十一条 本章规定的行政处罚,由国务院规定的有关行政监督部门决定。本法已对实施行政处罚的机关作出规定的除外。

第六十二条 任何单位违反本法规定,限制或者排斥本地区、本系统以外的法人或者其他组织参加投标的,为招标人指定招标代理机构的,强制招标人委托招标代理机构办理招标事宜的,或者以其他方式干涉招标投标活动的,责令改正;对单位直接负责的主管人员和其他直接责任人员依法给予警告、记过、记大过的处分,情节较重的,依法给予降级、撤职、开除的处分。

个人利用职权进行前款违法行为的,依照前款规定追究责任。

第六十三条 对招标投标活动依法负有行政监督职责的国家机关工作人员徇私舞弊、滥用职权或者玩忽职守,构成犯罪的,依法追究刑事责任;不构成犯罪的,依法给予行政处分。

第六十四条 依法必须进行招标的项目违反本法规定,中标无效的,应当依照本法规定的中标条件从其余投标人中重新确定中标人或者依照本法重新进行招标。

第六章 附 则

第六十五条 投标人和其他利害关系人认为招标投标活动不符合本法有关规定的,有权向招标人提出异议或者依法向有关行政监督部门投诉。

第六十六条 涉及国家安全、国家秘密、抢险救灾或者属于利用扶贫资金实行以工代赈、需要使用农民工等特殊情况,不适宜进行招标的项目,按照国家有关规定可以不进行招标。

第六十七条 使用国际组织或者外国政府贷款、援助资金的项目进行招标,贷款方、资金提供方对招标投标的具体条件和程序有不同规定的,可以适用其规定,但违背中华人民共和国的社会公共利益的除外。

第六十八条 本法自 2000 年 1 月 1 日起施行。

中华人民共和国城市房地产管理法

（1994年7月5日第八届全国人民代表大会常务委员会第八次会议通过 根据2007年8月30日第十届全国人民代表大会常务委员会第二十九次会议《关于修改〈中华人民共和国城市房地产管理法〉的决定》修正）

目 录

第一章 总则
第二章 房地产开发用地
　第一节 土地使用权出让
　第二节 土地使用权划拨
第三章 房地产开发
第四章 房地产交易
　第一节 一般规定
　第二节 房地产转让
　第三节 房地产抵押
　第四节 房屋租赁
　第五节 中介服务机构
第五章 房地产权属登记管理
第六章 法律责任
第七章 附则

第一章 总 则

第一条 为了加强对城市房地产的管理，维护房地产市场秩序，保障房地产权利人的合法权益，促进房地产业的健康发展，制定本法。

第二条 在中华人民共和国城市规划区国有土地（以下简称国有土地）范围内取得房地产开发用地的土地使用权，从事房地产开发、房地产交易，实施房地产管理，应当遵守本法。

本法所称房屋，是指土地上的房屋等建筑物及构筑物。

本法所称房地产开发，是指在依据本法取得国有土地使用权的土地上进行基础设施、房屋建设的行为。

本法所称房地产交易，包括房地产转让、房地产抵押和房屋租赁。

第三条 国家依法实行国有土地有偿、有限期使用制度。但是，国家在本法规定的范围内划拨国有土地使用权的除外。

第四条 国家根据社会、经济发展水平，扶持发展居民住宅建设，逐步改善居民的居住条件。

第五条 房地产权利人应当遵守法律和行政法规，依法纳税。房地产权利人的合法权益受法律保护,任何单位和个人不得侵犯。

第六条 为了公共利益的需要,国家可以征收国有土地上单位和个人的房屋,并依法给予拆迁补偿,维护被征收人的合法权益;征收个人住宅的,还应当保障被征收人的居住条件。具体办法由国务院规定。

第七条 国务院建设行政主管部门、土地管理部门依照国务院规定的职权划分,各司其职,密切配合,管理全国房地产工作。

县级以上地方人民政府房产管理、土地管理部门的机构设置及其职权由省、自治区、直辖市人民政府确定。

第二章 房地产开发用地

第一节 土地使用权出让

第八条 土地使用权出让,是指国家将国有土地使用权(以下简称土地使用权)在一定年限内出让给土地使用者,由土地使用者向国家支付土地使用权出让金的行为。

第九条 城市规划区内的集体所有的土地,经依法征用转为国有土地后,该幅国有土地的使用权方可有偿出让。

第十条 土地使用权出让,必须符合土地利用总体规划、城市规划和年度建设用地计划。

第十一条 县级以上地方人民政府出让土地使用权用于房地产开发的,须根据省级以上人民政府下达的控制指标拟订年度出让土地使用权总面积方案,按照国务院规定,报国务院或者省级人民政府批准。

第十二条 土地使用权出让,由市、县人民政府有计划、有步骤地进行。出让的每幅地块、用途、年限和其他条件,由市、县人民政府土地管理部门会同城市规划、建设、房产管理部门共同拟定方案,按照国务院规定,报经有批准权的人民政府批准后,由市、县人民政府土地管理部门实施。

直辖市的县人民政府及其有关部门行使前款规定的权限,由直辖市人民政府规定。

第十三条 土地使用权出让,可以采取拍卖、招标或者双方协议的方式。

商业、旅游、娱乐和豪华住宅用地,有条件的,必须采取拍卖、招标方式;没有条件,不能采取拍卖、招标方式的,可以采取双方协议的方式。

采取双方协议方式出让土地使用权的出让金不得低于按国家规定所确定的最低价。

第十四条 土地使用权出让最高年限由国务院规定。

第十五条 土地使用权出让,应当签订书面出让合同。

土地使用权出让合同由市、县人民政府土地管理部门与土地使用者签订。

第十六条 土地使用者必须按照出让合同约定,支付土地使用权出让金;未按照出让合同约定支付土地使用权出让金的,土地管理部门有权解除合同,并可以请求违约赔偿。

第十七条 土地使用者按照出让合同约定支付土地使用权出让金的,市、县人民政府土地管理部门必须按照出让合同约定,提供出让的土地;未按照出让合同约定提供出让的土地的,土地使用者有权解除合同,由土地管理部门返还土地使用权出让金,土地使用者并可以请求违约赔偿。

第十八条 土地使用者需要改变土地使用权出让合同约定的土地用途的,必须取得出让方和市、县人民政府城市规划行政主管部门的同意,签订土地使用权出让合同变更协议或者重新签订土地使用权出让合同,相应调整土地使用权出让金。

第十九条　土地使用权出让金应当全部上缴财政,列入预算,用于城市基础设施建设和土地开发。土地使用权出让金上缴和使用的具体办法由国务院规定。

第二十条　国家对土地使用者依法取得的土地使用权,在出让合同约定的使用年限届满前不收回;在特殊情况下,根据社会公共利益的需要,可以依照法律程序提前收回,并根据土地使用者使用土地的实际年限和开发土地的实际情况给予相应的补偿。

第二十一条　土地使用权因土地灭失而终止。

第二十二条　土地使用权出让合同约定的使用年限届满,土地使用者需要继续使用土地的,应当至迟于届满前一年申请续期,除根据社会公共利益需要收回该幅土地的,应当予以批准。经批准准予续期的,应当重新签订土地使用权出让合同,依照规定支付土地使用权出让金。

土地使用权出让合同约定的使用年限届满,土地使用者未申请续期或者虽申请续期但依照前款规定未获批准的,土地使用权由国家无偿收回。

第二节　土地使用权划拨

第二十三条　土地使用权划拨,是指县级以上人民政府依法批准,在土地使用者缴纳补偿、安置等费用后将该幅土地交付其使用,或者将土地使用权无偿交付给土地使用者使用的行为。

依照本法规定以划拨方式取得土地使用权的,除法律、行政法规另有规定外,没有使用期限的限制。

第二十四条　下列建设用地的土地使用权,确属必需的,可以由县级以上人民政府依法批准划拨:

(一)国家机关用地和军事用地;

(二)城市基础设施用地和公益事业用地;

(三)国家重点扶持的能源、交通、水利等项目用地;

(四)法律、行政法规规定的其他用地。

第三章　房地产开发

第二十五条　房地产开发必须严格执行城市规划,按照经济效益、社会效益、环境效益相统一的原则,实行全面规划、合理布局、综合开发、配套建设。

第二十六条　以出让方式取得土地使用权进行房地产开发的,必须按照土地使用权出让合同约定的土地用途、动工开发期限开发土地。超过出让合同约定的动工开发日期满一年未动工开发的,可以征收相当于土地使用权出让金百分之二十以下的土地闲置费;满两年未动工开发的,可以无偿收回土地使用权;但是,因不可抗力或者政府、政府有关部门的行为或者动工开发必需的前期工作造成动工开发迟延的除外。

第二十七条　房地产开发项目的设计、施工,必须符合国家的有关标准和规范。

房地产开发项目竣工,经验收合格后,方可交付使用。

第二十八条　依法取得的土地使用权,可以依照本法和有关法律、行政法规的规定,作价入股,合资、合作开发经营房地产。

第二十九条　国家采取税收等方面的优惠措施鼓励和扶持房地产开发企业开发建设居民

住宅。

第三十条 房地产开发企业是以营利为目的,从事房地产开发和经营的企业。设立房地产开发企业,应当具备下列条件:

(一) 有自己的名称和组织机构;

(二) 有固定的经营场所;

(三) 有符合国务院规定的注册资本;

(四) 有足够的专业技术人员;

(五) 法律、行政法规规定的其他条件。

设立房地产开发企业,应当向工商行政管理部门申请设立登记。工商行政管理部门对符合本法规定条件的,应当予以登记,发给营业执照;对不符合本法规定条件的,不予登记。

设立有限责任公司、股份有限公司,从事房地产开发经营的,还应当执行公司法的有关规定。

房地产开发企业在领取营业执照后的一个月内,应当到登记机关所在地的县级以上地方人民政府规定的部门备案。

第三十一条 房地产开发企业的注册资本与投资总额的比例应当符合国家有关规定。

房地产开发企业分期开发房地产的,分期投资额应当与项目规模相适应,并按照土地使用权出让合同的约定,按期投入资金,用于项目建设。

第四章 房地产交易

第一节 一般规定

第三十二条 房地产转让、抵押时,房屋的所有权和该房屋占用范围内的土地使用权同时转让、抵押。

第三十三条 基准地价、标定地价和各类房屋的重置价格应当定期确定并公布。具体办法由国务院规定。

第三十四条 国家实行房地产价格评估制度。

房地产价格评估,应当遵循公正、公平、公开的原则,按照国家规定的技术标准和评估程序,以基准地价、标定地价和各类房屋的重置价格为基础,参照当地的市场价格进行评估。

第三十五条 国家实行房地产成交价格申报制度。

房地产权利人转让房地产,应当向县级以上地方人民政府规定的部门如实申报成交价,不得瞒报或者作不实的申报。

第三十六条 房地产转让、抵押,当事人应当依照本法第五章的规定办理权属登记。

第二节 房地产转让

第三十七条 房地产转让,是指房地产权利人通过买卖、赠与或者其他合法方式将其房地产转移给他人的行为。

第三十八条 下列房地产,不得转让:

(一) 以出让方式取得土地使用权的,不符合本法第三十九条规定的条件的;

(二) 司法机关和行政机关依法裁定、决定查封或者以其他形式限制房地产权利的;

(三) 依法收回土地使用权的;

(四) 共有房地产,未经其他共有人书面同意的;

（五）权属有争议的；
（六）未依法登记领取权属证书的；
（七）法律、行政法规规定禁止转让的其他情形。

第三十九条　以出让方式取得土地使用权的，转让房地产时，应当符合下列条件：
（一）按照出让合同约定已经支付全部土地使用权出让金，并取得土地使用权证书；
（二）按照出让合同约定进行投资开发，属于房屋建设工程的，完成开发投资总额的百分之二十五以上，属于成片开发土地的，形成工业用地或者其他建设用地条件。

转让房地产时房屋已经建成的，还应当持有房屋所有权证书。

第四十条　以划拨方式取得土地使用权的，转让房地产时，应当按照国务院规定，报有批准权的人民政府审批。有批准权的人民政府准予转让的，应当由受让方办理土地使用权出让手续，并依照国家有关规定缴纳土地使用权出让金。

以划拨方式取得土地使用权的，转让房地产报批时，有批准权的人民政府按照国务院规定决定可以不办理土地使用权出让手续的，转让方应当按照国务院规定将转让房地产所获收益中的土地收益上缴国家或者作其他处理。

第四十一条　房地产转让，应当签订书面转让合同，合同中应当载明土地使用权取得的方式。

第四十二条　房地产转让时，土地使用权出让合同载明的权利、义务随之转移。

第四十三条　以出让方式取得土地使用权的，转让房地产后，其土地使用权的使用年限为原土地使用权出让合同约定的使用年限减去原土地使用者已经使用年限后的剩余年限。

第四十四条　以出让方式取得土地使用权的，转让房地产后，受让人改变原土地使用权出让合同约定的土地用途的，必须取得原出让方和市、县人民政府城市规划行政主管部门的同意，签订土地使用权出让合同变更协议或者重新签订土地使用权出让合同，相应调整土地使用权出让金。

第四十五条　商品房预售，应当符合下列条件：
（一）已交付全部土地使用权出让金，取得土地使用权证书；
（二）持有建设工程规划许可证；
（三）按提供预售的商品房计算，投入开发建设的资金达到工程建设总投资的百分之二十五以上，并已经确定施工进度和竣工交付日期；
（四）向县级以上人民政府房产管理部门办理预售登记，取得商品房预售许可证明。

商品房预售人应当按照国家有关规定将预售合同报县级以上人民政府房产管理部门和土地管理部门登记备案。

商品房预售所得款项，必须用于有关的工程建设。

第四十六条　商品房预售的，商品房预购人将购买的未竣工的预售商品房再行转让的问题，由国务院规定。

第三节　房地产抵押

第四十七条　房地产抵押，是指抵押人以其合法的房地产以不转移占有的方式向抵押权人提供债务履行担保的行为。债务人不履行债务时，抵押权人有权依法以抵押的房地产拍卖所得的价款优先受偿。

第四十八条　依法取得的房屋所有权连同该房屋占用范围内的土地使用权，可以设定抵押权。

以出让方式取得的土地使用权,可以设定抵押权。

第四十九条　房地产抵押,应当凭土地使用权证书、房屋所有权证书办理。

第五十条　房地产抵押,抵押人和抵押权人应当签订书面抵押合同。

第五十一条　设定房地产抵押权的土地使用权是以划拨方式取得的,依法拍卖该房地产后,应当从拍卖所得的价款中缴纳相当于应缴纳的土地使用权出让金的款额后,抵押权人方可优先受偿。

第五十二条　房地产抵押合同签订后,土地上新增的房屋不属于抵押财产。需要拍卖该抵押的房地产时,可以依法将土地上新增的房屋与抵押财产一同拍卖,但对拍卖新增房屋所得,抵押权人无权优先受偿。

第四节　房屋租赁

第五十三条　房屋租赁,是指房屋所有权人作为出租人将其房屋出租给承租人使用,由承租人向出租人支付租金的行为。

第五十四条　房屋租赁,出租人和承租人应当签订书面租赁合同,约定租赁期限、租赁用途、租赁价格、修缮责任等条款,以及双方的其他权利和义务,并向房产管理部门登记备案。

第五十五条　住宅用房的租赁,应当执行国家和房屋所在城市人民政府规定的租赁政策。租用房屋从事生产、经营活动的,由租赁双方协商议定租金和其他租赁条款。

第五十六条　以营利为目的,房屋所有权人将以划拨方式取得使用权的国有土地上建成的房屋出租的,应当将租金中所含土地收益上缴国家。具体办法由国务院规定。

第五节　中介服务机构

第五十七条　房地产中介服务机构包括房地产咨询机构、房地产价格评估机构、房地产经纪机构等。

第五十八条　房地产中介服务机构应当具备下列条件:

(一)有自己的名称和组织机构;

(二)有固定的服务场所;

(三)有必要的财产和经费;

(四)有足够数量的专业人员;

(五)法律、行政法规规定的其他条件。

设立房地产中介服务机构,应当向工商行政管理部门申请设立登记,领取营业执照后,方可开业。

第五十九条　国家实行房地产价格评估人员资格认证制度。

第五章　房地产权属登记管理

第六十条　国家实行土地使用权和房屋所有权登记发证制度。

第六十一条　以出让或者划拨方式取得土地使用权,应当向县级以上地方人民政府土地管理部门申请登记,经县级以上地方人民政府土地管理部门核实,由同级人民政府颁发土地使用权证书。

在依法取得的房地产开发用地上建成房屋的,应当凭土地使用权证书向县级以上地方人民政府房产管理部门申请登记,由县级以上地方人民政府房产管理部门核实并颁发房屋所有权证书。

房地产转让或者变更时,应当向县级以上地方人民政府房产管理部门申请房产变更登记,并凭变更后的房屋所有权证书向同级人民政府土地管理部门申请土地使用权变更登记,经同级人民政府土地管理部门核实,由同级人民政府更换或者更改土地使用权证书。

法律另有规定的,依照有关法律的规定办理。

第六十二条　房地产抵押时,应当向县级以上地方人民政府规定的部门办理抵押登记。

因处分抵押房地产而取得土地使用权和房屋所有权的,应当依照本章规定办理过户登记。

第六十三条　经省、自治区、直辖市人民政府确定,县级以上地方人民政府由一个部门统一负责房产管理和土地管理工作的,可以制作、颁发统一的房地产权证书,依照本法第六十一条的规定,将房屋的所有权和该房屋占用范围内的土地使用权的确认和变更,分别载入房地产权证书。

第六章　法律责任

第六十四条　违反本法第十一条、第十二条的规定,擅自批准出让或者擅自出让土地使用权用于房地产开发的,由上级机关或者所在单位给予有关责任人员行政处分。

第六十五条　违反本法第三十条的规定,未取得营业执照擅自从事房地产开发业务的,由县级以上人民政府工商行政管理部门责令停止房地产开发业务活动,没收违法所得,可以并处罚款。

第六十六条　违反本法第三十九条第一款的规定转让土地使用权的,由县级以上人民政府土地管理部门没收违法所得,可以并处罚款。

第六十七条　违反本法第四十条第一款的规定转让房地产的,由县级以上人民政府土地管理部门责令缴纳土地使用权出让金,没收违法所得,可以并处罚款。

第六十八条　违反本法第四十五条第一款的规定预售商品房的,由县级以上人民政府房产管理部门责令停止预售活动,没收违法所得,可以并处罚款。

第六十九条　违反本法第五十八条的规定,未取得营业执照擅自从事房地产中介服务业务的,由县级以上人民政府工商行政管理部门责令停止房地产中介服务业务活动,没收违法所得,可以并处罚款。

第七十条　没有法律、法规的依据,向房地产开发企业收费的,上级机关应当责令退回所收取的钱款;情节严重的,由上级机关或者所在单位给予直接责任人员行政处分。

第七十一条　房产管理部门、土地管理部门工作人员玩忽职守、滥用职权,构成犯罪的,依法追究刑事责任;不构成犯罪的,给予行政处分。

房产管理部门、土地管理部门工作人员利用职务上的便利,索取他人财物,或者非法收受他人财物为他人谋取利益,构成犯罪的,依照惩治贪污罪、贿赂罪的补充规定追究刑事责任;不构成犯罪的,给予行政处分。

第七章　附　则

第七十二条　在城市规划区外的国有土地范围内取得房地产开发用地的土地使用权,从事房地产开发、交易活动以及实施房地产管理,参照本法执行。

第七十三条　本法自1995年1月1日起施行。

中华人民共和国土地管理法

（1986年6月25日第六届全国人民代表大会常务委员会第十六次会议通过，根据1988年12月29日第七届全国人民代表大会常务委员会第五次会议《关于修改〈中华人民共和国土地管理法〉的决定》第一次修正，1998年8月29日第九届全国人民代表大会常务委员会第四次会议修订，根据2004年8月28日第十届全国人民代表大会常务委员会第十一次会议《关于修改〈中华人民共和国土地管理法〉的决定》第二次修正。）

目　录

第一章　总　则
第二章　土地的所有权和使用权
第三章　土地利用总体规划
第四章　耕地保护
第五章　建设用地
第六章　监督检查
第七章　法律责任
第八章　附　则

第一章　总　则

第一条　为了加强土地管理，维护土地的社会主义公有制，保护、开发土地资源，合理利用土地，切实保护耕地，促进社会经济的可持续发展，根据宪法，制定本法。

第二条　中华人民共和国实行土地的社会主义公有制，即全民所有制和劳动群众集体所有制。

全民所有，即国家所有土地的所有权由国务院代表国家行使。

任何单位和个人不得侵占、买卖或者以其他形式非法转让土地。土地使用权可以依法转让。

国家为了公共利益的需要，可以依法对土地实行征收或者征用并给予补偿。

国家依法实行国有土地有偿使用制度。但是，国家在法律规定的范围内划拨国有土地使用权的除外。

第三条　十分珍惜、合理利用土地和切实保护耕地是我国的基本国策。各级人民政府应当采取措施，全面规划，严格管理，保护、开发土地资源，制止非法占用土地的行为。

第四条　国家实行土地用途管制制度。

国家编制土地利用总体规划，规定土地用途，将土地分为农用地、建设用地和未利用地。严格限制农用地转为建设用地，控制建设用地总量，对耕地实行特殊保护。

前款所称农用地是指直接用于农业生产的土地,包括耕地、林地、草地、农田水利用地、养殖水面等;建设用地是指建造建筑物、构筑物的土地,包括城乡住宅和公共设施用地、工矿用地、交通水利设施用地、旅游用地、军事设施用地等;未利用地是指农用地和建设用地以外的土地。

使用土地的单位和个人必须严格按照土地利用总体规划确定的用途使用土地。

第五条　国务院土地行政主管部门统一负责全国土地的管理和监督工作。

县级以上地方人民政府土地行政主管部门的设置及其职责,由省、自治区、直辖市人民政府根据国务院有关规定确定。

第六条　任何单位和个人都有遵守土地管理法律、法规的义务,并有权对违反土地管理法律、法规的行为提出检举和控告。

第七条　在保护和开发土地资源、合理利用土地以及进行有关的科学研究等方面成绩显著的单位和个人,由人民政府给予奖励。

第二章　土地的所有权和使用权

第八条　城市市区的土地属于国家所有。

农村和城市郊区的土地,除由法律规定属于国家所有的以外,属于农民集体所有;宅基地和自留地、自留山,属于农民集体所有。

第九条　国有土地和农民集体所有的土地,可以依法确定给单位或者个人使用。使用土地的单位和个人,有保护、管理和合理利用土地的义务。

第十条　农民集体所有的土地依法属于村农民集体所有的,由村集体经济组织或者村民委员会经营、管理;已经分别属于村内两个以上农村集体经济组织的农民集体所有的,由村内各该农村集体经济组织或者村民小组经营、管理;已经属于乡(镇)农民集体所有的,由乡(镇)农村集体经济组织经营、管理。

第十一条　农民集体所有的土地,由县级人民政府登记造册,核发证书,确认所有权。农民集体所有的土地依法用于非农业建设的,由县级人民政府登记造册,核发证书,确认建设用地使用权。

单位和个人依法使用的国有土地,由县级以上人民政府登记造册,核发证书,确认使用权;其中,中央国家机关使用的国有土地的具体登记发证机关,由国务院确定。

确认林地、草原的所有权或者使用权,确认水面、滩涂的养殖使用权,分别依照《中华人民共和国森林法》《中华人民共和国草原法》和《中华人民共和国渔业法》的有关规定办理。

第十二条　依法改变土地权属和用途的,应当办理土地变更登记手续。

第十三条　依法登记的土地的所有权和使用权受法律保护,任何单位和个人不得侵犯。

第十四条　农民集体所有的土地由本集体经济组织的成员承包经营,从事种植业、林业、畜牧业、渔业生产。土地承包经营期限为三十年。发包方和承包方应当订立承包合同,约定双方的权利和义务。承包经营土地的农民有保护和按照承包合同约定的用途合理利用土地的义务。农民的土地承包经营权受法律保护。

在土地承包经营期限内,对个别承包经营者之间承包的土地进行适当调整的,必须经村民会议三分之二以上成员或者三分之二以上村民代表的同意,并报乡(镇)人民政府和县级人民政府农业行政主管部门批准。

第十五条 国有土地可以由单位或者个人承包经营,从事种植业、林业、畜牧业、渔业生产。农民集体所有的土地,可以由本集体经济组织以外的单位或者个人承包经营,从事种植业、林业、畜牧业、渔业生产。发包方和承包方应当订立承包合同,约定双方的权利和义务。土地承包经营的期限由承包合同约定。承包经营土地的单位和个人,有保护和按照承包合同约定的用途合理利用土地的义务。

农民集体所有的土地由本集体经济组织以外的单位或者个人承包经营的,必须经村民会议三分之二以上成员或者三分之二以上村民代表的同意,并报乡(镇)人民政府批准。

第十六条 土地所有权和使用权争议,由当事人协商解决;协商不成的,由人民政府处理。

单位之间的争议,由县级以上人民政府处理;个人之间、个人与单位之间的争议,由乡级人民政府或者县级以上人民政府处理。

当事人对有关人民政府的处理决定不服的,可以自接到处理决定通知之日起三十日内,向人民法院起诉。

在土地所有权和使用权争议解决前,任何一方不得改变土地利用现状。

第三章 土地利用总体规划

第十七条 各级人民政府应当依据国民经济和社会发展规划、国土整治和资源环境保护的要求、土地供给能力以及各项建设对土地的需求,组织编制土地利用总体规划。

土地利用总体规划的规划期限由国务院规定。

第十八条 下级土地利用总体规划应当依据上一级土地利用总体规划编制。

地方各级人民政府编制的土地利用总体规划中的建设用地总量不得超过上一级土地利用总体规划确定的控制指标,耕地保有量不得低于上一级土地利用总体规划确定的控制指标。

省、自治区、直辖市人民政府编制的土地利用总体规划,应当确保本行政区域内耕地总量不减少。

第十九条 土地利用总体规划按照下列原则编制:

(一)严格保护基本农田,控制非农业建设占用农用地;
(二)提高土地利用率;
(三)统筹安排各类、各区域用地;
(四)保护和改善生态环境,保障土地的可持续利用;
(五)占用耕地与开发复垦耕地相平衡。

第二十条 县级土地利用总体规划应当划分土地利用区,明确土地用途。

乡(镇)土地利用总体规划应当划分土地利用区,根据土地使用条件,确定每一块土地的用途,并予以公告。

第二十一条 土地利用总体规划实行分级审批。

省、自治区、直辖市的土地利用总体规划,报国务院批准。

省、自治区人民政府所在地的市、人口在一百万以上的城市以及国务院指定的城市的土地利用总体规划,经省、自治区人民政府审查同意后,报国务院批准。

本条第二款、第三款规定以外的土地利用总体规划,逐级上报省、自治区、直辖市人民政府批准;其中,乡(镇)土地利用总体规划可以由省级人民政府授权的设区的市、自治州人民政府批准。

土地利用总体规划一经批准,必须严格执行。

第二十二条　城市建设用地规模应当符合国家规定的标准,充分利用现有建设用地,不占或者少占农用地。

城市总体规划、村庄和集镇规划,应当与土地利用总体规划相衔接,城市总体规划、村庄和集镇规划中建设用地规模不得超过土地利用总体规划确定的城市和村庄、集镇建设用地规模。

在城市规划区内、村庄和集镇规划区内,城市和村庄、集镇建设用地应当符合城市规划、村庄和集镇规划。

第二十三条　江河、湖泊综合治理和开发利用规划,应当与土地利用总体规划相衔接。在江河、湖泊、水库的管理和保护范围以及蓄洪滞洪区内,土地利用应当符合江河、湖泊综合治理和开发利用规划,符合河道、湖泊行洪、蓄洪和输水的要求。

第二十四条　各级人民政府应当加强土地利用计划管理,实行建设用地总量控制。

土地利用年度计划,根据国民经济和社会发展计划、国家产业政策、土地利用总体规划以及建设用地和土地利用的实际状况编制。土地利用年度计划的编制审批程序与土地利用总体规划的编制审批程序相同,一经审批下达,必须严格执行。

第二十五条　省、自治区、直辖市人民政府应当将土地利用年度计划的执行情况列为国民经济和社会发展计划执行情况的内容,向同级人民代表大会报告。

第二十六条　经批准的土地利用总体规划的修改,须经原批准机关批准;未经批准,不得改变土地利用总体规划确定的土地用途。

经国务院批准的大型能源、交通、水利等基础设施建设用地,需要改变土地利用总体规划的,根据国务院的批准文件修改土地利用总体规划。

经省、自治区、直辖市人民政府批准的能源、交通、水利等基础设施建设用地,需要改变土地利用总体规划的,属于省级人民政府土地利用总体规划批准权限内的,根据省级人民政府的批准文件修改土地利用总体规划。

第二十七条　国家建立土地调查制度。

县级以上人民政府土地行政主管部门会同同级有关部门进行土地调查。土地所有者或者使用者应当配合调查,并提供有关资料。

第二十八条　县级以上人民政府土地行政主管部门会同同级有关部门根据土地调查成果、规划土地用途和国家制定的统一标准,评定土地等级。

第二十九条　国家建立土地统计制度。

县级以上人民政府土地行政主管部门和同级统计部门共同制定统计调查方案,依法进行土地统计,定期发布土地统计资料。土地所有者或者使用者应当提供有关资料,不得虚报、瞒报、拒报、迟报。

土地行政主管部门和统计部门共同发布的土地面积统计资料是各级人民政府编制土地利用总体规划的依据。

第三十条　国家建立全国土地管理信息系统,对土地利用状况进行动态监测。

第四章　耕地保护

第三十一条　国家保护耕地,严格控制耕地转为非耕地。

国家实行占用耕地补偿制度。非农业建设经批准占用耕地的,按照"占多少,垦多少"的原则,由占用耕地的单位负责开垦与所占用耕地的数量和质量相当的耕地;没有条件开垦或者开垦的耕地不符合要求的,应当按照省、自治区、直辖市的规定缴纳耕地开垦费,专款用于开垦新的耕地。

省、自治区、直辖市人民政府应当制定开垦耕地计划,监督占用耕地的单位按照计划开垦耕地或者按照计划组织开垦耕地,并进行验收。

第三十二条　县级以上地方人民政府可以要求占用耕地的单位将所占用耕地耕作层的土壤用于新开垦耕地、劣质地或者其他耕地的土壤改良。

第三十三条　省、自治区、直辖市人民政府应当严格执行土地利用总体规划和土地利用年度计划,采取措施,确保本行政区域内耕地总量不减少;耕地总量减少的,由国务院责令在规定期限内组织开垦与所减少耕地的数量与质量相当的耕地,并由国务院土地行政主管部门会同农业行政主管部门验收。个别省、直辖市确因土地后备资源匮乏,新增建设用地后,新开垦耕地的数量不足以补偿所占用耕地的数量的,必须报经国务院批准减免本行政区域内开垦耕地的数量,进行易地开垦。

第三十四条　国家实行基本农田保护制度。下列耕地应当根据土地利用总体规划划入基本农田保护区,严格管理:

(一)经国务院有关主管部门或者县级以上地方人民政府批准确定的粮、棉、油生产基地内的耕地;

(二)有良好的水利与水土保持设施的耕地,正在实施改造计划以及可以改造的中、低产田;

(三)蔬菜生产基地;

(四)农业科研、教学试验田;

(五)国务院规定应当划入基本农田保护区的其他耕地。

各省、自治区、直辖市划定的基本农田应当占本行政区域内耕地的百分之八十以上。

基本农田保护区以乡(镇)为单位进行划区定界,由县级人民政府土地行政主管部门会同同级农业行政主管部门组织实施。

第三十五条　各级人民政府应当采取措施,维护排灌工程设施,改良土壤,提高地力,防止土地荒漠化、盐渍化、水土流失和污染土地。

第三十六条　非农业建设必须节约使用土地,可以利用荒地的,不得占用耕地;可以利用劣地的,不得占用好地。

禁止占用耕地建窑、建坟或者擅自在耕地上建房、挖砂、采石、采矿、取土等。

禁止占用基本农田发展林果业和挖塘养鱼。

第三十七条　禁止任何单位和个人闲置、荒芜耕地。已经办理审批手续的非农业建设占用耕地,一年内不用而又可以耕种并收获的,应当由原耕种该幅耕地的集体或者个人恢复耕种,也可以由用地单位组织耕种;一年以上未动工建设的,应当按照省、自治区、直辖市的规定缴纳闲置费;连续两年未使用的,经原批准机关批准,由县级以上人民政府无偿收回用地单位的土地使用权;该幅土地原为农民集体所有的,应当交由原农村集体经济组织恢复耕种。

在城市规划区范围内,以出让方式取得土地使用权进行房地产开发的闲置土地,依照《中华人民共和国城市房地产管理法》的有关规定办理。

承包经营耕地的单位或者个人连续两年弃耕抛荒的,原发包单位应当终止承包合同,收回发包的耕地。

　　第三十八条　国家鼓励单位和个人按照土地利用总体规划,在保护和改善生态环境、防止水土流失和土地荒漠化的前提下,开发未利用的土地;适宜开发为农用地的,应当优先开发成农用地。

　　国家依法保护开发者的合法权益。

　　第三十九条　开垦未利用的土地,必须经过科学论证和评估,在土地利用总体规划划定的可开垦的区域内,经依法批准后进行。禁止毁坏森林、草原开垦耕地,禁止围湖造田和侵占江河滩地。

　　根据土地利用总体规划,对破坏生态环境开垦、围垦的土地,有计划有步骤地退耕还林、还牧、还湖。

　　第四十条　开发未确定使用权的国有荒山、荒地、荒滩从事种植业、林业、畜牧业、渔业生产的,经县级以上人民政府依法批准,可以确定给开发单位或者个人长期使用。

　　第四十一条　国家鼓励土地整理。县、乡(镇)人民政府应当组织农村集体经济组织,按照土地利用总体规划,对田、水、路、林、村综合整治,提高耕地质量,增加有效耕地面积,改善农业生产条件和生态环境。

　　地方各级人民政府应当采取措施,改造中、低产田,整治闲散地和废弃地。

　　第四十二条　因挖损、塌陷、压占等造成土地破坏,用地单位和个人应当按照国家有关规定负责复垦;没有条件复垦或者复垦不符合要求的,应当缴纳土地复垦费,专项用于土地复垦。复垦的土地应当优先用于农业。

第五章　建设用地

　　第四十三条　任何单位和个人进行建设,需要使用土地的,必须依法申请使用国有土地;但是,兴办乡镇企业和村民建设住宅经依法批准使用本集体经济组织农民集体所有的土地的,或者乡(镇)村公共设施和公益事业建设经依法批准使用农民集体所有的土地的除外。

　　前款所称依法申请使用的国有土地包括国家所有的土地和国家征收的原属于农民集体所有的土地。

　　第四十四条　建设占用土地,涉及农用地转为建设用地的,应当办理农用地转用审批手续。

　　省、自治区、直辖市人民政府批准的道路、管线工程和大型基础设施建设项目、国务院批准的建设项目占用土地,涉及农用地转为建设用地的,由国务院批准。

　　在土地利用总体规划确定的城市和村庄、集镇建设用地规模范围内,为实施该规划而将农用地转为建设用地的,按土地利用年度计划分批次由原批准土地利用总体规划的机关批准。在已批准的农用地转用范围内,具体建设项目用地可以由市、县人民政府批准。

　　本条第二款、第三款规定以外的建设项目占用土地,涉及农用地转为建设用地的,由省、自治区、直辖市人民政府批准。

　　第四十五条　征收下列土地的,由国务院批准:

　　(一)基本农田;

　　(二)基本农田以外的耕地超过35公顷的;

　　(三)其他土地超过70公顷的。

征收前款规定以外的土地的,由省、自治区、直辖市人民政府批准,并报国务院备案。征收农用地的,应当依照本法第四十四条的规定先行办理农用地转用审批。其中,经国务院批准农用地转用的,同时办理征地审批手续,不再另行办理征地审批;经省、自治区、直辖市人民政府在征地批准权限内批准农用地转用的,同时办理征地审批手续,不再另行办理征地审批,超过征地批准权限的,应当依照本条第一款的规定另行办理征地审批。

第四十六条　国家征收土地的,依照法定程序批准后,由县级以上地方人民政府予以公告并组织实施。

被征用土地的所有权人、使用权人应当在公告规定期限内,持土地权属证书到当地人民政府土地行政主管部门办理征地补偿登记。

第四十七条　征收土地的,按照被征收土地的原用途给予补偿。

征收耕地的补偿费用包括土地补偿费、安置补助费以及地上附着物和青苗的补偿费。征收耕地的土地补偿费,为该耕地被征收前三年平均年产值的六至十倍。征收耕地的安置补助费,按照需要安置的农业人口数计算。需要安置的农业人口数,按照被征收的耕地数量除以征地前被征收单位平均每人占有耕地的数量计算。每一个需要安置的农业人口的安置补助费标准,为该耕地被征收前三年平均年产值的四至六倍。但是,每公顷被征收耕地的安置补助费,最高不得超过被征收前三年平均年产值的十五倍。

征收其他土地的土地补偿费和安置补助费标准,由省、自治区、直辖市参照征收耕地的土地补偿费和安置补助费的标准规定。

被征收土地上的附着物和青苗的补偿标准,由省、自治区、直辖市规定。

征收城市郊区的菜地,用地单位应当按照国家有关规定缴纳新菜地开发建设基金。

依照本条第二款的规定支付土地补偿费和安置补助费,尚不能使需要安置的农民保持原有生活水平的,经省、自治区、直辖市人民政府批准,可以增加安置补助费。但是,土地补偿费和安置补助费的总和不得超过土地被征收前三年平均年产值的三十倍。

国务院根据社会、经济发展水平,在特殊情况下,可以提高征收耕地的土地补偿费和安置补助费的标准。

第四十八条　征地补偿安置方案确定后,有关地方人民政府应当公告,并听取被征地的农村集体经济组织和农民的意见。

第四十九条　被征地的农村集体经济组织应当将征收土地的补偿费用的收支状况向本集体经济组织的成员公布,接受监督。

禁止侵占、挪用被征用土地单位的征地补偿费用和其他有关费用。

第五十条　地方各级人民政府应当支持被征地的农村集体经济组织和农民从事开发经营,兴办企业。

第五十一条　大中型水利、水电工程建设征收土地的补偿费标准和移民安置办法,由国务院另行规定。

第五十二条　建设项目可行性研究论证时,土地行政主管部门可以根据土地利用总体规划、土地利用年度计划和建设用地标准,对建设用地有关事项进行审查,并提出意见。

第五十三条　经批准的建设项目需要使用国有建设用地的,建设单位应当持法律、行政法规规定的有关文件,向有批准权的县级以上人民政府土地行政主管部门提出建设用地申请,经土地行政主管部门审查,报本级人民政府批准。

第五十四条　建设单位使用国有土地,应当以出让等有偿使用方式取得;但是,下列建设用地,经县级以上人民政府依法批准,可以以划拨方式取得:

(一)国家机关用地和军事用地;

(二)城市基础设施用地和公益事业用地;

(三)国家重点扶持的能源、交通、水利等基础设施用地;

(四)法律、行政法规规定的其他用地。

第五十五条　以出让等有偿使用方式取得国有土地使用权的建设单位,按照国务院规定的标准和办法,缴纳土地使用权出让金等土地有偿使用费和其他费用后,方可使用土地。

自本法施行之日起,新增建设用地的土地有偿使用费,百分之三十上缴中央财政,百分之七十留给有关地方人民政府,都专项用于耕地开发。

第五十六条　建设单位使用国有土地的,应当按照土地使用权出让等有偿使用合同的约定或者土地使用权划拨批准文件的规定使用土地;确需改变该幅土地建设用途的,应当经有关人民政府土地行政主管部门同意,报原批准用地的人民政府批准。其中,在城市规划区内改变土地用途的,在报批前,应当先经有关城市规划行政主管部门同意。

第五十七条　建设项目施工和地质勘查需要临时使用国有土地或者农民集体所有的土地的,由县级以上人民政府土地行政主管部门批准。其中,在城市规划区内的临时用地,在报批前,应当先经有关城市规划行政主管部门同意。土地使用者应当根据土地权属,与有关土地行政主管部门或者农村集体经济组织、村民委员会签订临时使用土地合同,并按照合同的约定支付临时使用土地补偿费。

临时使用土地的使用者应当按照临时使用土地合同约定的用途使用土地,并不得修建永久性建筑物。

临时使用土地期限一般不超过两年。

第五十八条　有下列情形之一的,由有关人民政府土地主管部门报经原批准用地的人民政府或者有批准权的人民政府批准,可以收回国有土地使用权:

(一)为公共利益需要使用土地的;

(二)为实施城市规划进行旧城区改建,需要调整使用土地的;

(三)土地出让等有偿使用合同约定的使用期限届满,土地使用者未申请续期或者申请续期未获批准的;

(四)因单位撤销、迁移等原因,停止使用原划拨的国有土地的;

(五)公路、铁路、机场、矿场等经核准报废的。

依照前款第(一)项、第(二)项的规定收回国有土地使用权的,对土地使用权人应当给予适当补偿。

第五十九条　乡镇企业、乡(镇)村公共设施、公益事业、农村村民住宅等乡(镇)村建设,应当按照村庄和集镇规划,合理布局,综合开发,配套建设;建设用地,应当符合乡(镇)土地利用总体规划和土地利用年度计划,并依照本法第四十四条、第六十条、第六十一条、第六十二条的规定办理审批手续。

第六十条　农村集体经济组织使用乡(镇)土地利用总体规划确定的建设用地兴办企业或者与其他单位、个人以土地使用权入股、联营等形式共同举办企业的,应当持有关批准文件,向县级以上地方人民政府土地行政主管部门提出申请,按照省、自治区、直辖市规定的批准权限,由县级以上地方人民政府批准；其中，涉及占用农用地的，依照本法第四十四条的规定办理审批手续。

按照前款规定兴办企业的建设用地，必须严格控制。省、自治区、直辖市可以按照乡镇企业的不同行业和经营规模，分别规定用地标准。

第六十一条　乡(镇)村公共设施、公益事业建设，需要使用土地的，经乡(镇)人民政府审核，向县级以上地方人民政府土地行政主管部门提出申请，按照省、自治区、直辖市规定的批准权限，由县级以上地方人民政府批准；其中，涉及占用农用地的，依照本法第四十四条的规定办理审批手续。

第六十二条　农村村民一户只能拥有一处宅基地，其宅基地的面积不得超过省、自治区、直辖市规定的标准。

农村村民建住宅，应当符合乡(镇)土地利用总体规划，并尽量使用原有的宅基地和村内空闲地。

农村村民住宅用地，经乡(镇)人民政府审核，由县级人民政府批准；其中，涉及占用农用地的，依照本法第四十四条的规定办理审批手续。

农村村民出卖、出租住房后，再申请宅基地的，不予批准。

第六十三条　农民集体所有的土地的使用权不得出让、转让或者出租用于非农业建设；但是，符合土地利用总体规划并依法取得建设用地的企业，因破产、兼并等情形致使土地使用权依法发生转移的除外。

第六十四条　在土地利用总体规划制定前已建的不符合土地利用总体规划确定的用途的建筑物、构筑物，不得重建、扩建。

第六十五条　有下列情形之一的，农村集体经济组织报经原批准用地的人民政府批准，可以收回土地使用权：

(一)为乡(镇)村公共设施和公益事业建设，需要使用土地的；

(二)不按照批准的用途使用土地的；

(三)因撤销、迁移等原因而停止使用土地的。

依照前款第(一)项规定收回农民集体所有的土地的，对土地使用权人应当给予适当补偿。

第六章　监督检查

第六十六条　县级以上人民政府土地行政主管部门对违反土地管理法律、法规的行为进行监督检查。

土地管理监督检查人员应当熟悉土地管理法律、法规，忠于职守、秉公执法。

第六十七条　县级以上人民政府土地行政主管部门履行监督检查职责时，有权采取下列措施：

(一)要求被检查的单位或者个人提供有关土地权利的文件和资料，进行查阅或者予以复制；

(二)要求被检查的单位或者个人就有关土地权利的问题作出说明；

(三)进入被检查单位或者个人非法占用的土地现场进行勘测；

(四)责令非法占用土地的单位或者个人停止违反土地管理法律、法规的行为。

第六十八条　土地管理监督检查人员履行职责，需要进入现场进行勘测、要求有关单位或者个人提供文件、资料和作出说明的,应当出示土地管理监督检查证件。

第六十九条 有关单位和个人对县级以上人民政府土地行政主管部门就土地违法行为进行的监督检查应当支持与配合,并提供工作方便,不得拒绝与阻碍土地管理监督检查人员依法执行职务。

第七十条 县级以上人民政府土地行政主管部门在监督检查工作中发现国家工作人员的违法行为,依法应当给予行政处分的,应当依法予以处理;自己无权处理的,应当向同级或者上级人民政府的行政监察机关提出行政处分建议书,有关行政监察机关应当依法予以处理。

第七十一条 县级以上人民政府土地行政主管部门在监督检查工作中发现土地违法行为构成犯罪的,应当将案件移送有关机关,依法追究刑事责任;不构成犯罪的,应当依法给予行政处罚。

第七十二条 依照本法规定应当给予行政处罚,而有关土地行政主管部门不给予行政处罚的,上级人民政府土地行政主管部门有权责令有关土地行政主管部门作出行政处罚决定或者直接给予行政处罚,并给予有关土地行政主管部门的负责人行政处分。

第七章 法律责任

第七十三条 买卖或者以其他形式非法转让土地的,由县级以上人民政府土地行政主管部门没收违法所得;对违反土地利用总体规划擅自将农用地改为建设用地的,限期拆除在非法转让的土地上新建的建筑物和其他设施,恢复土地原状,对符合土地利用总体规划的,没收在非法转让的土地上新建的建筑物和其他设施;可以并处罚款;对直接负责的主管人员和其他直接责任人员,依法给予行政处分,构成犯罪的,依法追究刑事责任。

第七十四条 违反本法规定,占用耕地建窑、建坟或者擅自在耕地上建房、挖砂、采石、采矿、取土等,破坏种植条件的,或者因开发土地造成土地荒漠化、盐渍化的,由县级以上人民政府土地行政主管部门责令限期改正或者治理,可以并处罚款;构成犯罪的,依法追究刑事责任。

第七十五条 违反本法规定,拒不履行土地复垦义务的,由县级以上人民政府土地行政主管部门责令限期改正;逾期不改正的,责令缴纳复垦费,专项用于土地复垦,可以处以罚款。

第七十六条 未经批准或者采取欺骗手段骗取批准,非法占用土地的,由县级以上人民政府土地行政主管部门责令退还非法占用的土地,对违反土地利用总体规划擅自将农用地改为建设用地的,限期拆除在非法占用的土地上新建的建筑物和其他设施,恢复土地原状,对符合土地利用总体规划的,没收在非法占用的土地上新建的建筑物和其他设施,可以并处罚款;对非法占用土地单位的直接负责的主管人员和其他直接责任人员,依法给予行政处分;构成犯罪的,依法追究刑事责任。

超过批准的数量占用土地,多占的土地以非法占用土地论处。

第七十七条 农村村民未经批准或者采取欺骗手段骗取批准,非法占用土地建住宅的,由县级以上人民政府土地行政主管部门责令退还非法占用的土地,限期拆除在非法占用的土地上新建的房屋。

超过省、自治区、直辖市规定的标准,多占的土地以非法占用土地论处。

第七十八条 无权批准征收、使用土地的单位或者个人非法批准占用土地的,超越批准权限非法批准占用土地的,不按照土地利用总体规划确定的用途批准用地的,或者违反法律规定的程序批准占用、征收土地的,其批准文件无效,对非法批准征收、使用土地的直接负责的主管人员和其他直接责任人员,依法给予行政处分;构成犯罪的,依法追究刑事责任。

非法批准、使用的土地应当收回,有关当事人拒不归还的,以非法占用土地论处。

非法批准征用、使用土地,对当事人造成损失的,依法应当承担赔偿责任。

第七十九条 侵占、挪用被征收土地单位的征地补偿费用和其他有关费用,构成犯罪的,依法追究刑事责任;尚不构成犯罪的,依法给予行政处分。

第八十条 依法收回国有土地使用权当事人拒不交出土地的,临时使用土地期满拒不归还的,或者不按照批准的用途使用国有土地的,由县级以上人民政府土地行政主管部门责令交还土地,处以罚款。

第八十一条 擅自将农民集体所有的土地的使用权出让、转让或者出租用于非农业建设的,由县级以上人民政府土地行政主管部门责令限期改正,没收违法所得,并处罚款。

第八十二条 不依照本法规定办理土地变更登记的,由县级以上人民政府土地行政主管部门责令其限期办理。

第八十三条 依照本法规定,责令限期拆除在非法占用的土地上新建的建筑物和其他设施的,建设单位或者个人必须立即停止施工,自行拆除;对继续施工的,作出处罚决定的机关有权制止。建设单位或者个人对责令限期拆除的行政处罚决定不服的,可以在接到责令限期拆除决定之日起15日内,向人民法院起诉;期满不起诉又不自行拆除的,由作出处罚决定的机关依法申请人民法院强制执行,费用由违法者承担。

第八十四条 土地行政主管部门的工作人员玩忽职守、滥用职权、徇私舞弊,构成犯罪的,依法追究刑事责任;尚不构成犯罪的,依法给予行政处分。

第八章 附 则

第八十五条 中外合资企业、中外合作经营企业、外资企业使用土地的,适用本法;法律另有规定的,从其规定。

第八十六条 本法自1999年1月1日起施行。

中华人民共和国标准化法

第一章 总 则

第一条 为了发展社会主义商品经济,促进技术进步,改进产品质量,提高社会经济效益,维护国家和人民的利益,使标准化工作适应社会主义现代化建设和发展对外经济关系的需要,制定本法。

第二条 对下列需要统一的技术要求,应当制定标准:

(一)工业产品的品种、规格、质量、等级或者安全、卫生要求。

(二)工业产品的设计、生产、检验、包装、储存、运输、使用的方法或者生产、储存、运输过程中的安全、卫生要求。

(三)有关环境保护的各项技术要求和检验方法。

(四)建设工程的设计、施工方法和安全要求。

(五)有关工业生产、工程建设和环境保护的技术术语、符号、代号和制图方法。

重要农产品和其他需要制定标准的项目,由国务院规定。

第三条 标准化工作的任务是制定标准、组织实施标准和对标准的实施进行监督。

标准化工作应当纳入国民经济和社会发展计划。

第四条 国家鼓励积极采用国际标准。

第五条 国务院标准化行政主管部门统一管理全国标准化工作。国务院有关行政主管部门分工管理本部门、本行业的标准化工作。

省、自治区、直辖市标准化行政主管部门统一管理本行政区域的标准化工作。省、自治区、直辖市政府有关行政主管部门分工管理本行政区域内本部门、本行业的标准化工作。

市、县标准化行政主管部门和有关行政主管部门,按照省、自治区、直辖市政府规定的各自的职责,管理本行政区域内的标准化工作。

第二章 标准的制定

第六条 对需要在全国范围内统一的技术要求,应当制定国家标准。国家标准由国务院标准化行政主管部门制定。对没有国家标准而又需要在全国某个行业范围内统一的技术要求,可以制定行业标准。行业标准由国务院有关行政主管部门制定,并报国务院标准化行政主管部门备案,在公布国家标准之后,该项行业标准即行废止。对没有国家标准和行政标准而又需要在省、自治区、直辖市范围内统一的工业产品的安全、卫生要求,可以制定地方标准。地方标准由省、自治区、直辖市标准化行政主管部门制定,并报国务院标准化行政主管部门和国务院有关行政主管部门备案,在公布国家标准或者行业标准之后,该项地方标准即行废止。

企业生产的产品没有国家标准和行业标准的,应当制定企业标准,作为组织生产的依据。企业的产品标准须报当地政府标准化行政主管部门和有关行政主管部门备案。已有国家标准或者行业标准的,国家鼓励企业制定严于国家标准或者行业标准的企业标准,在企业内部适用。

法律对标准的制定另有规定的,依照法律的规定执行。

第七条 国家标准、行业标准分为强制性标准和推荐性标准。保障人体健康,人身、财产安全的标准和法律、行政法规规定强制执行的标准是强制性标准,其他标准是推荐性标准。

省、自治区、直辖市标准化行政主管部门制定的工业产品的安全、卫生要求的地方标准,在本行政区域内是强制性标准。

第八条 制定标准应当有利于保障安全和人民的身体健康,保护消费者的利益,保护环境。

第九条 制定标准应当有利于合理利用国家资源,推广科学技术成果,提高经济效益,并符合使用要求,有利于产品的通用互换,做到技术上先进,经济上合理。

第十条 制定标准应当做到有关标准的协调配套。

第十一条 制定标准应当有利于促进对经济技术合作和对外贸易。

第十二条 制定标准应当发挥行业协会、科学研究机构和学术团体的作用。

制定标准的部门应当组织由专家组成的标准化技术委员会,负责标准的草拟,参加标准草案的审查工作。

第十三条 标准实施后,制定标准的部门应当根据科学技术的发展和经济建设的需要适时进行复审,以确认现行标准继续有效或者予以修订、废止。

第三章 标准的实施

第十四条 强制性标准,必须执行。不符合强制性标准的产品,禁止生产、销售和进口。推荐性标准,国家鼓励企业自愿采用。

第十五条 企业对国家标准或者行业标准的产品,可以向国务院标准化行政主管部门或者国务院标准化行政主管部门授权的部门申请产品质量认证。认证合格的,由认证部门授予认证证书,准许在产品或者其包装上使用规定的认证标志。

已经取得认证证书的产品不符合国家标准或者行业标准的,以及产品未经认证或者认证不合格的,不得使用认证标志出厂销售。

第十六条 出口产品的技术要求,依照合同的约定执行。

第十七条 企业研制新产品、改进产品、进行技术改造,应当符合标准化要求。

第十八条 县级以上政府标准化行政主管部门负责对标准的实施进行监督检查。

第十九条 县级以上政府标准化行政主管部门,可以根据需要设置检验机构,或者授权其他单位的检验机构,对产品是否符合标准进行检验。法律、行政法规对检验机构另有规定的,依照法律、行政法规的规定执行。

处理有关产品是否符合标准的争议,以前款规定的检验机构的检验数据为准。

第四章 法律责任

第二十条 生产、销售、进口不符合强制性标准的产品的,由法律、行政法规规定的行政主管部门依法处理,法律、行政法规未作规定的,由工商行政管理部门没收产品的违法所得,并处罚款;造成严重后果构成犯罪的,对直接责任人员依法追究刑事责任。

第二十一条　已经授予认证证书的产品不符合国家标准或者行业标准而使用认证标志出厂销售的,由标准化行政主管部门责令停止销售,并处罚款;情节严重的,由认证部门撤销其认证证书。

第二十二条　产品未经认证或者认证不合格而擅自使用认证标志出厂销售的,由标准化行政主管部门责令停止销售,并处罚款。

第二十三条　当事人对没收产品、没收违法所得和罚款的处罚不服的,可以在接到处罚通知之日起15日内,向作出处罚决定的机关的上一级机关申请复议;对复议决定不服的,可以在接到复议决定之日起15日内,向人民法院起诉。当事人也可以在接到处罚通知之日起15日内,直接向人民法院起诉。当事人逾期不申请复议或者不向人民法院起诉又不履行处罚决定的,由作出处罚决定的机关申请人民法院强制执行。

第二十四条　标准化工作的监督、检验、管理人员违法失职、徇私舞弊的,给予行政处分;构成犯罪的,依法追究刑事责任。

第五章　附　则

第二十五条　本法实施条例由国务院制定。

第二十六条　本法自1989年4月1日起施行。

安全生产许可证条例

《安全生产许可证条例》已经2004年1月7日国务院第34次常务会议通过,现予公布,自公布之日起施行。

总理　温家宝
二〇〇四年一月十三日

第一条　为了严格规范安全生产条件,进一步加强安全生产监督管理,防止和减少生产安全事故,根据《中华人民共和国安全生产法》的有关规定,制定本条例。

第二条　国家对矿山企业、建筑施工企业和危险化学品、烟花爆竹、民用爆破器材生产企业(以下统称企业)实行安全生产许可制度。

企业未取得安全生产许可证的,不得从事生产活动。

第三条　国务院安全生产监督管理部门负责中央管理的非煤矿矿山企业和危险化学品、烟花爆竹生产企业安全生产许可证的颁发和管理。

省、自治区、直辖市人民政府安全生产监督管理部门负责前款规定以外的非煤矿矿山企业和危险化学品、烟花爆竹生产企业安全生产许可证的颁发和管理,并接受国务院安全生产监督管理部门的指导和监督。

国家煤矿安全监察机构负责中央管理的煤矿企业安全生产许可证的颁发和管理。

在省、自治区、直辖市设立的煤矿安全监察机构负责前款规定以外的其他煤矿企业安全生产许可证的颁发和管理,并接受国家煤矿安全监察机构的指导和监督。

第四条　国务院建设主管部门负责中央管理的建筑施工企业安全生产许可证的颁发和管理。

省、自治区、直辖市人民政府建设主管部门负责前款规定以外的建筑施工企业安全生产许可证的颁发和管理,并接受国务院建设主管部门的指导和监督。

第五条　国务院国防科技工业主管部门负责民用爆破器材生产企业安全生产许可证的颁发和管理。

第六条　企业取得安全生产许可证,应当具备下列安全生产条件:

(一)建立、健全安全生产责任制,制定完备的安全生产规章制度和操作规程;

(二)安全投入符合安全生产要求;

(三)设置安全生产管理机构,配备专职安全生产管理人员;

(四)主要负责人和安全生产管理人员经考核合格;

(五)特种作业人员经有关业务主管部门考核合格,取得特种作业操作资格证书;

(六)从业人员经安全生产教育和培训合格;

(七)依法参加工伤保险,为从业人员缴纳保险费;

(八)厂房、作业场所和安全设施、设备、工艺符合有关安全生产法律、法规、标准和规程的要求；

（九）有职业危害防治措施，并为从业人员配备符合国家标准或者行业标准的劳动防护用品；

（十）依法进行安全评价；

（十一）有重大危险源检测、评估、监控措施和应急预案；

（十二）有生产安全事故应急救援预案、应急救援组织或者应急救援人员，配备必要的应急救援器材、设备；

（十三）法律、法规规定的其他条件。

第七条　企业进行生产前，应当依照本条例的规定向安全生产许可证颁发管理机关申请领取安全生产许可证，并提供本条例第六条规定的相关文件、资料。安全生产许可证颁发管理机关应当自收到申请之日起45日内审查完毕，经审查符合本条例规定的安全生产条件的，颁发安全生产许可证；不符合本条例规定的安全生产条件的，不予颁发安全生产许可证，书面通知企业并说明理由。

煤矿企业应当以矿（井）为单位，在申请领取煤炭生产许可证前，依照本条例的规定取得安全生产许可证。

第八条　安全生产许可证由国务院安全生产监督管理部门规定统一的式样。

第九条　安全生产许可证的有效期为3年。安全生产许可证有效期满需要延期的，企业应当于期满前3个月向原安全生产许可证颁发管理机关办理延期手续。

企业在安全生产许可证有效期内，严格遵守有关安全生产的法律法规，未发生死亡事故的，安全生产许可证有效期届满时，经原安全生产许可证颁发管理机关同意，不再审查，安全生产许可证有效期延期3年。

第十条　安全生产许可证颁发管理机关应当建立、健全安全生产许可证档案管理制度，并定期向社会公布企业取得安全生产许可证的情况。

第十一条　煤矿企业安全生产许可证颁发管理机关、建筑施工企业安全生产许可证颁发管理机关、民用爆破器材生产企业安全生产许可证颁发管理机关，应当每年向同级安全生产监督管理部门通报其安全生产许可证颁发和管理情况。

第十二条　国务院安全生产监督管理部门和省、自治区、直辖市人民政府安全生产监督管理部门对建筑施工企业、民用爆破器材生产企业、煤矿企业取得安全生产许可证的情况进行监督。

第十三条　企业不得转让、冒用安全生产许可证或者使用伪造的安全生产许可证。

第十四条　企业取得安全生产许可证后，不得降低安全生产条件，并应当加强日常安全生产管理，接受安全生产许可证颁发管理机关的监督检查。

安全生产许可证颁发管理机关应当加强对取得安全生产许可证的企业的监督检查，发现其不再具备本条例规定的安全生产条件的，应当暂扣或者吊销安全生产许可证。

第十五条　安全生产许可证颁发管理机关工作人员在安全生产许可证颁发、管理和监督检查工作中，不得索取或者接受企业的财物，不得谋取其他利益。

第十六条　监察机关依照《中华人民共和国行政监察法》的规定，对安全生产许可证颁发管理机关及其工作人员履行本条例规定的职责实施监察。

第十七条　任何单位或者个人对违反本条例规定的行为，有权向安全生产许可证颁发管理机关或者监察机关等有关部门举报。

第十八条 安全生产许可证颁发管理机关工作人员有下列行为之一的,给予降级或者撤职的行政处分;构成犯罪的,依法追究刑事责任:

(一)向不符合本条例规定的安全生产条件的企业颁发安全生产许可证的;

(二)发现企业未依法取得安全生产许可证擅自从事生产活动,不依法处理的;

(三)发现取得安全生产许可证的企业不再具备本条例规定的安全生产条件,不依法处理的;

(四)接到对违反本条例规定行为的举报后,不及时处理的;

(五)在安全生产许可证颁发、管理和监督检查工作中,索取或者接受企业的财物,或者谋取其他利益的。

第十九条 违反本条例规定,未取得安全生产许可证擅自进行生产的,责令停止生产,没收违法所得,并处10万元以上50万元以下的罚款;造成重大事故或者其他严重后果,构成犯罪的,依法追究刑事责任。

第二十条 违反本条例规定,安全生产许可证有效期满未办理延期手续,继续进行生产的,责令停止生产,限期补办延期手续,没收违法所得,并处5万元以上10万元以下的罚款;逾期仍不办理延期手续,继续进行生产的,依照本条例第十九条的规定处罚。

第二十一条 违反本条例规定,转让安全生产许可证的,没收违法所得,处10万元以上50万元以下的罚款,并吊销其安全生产许可证;构成犯罪的,依法追究刑事责任;接受转让的,依照本条例第十九条的规定处罚。

冒用安全生产许可证或者使用伪造的安全生产许可证的,依照本条例第十九条的规定处罚。

第二十二条 本条例施行前已经进行生产的企业,应当自本条例施行之日起1年内,依照本条例的规定向安全生产许可证颁发管理机关申请办理安全生产许可证;逾期不办理安全生产许可证,或者经审查不符合本条例规定的安全生产条件,未取得安全生产许可证,继续进行生产的,依照本条例第十九条的规定处罚。

第二十三条 本条例规定的行政处分,由安全生产许可证颁发管理机关决定。

第二十四条 本条例自公布之日起施行。

房屋建筑和市政基础设施工程质量监督管理规定

《房屋建筑和市政基础设施工程质量监督管理规定》已经第58次住房和城乡建设部常务会议审议通过，现予发布，自2010年9月1日起施行。

住房和城乡建设部部长　姜伟新
二〇一〇年八月一日

第一条　为了加强房屋建筑和市政基础设施工程质量的监督，保护人民生命和财产安全，规范住房和城乡建设主管部门及工程质量监督机构（以下简称主管部门）的质量监督行为，根据《中华人民共和国建筑法》《建设工程质量管理条例》等有关法律、行政法规，制定本规定。

第二条　在中华人民共和国境内主管部门实施对新建、扩建、改建房屋建筑和市政基础设施工程质量监督管理的，适用本规定。

第三条　国务院住房和城乡建设主管部门负责全国房屋建筑和市政基础设施工程（以下简称工程）质量监督管理工作。

县级以上地方人民政府建设主管部门负责本行政区域内工程质量监督管理工作。

工程质量监督管理的具体工作可以由县级以上地方人民政府建设主管部门委托所属的工程质量监督机构（以下简称监督机构）实施。

第四条　本规定所称工程质量监督管理，是指主管部门依据有关法律法规和工程建设强制性标准，对工程实体质量和工程建设、勘察、设计、施工、监理单位（以下简称工程质量责任主体）和质量检测等单位的工程质量行为实施监督。

本规定所称工程实体质量监督，是指主管部门对涉及工程主体结构安全、主要使用功能的工程实体质量情况实施监督。

本规定所称工程质量行为监督，是指主管部门对工程质量责任主体和质量检测等单位履行法定质量责任和义务的情况实施监督。

第五条　工程质量监督管理应当包括下列内容：

（一）执行法律法规和工程建设强制性标准的情况；

（二）抽查涉及工程主体结构安全和主要使用功能的工程实体质量；

（三）抽查工程质量责任主体和质量检测等单位的工程质量行为；

（四）抽查主要建筑材料、建筑构配件的质量；

（五）对工程竣工验收进行监督；

（六）组织或者参与工程质量事故的调查处理；

（七）定期对本地区工程质量状况进行统计分析；

（八）依法对违法违规行为实施处罚。

第六条　对工程项目实施质量监督，应当依照下列程序进行：

（一）受理建设单位办理质量监督手续；

（二）制订工作计划并组织实施；

（三）对工程实体质量、工程质量责任主体和质量检测等单位的工程质量行为进行抽查、抽测；

（四）监督工程竣工验收，重点对验收的组织形式、程序等是否符合有关规定进行监督；

（五）形成工程质量监督报告；

（六）建立工程质量监督档案。

第七条 工程竣工验收合格后，建设单位应当在建筑物明显部位设置永久性标牌，载明建设、勘察、设计、施工、监理单位等工程质量责任主体的名称和主要责任人姓名。

第八条 主管部门实施监督检查时，有权采取下列措施：

（一）要求被检查单位提供有关工程质量的文件和资料；

（二）进入被检查单位的施工现场进行检查；

（三）发现有影响工程质量的问题时，责令改正。

第九条 县级以上地方人民政府建设主管部门应当根据本地区的工程质量状况，逐步建立工程质量信用档案。

第十条 县级以上地方人民政府建设主管部门应当将工程质量监督中发现的涉及主体结构安全和主要使用功能的工程质量问题及整改情况，及时向社会公布。

第十一条 省、自治区、直辖市人民政府建设主管部门应当按照国家有关规定，对本行政区域内监督机构每三年进行一次考核。

监督机构经考核合格后，方可依法对工程实施质量监督，并对工程质量监督承担监督责任。

第十二条 监督机构应当具备下列条件：

（一）具有符合本规定第十三条规定的监督人员。人员数量由县级以上地方人民政府建设主管部门根据实际需要确定。监督人员应当占监督机构总人数的75%以上；

（二）有固定的工作场所和满足工程质量监督检查工作需要的仪器、设备和工具等；

（三）有健全的质量监督工作制度，具备与质量监督工作相适应的信息化管理条件。

第十三条 监督人员应当具备下列条件：

（一）具有工程类专业大学专科以上学历或者工程类执业注册资格；

（二）具有三年以上工程质量管理或者设计、施工、监理等工作经历；

（三）熟悉掌握相关法律法规和工程建设强制性标准；

（四）具有一定的组织协调能力和良好的职业道德。

监督人员符合上述条件经考核合格后，方可从事工程质量监督工作。

第十四条 监督机构可以聘请中级职称以上的工程类专业技术人员协助实施工程质量监督。

第十五条 省、自治区、直辖市人民政府建设主管部门应当每两年对监督人员进行一次岗位考核，每年进行一次法律法规、业务知识培训，并适时组织开展继续教育培训。

第十六条 国务院住房和城乡建设主管部门对监督机构和监督人员的考核情况进行监督抽查。

第十七条 主管部门工作人员玩忽职守、滥用职权、徇私舞弊，构成犯罪的，依法追究刑事责任；尚不构成犯罪的，依法给予行政处分。

第十八条　抢险救灾工程、临时性房屋建筑工程和农民自建低层住宅工程,不适用本规定。

第十九条　省、自治区、直辖市人民政府建设主管部门可以根据本规定制定具体实施办法。

第二十条　本规定自 2010 年 9 月 1 日起施行。

房屋建筑和市政基础设施
工程竣工验收备案管理办法

(2000年4月4日建设部令第78号发布,根据2009年10月19日《住房和城乡建设部关于修改〈房屋建筑工程和市政基础设施工程竣工验收备案管理暂行办法〉的决定》修正)

第一条 为了加强房屋建筑和市政基础设施工程质量的管理,根据《建设工程质量管理条例》,制定本办法。

第二条 在中华人民共和国境内新建、扩建、改建各类房屋建筑和市政基础设施工程的竣工验收备案,适用本办法。

第三条 国务院住房和城乡建设主管部门负责全国房屋建筑和市政基础设施工程(以下统称工程)的竣工验收备案管理工作。

县级以上地方人民政府建设主管部门负责本行政区域内工程的竣工验收备案管理工作。

第四条 建设单位应当自工程竣工验收合格之日起15日内,依照本办法规定,向工程所在地的县级以上地方人民政府建设主管部门(以下简称备案机关)备案。

第五条 建设单位办理工程竣工验收备案应当提交下列文件:

(一)工程竣工验收备案表;

(二)工程竣工验收报告。竣工验收报告应当包括工程报建日期,施工许可证号,施工图设计文件审查意见,勘察、设计、施工、工程监理等单位分别签署的质量合格文件及验收人员签署的竣工验收原始文件,市政基础设施的有关质量检测和功能性试验资料以及备案机关认为需要提供的有关资料;

(三)法律、行政法规规定应当由规划、环保等部门出具的认可文件或者准许使用文件;

(四)法律规定应当由公安消防部门出具的对大型的人员密集场所和其他特殊建设工程验收合格的证明文件;

(五)施工单位签署的工程质量保修书;

(六)法规、规章规定必须提供的其他文件。

住宅工程还应当提交《住宅质量保证书》和《住宅使用说明书》。

第六条 备案机关收到建设单位报送的竣工验收备案文件,验证文件齐全后,应当在工程竣工验收备案表上签署文件收讫。

工程竣工验收备案表一式两份,一份由建设单位保存,一份留备案机关存档。

第七条 工程质量监督机构应当在工程竣工验收之日起5日内,向备案机关提交工程质量监督报告。

第八条 备案机关发现建设单位在竣工验收过程中有违反国家有关建设工程质量管理规定行为的,应当在收讫竣工验收备案文件15日内,责令停止使用,重新组织竣工验收。

第九条 建设单位在工程竣工验收合格之日起15日内未办理工程竣工验收备案的,备案机关责令限期改正,处20万元以上50万元以下罚款。

第十条　建设单位将备案机关决定重新组织竣工验收的工程,在重新组织竣工验收前,擅自使用的,备案机关责令停止使用,处工程合同价款2%以上4%以下罚款。

第十一条　建设单位采用虚假证明文件办理工程竣工验收备案的,工程竣工验收无效,备案机关责令停止使用,重新组织竣工验收,处20万元以上50万元以下罚款;构成犯罪的,依法追究刑事责任。

第十二条　备案机关决定重新组织竣工验收并责令停止使用的工程,建设单位在备案之前已投入使用或者建设单位擅自继续使用造成使用人损失的,由建设单位依法承担赔偿责任。

第十三条　竣工验收备案文件齐全,备案机关及其工作人员不办理备案手续的,由有关机关责令改正,对直接责任人员给予行政处分。

第十四条　抢险救灾工程、临时性房屋建筑工程和农民自建低层住宅工程,不适用本办法。

第十五条　军用房屋建筑工程竣工验收备案,按照中央军事委员会的有关规定执行。

第十六条　省、自治区、直辖市人民政府住房和城乡建设主管部门可以根据本办法制定实施细则。

第十七条　本办法自发布之日起施行。

建筑起重机械安全监督管理规定

《建筑起重机械安全监督管理规定》已于2008年1月8日经建设部第145次常务会议讨论通过，现予发布，自2008年6月1日起施行。

建设部部长　汪光焘
二〇〇八年一月二十八日

第一条　为了加强建筑起重机械的安全监督管理，防止和减少生产安全事故，保障人民群众生命和财产安全，依据《建设工程安全生产管理条例》《特种设备安全监察条例》《安全生产许可证条例》，制定本规定。

第二条　建筑起重机械的租赁、安装、拆卸、使用及其监督管理，适用本规定。

本规定所称建筑起重机械，是指纳入特种设备目录，在房屋建筑工地和市政工程工地安装、拆卸、使用的起重机械。

第三条　国务院建设主管部门对全国建筑起重机械的租赁、安装、拆卸、使用实施监督管理。

县级以上地方人民政府建设主管部门对本行政区域内的建筑起重机械的租赁、安装、拆卸、使用实施监督管理。

第四条　出租单位出租的建筑起重机械和使用单位购置、租赁、使用的建筑起重机械应当具有特种设备制造许可证、产品合格证、制造监督检验证明。

第五条　出租单位在建筑起重机械首次出租前，自购建筑起重机械的使用单位在建筑起重机械首次安装前，应当持建筑起重机械特种设备制造许可证、产品合格证和制造监督检验证明到本单位工商注册所在地县级以上地方人民政府建设主管部门办理备案。

第六条　出租单位应当在签订的建筑起重机械租赁合同中，明确租赁双方的安全责任，并出具建筑起重机械特种设备制造许可证、产品合格证、制造监督检验证明、备案证明和自检合格证明，提交安装使用说明书。

第七条　有下列情形之一的建筑起重机械，不得出租、使用：

（一）属国家明令淘汰或者禁止使用的；

（二）超过安全技术标准或者制造厂家规定的使用年限的；

（三）经检验达不到安全技术标准规定的；

（四）没有完整安全技术档案的；

（五）没有齐全有效的安全保护装置的。

第八条　建筑起重机械有本规定第七条第（一）、（二）、（三）项情形之一的，出租单位或者自购建筑起重机械的使用单位应当予以报废，并向原备案机关办理注销手续。

第九条　出租单位、自购建筑起重机械的使用单位，应当建立建筑起重机械安全技术档案。

建筑起重机械安全技术档案应当包括以下资料：

（一）购销合同、制造许可证、产品合格证、制造监督检验证明、安装使用说明书、备案证明等原始资料；

（二）定期检验报告、定期自行检查记录、定期维护保养记录、维修和技术改造记录、运行故障和生产安全事故记录、累计运转记录等运行资料；

（三）历次安装验收资料。

第十条　从事建筑起重机械安装、拆卸活动的单位（以下简称安装单位）应当依法取得建设主管部门颁发的相应资质和建筑施工企业安全生产许可证，并在其资质许可范围内承揽建筑起重机械安装、拆卸工程。

第十一条　建筑起重机械使用单位和安装单位应当在签订的建筑起重机械安装、拆卸合同中明确双方的安全生产责任。

实行施工总承包的，施工总承包单位应当与安装单位签订建筑起重机械安装、拆卸工程安全协议书。

第十二条　安装单位应当履行下列安全职责：

（一）按照安全技术标准及建筑起重机械性能要求，编制建筑起重机械安装、拆卸工程专项施工方案，并由本单位技术负责人签字；

（二）按照安全技术标准及安装使用说明书等检查建筑起重机械及现场施工条件；

（三）组织安全施工技术交底并签字确认；

（四）制定建筑起重机械安装、拆卸工程生产安全事故应急救援预案；

（五）将建筑起重机械安装、拆卸工程专项施工方案，安装、拆卸人员名单，安装、拆卸时间等材料报施工总承包单位和监理单位审核后，告知工程所在地县级以上地方人民政府建设主管部门。

第十三条　安装单位应当按照建筑起重机械安装、拆卸工程专项施工方案及安全操作规程组织安装、拆卸作业。

安装单位的专业技术人员、专职安全生产管理人员应当进行现场监督，技术负责人应当定期巡查。

第十四条　建筑起重机械安装完毕后，安装单位应当按照安全技术标准及安装使用说明书的有关要求对建筑起重机械进行自检、调试和试运转。自检合格的，应当出具自检合格证明，并向使用单位进行安全使用说明。

第十五条　安装单位应当建立建筑起重机械安装、拆卸工程档案。

建筑起重机械安装、拆卸工程档案应当包括以下资料：

（一）安装、拆卸合同及安全协议书；

（二）安装、拆卸工程专项施工方案；

（三）安全施工技术交底的有关资料；

（四）安装工程验收资料；

（五）安装、拆卸工程生产安全事故应急救援预案。

第十六条　建筑起重机械安装完毕后，使用单位应当组织出租、安装、监理等有关单位进行验收，或者委托具有相应资质的检验检测机构进行验收。建筑起重机械经验收合格后方可投入使用，未经验收或者验收不合格的不得使用。

实行施工总承包的，由施工总承包单位组织验收。

建筑起重机械在验收前应当经有相应资质的检验检测机构监督检验合格。

检验检测机构和检验检测人员对检验检测结果、鉴定结论依法承担法律责任。

第十七条　使用单位应当自建筑起重机械安装验收合格之日起 30 日内,将建筑起重机械安装验收资料、建筑起重机械安全管理制度、特种作业人员名单等,向工程所在地县级以上地方人民政府建设主管部门办理建筑起重机械使用登记。登记标志置于或者附着于该设备的显著位置。

第十八条　使用单位应当履行下列安全职责:

(一)根据不同施工阶段、周围环境以及季节、气候的变化,对建筑起重机械采取相应的安全防护措施;

(二)制定建筑起重机械生产安全事故应急救援预案;

(三)在建筑起重机械活动范围内设置明显的安全警示标志,对集中作业区做好安全防护;

(四)设置相应的设备管理机构或者配备专职的设备管理人员;

(五)指定专职设备管理人员、专职安全生产管理人员进行现场监督检查;

(六)建筑起重机械出现故障或者发生异常情况的,立即停止使用,消除故障和事故隐患后,方可重新投入使用。

第十九条　使用单位应当对在用的建筑起重机械及其安全保护装置、吊具、索具等进行经常性和定期的检查、维护和保养,并做好记录。

使用单位在建筑起重机械租期结束后,应当将定期检查、维护和保养记录移交出租单位。

建筑起重机械租赁合同对建筑起重机械的检查、维护、保养另有约定的,从其约定。

第二十条　建筑起重机械在使用过程中需要附着的,使用单位应当委托原安装单位或者具有相应资质的安装单位按照专项施工方案实施,并按照本规定第十六条规定组织验收。验收合格后方可投入使用。

建筑起重机械在使用过程中需要顶升的,使用单位委托原安装单位或者具有相应资质的安装单位按照专项施工方案实施后,即可投入使用。

禁止擅自在建筑起重机械上安装非原制造厂制造的标准节和附着装置。

第二十一条　施工总承包单位应当履行下列安全职责:

(一)向安装单位提供拟安装设备位置的基础施工资料,确保建筑起重机械进场安装、拆卸所需的施工条件;

(二)审核建筑起重机械的特种设备制造许可证、产品合格证、制造监督检验证明、备案证明等文件;

(三)审核安装单位、使用单位的资质证书、安全生产许可证和特种作业人员的特种作业操作资格证书;

(四)审核安装单位制定的建筑起重机械安装、拆卸工程专项施工方案和生产安全事故应急救援预案;

(五)审核使用单位制定的建筑起重机械生产安全事故应急救援预案;

(六)指定专职安全生产管理人员监督检查建筑起重机械安装、拆卸、使用情况;

(七)施工现场有多台塔式起重机作业时,应当组织制定并实施防止塔式起重机相互碰撞的安全措施。

第二十二条　监理单位应当履行下列安全职责：
（一）审核建筑起重机械特种设备制造许可证、产品合格证、制造监督检验证明、备案证明等文件；
（二）审核建筑起重机械安装单位、使用单位的资质证书、安全生产许可证和特种作业人员的特种作业操作资格证书；
（三）审核建筑起重机械安装、拆卸工程专项施工方案；
（四）监督安装单位执行建筑起重机械安装、拆卸工程专项施工方案情况；
（五）监督检查建筑起重机械的使用情况；
（六）发现存在生产安全事故隐患的，应当要求安装单位、使用单位限期整改，对安装单位、使用单位拒不整改的，及时向建设单位报告。

第二十三条　依法发包给两个及两个以上施工单位的工程，不同施工单位在同一施工现场使用多台塔式起重机作业时，建设单位应当协调组织制定防止塔式起重机相互碰撞的安全措施。

安装单位、使用单位拒不整改生产安全事故隐患的，建设单位接到监理单位报告后，应当责令安装单位、使用单位立即停工整改。

第二十四条　建筑起重机械特种作业人员应当遵守建筑起重机械安全操作规程和安全管理制度，在作业中有权拒绝违章指挥和强令冒险作业，有权在发生危及人身安全的紧急情况时立即停止作业或者采取必要的应急措施后撤离危险区域。

第二十五条　建筑起重机械安装拆卸工、起重信号工、起重司机、司索工等特种作业人员应当经建设主管部门考核合格，并取得特种作业操作资格证书后，方可上岗作业。

省、自治区、直辖市人民政府建设主管部门负责组织实施建筑施工企业特种作业人员的考核。

特种作业人员的特种作业操作资格证书由国务院建设主管部门规定统一的样式。

第二十六条　建设主管部门履行安全监督检查职责时，有权采取下列措施：
（一）要求被检查的单位提供有关建筑起重机械的文件和资料；
（二）进入被检查单位和被检查单位的施工现场进行检查；
（三）对检查中发现的建筑起重机械生产安全事故隐患，责令立即排除；重大生产安全事故隐患排除前或者排除过程中无法保证安全的，责令从危险区域撤出作业人员或者暂时停止施工。

第二十七条　负责办理备案或者登记的建设主管部门应当建立本行政区域内的建筑起重机械档案，按照有关规定对建筑起重机械进行统一编号，并定期向社会公布建筑起重机械的安全状况。

第二十八条　违反本规定，出租单位、自购建筑起重机械的使用单位，有下列行为之一的，由县级以上地方人民政府建设主管部门责令限期改正，予以警告，并处以5 000元以上1万元以下罚款：
（一）未按照规定办理备案的；
（二）未按照规定办理注销手续的；
（三）未按照规定建立建筑起重机械安全技术档案的。

第二十九条　违反本规定，安装单位有下列行为之一的，由县级以上地方人民政府建设主

管部门责令限期改正,予以警告,并处以5 000元以上3万元以下罚款:

(一)未履行第十二条第(二)、(四)、(五)项安全职责的;

(二)未按照规定建立建筑起重机械安装、拆卸工程档案的;

(三)未按照建筑起重机械安装、拆卸工程专项施工方案及安全操作规程组织安装、拆卸作业的。

第三十条　违反本规定,使用单位有下列行为之一的,由县级以上地方人民政府建设主管部门责令限期改正,予以警告,并处以5 000元以上3万元以下罚款:

(一)未履行第十八条第(一)、(二)、(四)、(六)项安全职责的;

(二)未指定专职设备管理人员进行现场监督检查的;

(三)擅自在建筑起重机械上安装非原制造厂制造的标准节和附着装置的。

第三十一条　违反本规定,施工总承包单位未履行第二十一条第(一)、(三)、(四)、(五)、(七)项安全职责的,由县级以上地方人民政府建设主管部门责令限期改正,予以警告,并处以5 000元以上3万元以下罚款。

第三十二条　违反本规定,监理单位未履行第二十二条第(一)、(二)、(四)、(五)项安全职责的,由县级以上地方人民政府建设主管部门责令限期改正,予以警告,并处以5 000元以上3万元以下罚款。

第三十三条　违反本规定,建设单位有下列行为之一的,由县级以上地方人民政府建设主管部门责令限期改正,予以警告,并处以5 000元以上3万元以下罚款;逾期未改的,责令停止施工:

(一)未按照规定协调组织制定防止多台塔式起重机相互碰撞的安全措施的;

(二)接到监理单位报告后,未责令安装单位、使用单位立即停工整改的。

第三十四条　违反本规定,建设主管部门的工作人员有下列行为之一的,依法给予处分;构成犯罪的,依法追究刑事责任:

(一)发现违反本规定的违法行为不依法查处的;

(二)发现在用的建筑起重机械存在严重生产安全事故隐患不依法处理的;

(三)不依法履行监督管理职责的其他行为。

第三十五条　本规定自2008年6月1日起施行。

房屋建筑和市政基础设施工程施工图
设计文件审查管理办法

《房屋建筑和市政基础设施工程施工图设计文件审查管理办法》已于2004年6月29日经第37次部常务会议讨论通过,现予发布,自公布之日起施行。

部长 汪光焘
二〇〇四年八月二十三日

第一条 为了加强对房屋建筑工程、市政基础设施工程施工图设计文件审查的管理,根据《建设工程质量管理条例》《建设工程勘察设计管理条例》,制定本办法。

第二条 在中华人民共和国境内从事房屋建筑工程、市政基础设施工程施工图设计文件审查和实施监督管理的,必须遵守本办法。

第三条 国家实施施工图设计文件(含勘察文件,以下简称施工图)审查制度。

本办法所称施工图审查,是指建设主管部门认定的施工图审查机构(以下简称审查机构)按照有关法律、法规,对施工图涉及公共利益、公众安全和工程建设强制性标准的内容进行的审查。

施工图未经审查合格的,不得使用。

第四条 国务院建设主管部门负责规定审查机构的条件、施工图审查工作的管理办法,并对全国的施工图审查工作实施指导、监督。

省、自治区、直辖市人民政府建设主管部门负责认定本行政区域内的审查机构,对施工图审查工作实施监督管理,并接受国务院建设主管部门的指导和监督。

市、县人民政府建设主管部门负责对本行政区域内的施工图审查工作实施日常监督管理,并接受省、自治区、直辖市人民政府建设主管部门的指导和监督。

第五条 省、自治区、直辖市人民政府建设主管部门应当按照国家确定的审查机构条件,并结合本行政区域内的建设规模,认定相应数量的审查机构。

审查机构是不以营利为目的的独立法人。

第六条 审查机构按承接业务范围分两类,一类机构承接房屋建筑、市政基础设施工程施工图审查业务范围不受限制;二类机构可以承接二级及以下房屋建筑、市政基础设施工程的施工图审查。

第七条 一类审查机构应当具备下列条件:

(一)注册资金不少于100万元。

(二)有健全的技术管理和质量保证体系。

(三)审查人员应当有良好的职业道德,具有15年以上所需专业勘察、设计工作经历;主持过不少于5项一级以上建筑工程或者大型市政公用工程或者甲级工程勘察项目相应专业的勘察设计;已实行执业注册制度的专业,审查人员应当具有一级注册建筑师、一级注册结构工程师或者勘察设计注册结构工程师资格,未实行执业注册制度的,审查人员应当有高级工程师以上职称。

（四）从事房屋建筑工程施工图审查的,结构专业审查人员不少于6人,建筑、电气、暖通、给排水、勘察等专业审查人员各不少于2人;从事市政基础设施工程施工图审查的,所需专业的审查人员不少于6人,其他必须配套的专业审查人员各不少于2人;专门从事勘察文件审查的,勘察专业审查人员不少于6人。

（五）审查人员原则上不得超过65岁,60岁以上审查人员不超过该专业审查人员规定数的1/2。

承担超限高层建筑工程施工图审查的,除具备上述条件外,还应当具有主持过超限高层建筑工程或者100米以上建筑工程结构专业设计的审查人员不少于3人。

第八条 二类审查机构应当具备下列条件:

（一）注册资金不少于50万元;

（二）有健全的技术管理和质量保证体系。

（三）审查人员应当有良好的职业道德,具有10年以上所需专业勘察、设计工作经历;主持过不少于5项二级以上建筑工程或者中型以上市政公用工程或者乙级以上工程勘察项目相应专业的勘察设计;已实行执业注册制度的专业,审查人员应当具有一级注册建筑师、一级注册结构工程师或者勘察设计注册结构工程师资格,未实行执业注册制度的,审查人员应当有工程师以上职称。

（四）从事房屋建筑工程施工图审查的,各专业审查人员不少于2人;从事市政基础设施工程施工图审查的,所需专业的审查人员不少于4人,其他必须配套的专业审查人员各不少于2人;专门从事勘察文件审查的,勘察专业审查人员不少于4人。

（五）审查人员原则上不得超过65岁,60岁以上审查人员不超过该专业审查人员规定数的1/2。

第九条 建设单位应当将施工图送审查机构审查。

建设单位可以自主选择审查机构,但是审查机构不得与所审查项目的建设单位、勘察设计企业有隶属关系或者其他利害关系。

第十条 建设单位应当向审查机构提供下列资料:

（一）作为勘察、设计依据的政府有关部门的批准文件及附件;

（二）全套施工图。

第十一条 审查机构应当对施工图审查下列内容:

（一）是否符合工程建设强制性标准;

（二）地基基础和主体结构的安全性;

（三）勘察设计企业和注册执业人员以及相关人员是否按规定在施工图上加盖相应的图章和签字;

（四）其他法律、法规、规章规定必须审查的内容。

第十二条 施工图审查原则上不超过下列时限:

（一）一级以上建筑工程、大型市政工程为15个工作日,二级及以下建筑工程、中型及以下市政工程为10个工作日;

（二）工程勘察文件,甲级项目为7个工作日,乙级及以下项目为5个工作日。

第十三条 审查机构对施工图进行审查后,应当根据下列情况分别作出处理:

（一）审查合格的，审查机构应当向建设单位出具审查合格书，并将经审查机构盖章的全套施工图交还建设单位。审查合格书应当有各专业的审查人员签字，经法定代表人签发，并加盖审查机构公章。审查机构应当在5个工作日内将审查情况报工程所在地县级以上地方人民政府建设主管部门备案。

（二）审查不合格的，审查机构应当将施工图退建设单位并书面说明不合格原因。同时，应当将审查中发现的建设单位、勘察设计企业和注册执业人员违反法律、法规和工程建设强制性标准的问题，报工程所在地县级以上地方人民政府建设主管部门。

施工图退建设单位后，建设单位应当要求原勘察设计企业进行修改，并将修改后的施工图报原审查机构审查。

第十四条　任何单位或者个人不得擅自修改审查合格的施工图。

确需修改的，凡涉及本办法第十一条规定内容的，建设单位应当将修改后的施工图送原审查机构审查。

第十五条　审查机构对施工图审查工作负责，承担审查责任。

施工图经审查合格后，仍有违反法律、法规和工程建设强制性标准的问题，给建设单位造成损失的，审查机构依法承担相应的赔偿责任；建设主管部门对审查机构、审查机构的法定代表人和审查人员依法作出处理或者处罚。

第十六条　审查机构应当建立、健全内部管理制度。施工图审查应当有经各专业审查人员签字的审查记录，审查记录、审查合格书等有关资料应当归档保存。

第十七条　未实行执业注册制度的审查人员，应当参加省、自治区、直辖市人民政府建设主管部门组织的有关法律、法规和技术标准的培训，每年培训时间不少于40学时。

第十八条　县级以上人民政府建设主管部门应当及时受理对施工图审查工作中违法、违规行为的检举、控告和投诉。

第十九条　按规定应当进行审查的施工图，未经审查合格的，建设主管部门不得颁发施工许可证。

第二十条　县级以上人民政府建设主管部门应当加强对审查机构的监督检查，主要检查下列内容：

（一）是否符合规定的条件；

（二）是否超出认定的范围从事施工图审查；

（三）是否使用不符合条件的审查人员；

（四）是否按规定上报审查过程中发现的违法违规行为；

（五）是否按规定在审查合格书和施工图上签字盖章；

（六）施工图审查质量；

（七）审查人员的培训情况。

建设主管部门实施监督检查时，有权要求被检查的审查机构提供有关施工图审查的文件和资料。

第二十一条　县级以上人民政府建设主管部门对审查机构报告的建设单位、勘察设计企业、注册执业人员的违法违规行为，应当依法进行处罚。

第二十二条　审查机构违反本办法规定，有下列行为之一的，县级以上地方人民政府建设主管部门责令改正，处1万元以上3万元以下的罚款；情节严重的，省、自治区、直辖市人民政府建设主管部门撤销对审查机构的认定：

（一）超出认定的范围从事施工图审查的；

（二）使用不符合条件审查人员的；

（三）未按规定上报审查过程中发现的违法违规行为的；

（四）未按规定在审查合格书和施工图上签字盖章的；

（五）未按规定的审查内容进行审查的。

第二十三条　审查机构出具虚假审查合格书的，县级以上地方人民政府建设主管部门处3万元罚款，省、自治区、直辖市人民政府建设主管部门撤销对审查机构的认定；有违法所得的，予以没收。

第二十四条　依照本办法规定，给予审查机构罚款处罚的，对机构的法定代表人和其他直接责任人员处机构罚款数额5%以上10%以下的罚款。

第二十五条　省、自治区、直辖市人民政府建设主管部门未按照本办法规定认定审查机构的，国务院建设主管部门责令改正。

第二十六条　国家机关工作人员在施工图审查监督管理工作中玩忽职守、滥用职权、徇私舞弊，构成犯罪的，依法追究刑事责任；尚不构成犯罪的，依法给予行政处分。

第二十七条　本办法自公布之日起施行。

参考文献

1. 全国一级建造师执业资格考试用书编写委员会. 全国一级建造师执业资格考试用书：建设工程法规及相关知识(第四版). 北京：中国建筑工业出版社，2014
2. 全国一级建造师执业资格考试用书编写委员会. 全国二级建造师执业资格考试用书：建设工程法规及相关知识(第四版). 北京：中国建筑工业出版社，2014
3. 法律出版社法规中心. 2014中华人民共和国工程建设法律法规全书(含典型案例). 北京：法律出版社，2014
4. 喻岩. 土木工程建设法规(第2版). 北京：机械工业出版社，2014
5. 赵艳华. 经济法与建设法规. 北京：北京交通大学出版社，2013
6. 陈正，李汉华. 会诊工程法律纠纷疑难杂症. 南京：东南大学出版社，2013
7. 周国恩. 建筑法规概论. 北京：化学工业出版社，2013
8. 王孟钧. 建设法规(第2版). 武汉：武汉理工大学出版社，2013
9. 隋海波. 工程建设法规与法律实务. 北京：机械工业出版社，2013
10. 河南省建设教育协会. 建设法规与职业道德. 北京：中国电力出版社，2013
11. 李辉. 建设工程法规(第2版). 上海：同济大学出版社，2013
12. 肖铭，潘安平. 建设法规(第2版). 北京：北京大学出版社，2012
13. 住房和城乡建设部法规司. 工程建设与建筑业法规知识读本. 北京：知识产权出版社，2012
14. 朱宏亮. 建设法规(第3版). 武汉：武汉理工大学出版社，2012
15. 吴迈. 建设法规. 武汉：武汉理工大学出版社，2012
16. 李永福. 建设工程法规. 北京：中国建筑工业出版社，2011
17. 高玉兰. 建设法规. 北京：中央广播电视大学出版社，2011
18. 刘亚臣，朱昊. 新编建设法规. 北京：机械工业出版社，2009
19. 顾永才. 建设法规. 武汉：华中科技大学出版社，2007
20. 宋宗宇. 建设工程法规概论. 重庆：重庆大学出版社，2006
21. 朱宏亮. 工程建设法规与案例分析. 北京：中国建筑工业出版社，2006
22. 何红锋. 工程建设中的合同法与招投标法. 北京：中国计划出版社，2002
23. 贵立义，林清高. 经济法概论. 大连：东北财经大学出版社，2002
24. 建设部政策法规司. 建设法律法规. 北京：中国建筑工业出版社，2002
25. 何佰洲. 建设法律概论. 北京：中国建筑工业出版社，1999